寺岡　寛
Teraoka Hiroshi

日本中小企業小史

中小企業の歩みと日本社会

信山社
SHINZANSHA

はしがき

本書は日本中小企業史である。正しくは、中小企業私史である。わたしが、調査、資料・史料、研究論文などを通じてとらえてきた中小企業の歩みである。中小企業の出来事を時系列的にとらえた中小企業年表ではない。あくまでも、私史である。ゆえに、わたしが重要と考えた視点から時系列的に中小企業の存立状況をとらえようとしたものである。

どの時期から、何をとりあげるべきか。また、どの視点からとらえるべきか。歴史とは過去の時系列的羅列ではない。歴史とは、歴史的事象の底流への探索である。だが、中小企業はやっかいだ。年代層によって、地域によって、中小企業像は異なる。中小企業は多様といわれる。多様ならば、核となる共通意識なるものを意識するしかない。本書では、中小企業の特定テーマを掘り下げる紙幅はない。簡潔に、日本の中小企業が歩んできた足跡を書く。

高齢世代と若い世代とでは、中小企業像や中小企業観は異なる。社会・経済環境の理解も同一ではない。情報機器の普及によるネットワーク化、国境を越えた経済活動のグローバル化など、わたしの若いころは想像しなかった。いまの世代は、こうした環境を当然の社会システムとして生きる。わずか一世代の間の変化はまことに激しい。どの世代も、感性には「残像」がある。社会の変化ほどには、人の意識は完全に変化するとも考えにくい。わたしたちは、新しい事象を、前世代から継承した意識の残像でとらえ、生きている。わたしたちはそのような存在である。

いまのわたしにできることがあるとすれば、過去の事象を、世代の持つ価値観の残像から整理しなおすことである。歴史は人の解釈による。解釈は人の意識という過去からの残像でもある。この残像への意識が人の歴史観をつくる。多々ある過去の事象から、何を拾い上げるべきなのか。中小企業についても、テーマにより、その歴史的記述は異なる。

わたしたちには、中小企業はどのように映ってきたのか。そこには、年齢以上に、その人の職業歴や家庭や地域の環境、すこし大きく言えば、国民性なども投影されている。ある人にとっての実像は、他の人にとってはイメージかもしれない。逆に、ある人のイメージは他の人にとっては実像かもしれない。イメージとは、実像に対する虚像である。虚像は過去、さらにその過去からの残像かもしれない。イメージとはやっかいだ。実像、虚像、そして残像。本書では、できるかぎり、残像を意識しつつ、虚像を排して実像を取り上げるしかない。残像は、理論というかたちで専門家にも巣食っている。専門家も過去の研究や理論の蓄積から自由ではなく、状況や構造が変化しても、残像という理論は一定期間保持される。

わたしも残像からは自由でありえない。だが、自分が見て、感じたものだけを実像とすれば、その範囲は実に狭い。狭いゆえに、先人が実像としてきたものを、残像として意識して、自分なりに処理して書き記すしかない。歴史を書くことは、時間を旅することである。このささやかな小著を手にすることになる読者は、わたしと一緒に中小企業の時間の旅に出かけることになる。旅の興味とは、どこへ行くか、そして誰と旅するかである。わたしと共に、自分の中小企業像と重ね合わせながら過去という場所へ出かけよう。

書名は『日本中小企業私史』ではなく、『日本中小企業小史』とした。「日本中小企業史」とするには、小職には荷が重い。この小史はわたしの研究者としての私史でもある。したがって、研究者間の論争史にふれないわけにもいかない。最低限ふれる。自分でもなかなか、やっかいなテーマに取り組んだものだと思う。筆を前にすすめるしかない。

行き詰まった際には、研究者仲間に遠隔で教えを請うた。便利な時代である。話し相手となってくれた友人たちにもお礼を申し上げたい。

二〇二四年七月

寺岡　寛

目次

はしがき

序章　中小企業史への視点とは……1

自分の中の中小企業像（1）
中小企業像の論点整理（10）

第一章　経営史としての中小企業……22

最初に人ありきの視点（23）
人と人をつなぐ企業史（33）
零細企業のメカニズム（44）
企業の栄枯盛衰の歴史（67）

第二章　産業史としての中小企業……87

産業の生成史と中小企業（88）

目　次

産業のサイクルと経営史（108）
中小企業の転換と経営史（123）
第三章　地域史としての中小企業……135
地域資源の枯渇と再生とは（136）
地域資源と中小企業の動態（149）
インキュベーションの地域（166）
第四章　社会史としての中小企業……183
中小企業と社会構造（183）
社会構造と中小企業（197）
社会変化と社会規範（205）
第五章　中小企業の今昔……222
中小企業百年史への探索（222）
中小企業は生き残れるか（234）
中小企業への再認識とは（248）
中小企業の課題の明確化（263）

終章　中小企業の未来展望とは……276
中小企業への未来展望（277）
これからの中小企業観（290）
ウェルビーイング経営（298）
あとがき
参考文献
人名索引
事項索引

序章　中小企業史への視点とは

思想や（時代の）気分は、社会的かつ歴史的な現象として理解されなければならない。

（C・ライト・ミルズ（杉政孝訳）『ホワイトカラー―中流階級の生活探究―』東京創元社）


社会学者は、自分が必要とする種類のデータを得ることができそうな、同時代の出来事を主に扱う傾向がある。

（C・ライト・ミルズ（伊奈正人・中村好孝訳）『社会学的想像力』筑摩書房）

自分の中の中小企業像

1　日本企業史に、「中小企業」が頻繁に顔を出すわけではない。多くの人にとっては、等身大の中小企業はドラマの中か、近隣の事業所が直接的なものである。事業所も、その具体像は人によって同じではない。「知っている中小企業の名前を挙げてください」という調査を、「中小企業論」の最初の講義のときに教室でよくやった。教室を飛び出して、通行人に対して実行するには、勇気と機会を欠いた。ただし、中小企業に勤めている人なら、すぐに取引先や仕入れ先の会社名を挙げてくれる。大企業に勤める人も、同様だろう。学生などは、近くに町工場や小さな商店があれば、工場名や屋号を挙げる。

他方、「知っている大企業を挙げてください」という設問では、コマーシャルでお馴染みの企業を挙げる人の確率は高い。中小企業とは対照的である。わたしなどは中小企業調査を専門的にやってきたので、中小企業関係者の名刺を並べれば、かなりの数に上る。これは例外的である。

中小企業は身近な存在である。たとえば、バスに乗って、車窓から見える事業所をメモってみればよい。わたしも試してみた。名古屋市内の一区間だけである。レストラン、食堂、居酒屋はすぐに目に飛び込んでくる。クリニック、整骨院、薬局も一定数ある。学習塾もある。車のディーラー、ガソリンスタンドもある。それらには個人営業に加えて、全国チェインのフランチャイズ店もある。

準工業地帯では、車窓から商店に加えて、町工場が散見される。住宅地化した区域では、町工場はめっきり減り、マンションなど集合住宅が多い。居住者を対象とする物販、飲食、サービス業の商店が増えた。場所にもよるが、税理士事務所や社会保険事務所、司法書士事務所など士業系の事業所もみられる。人はこのうちどのような業態や事業所を中小企業として、自分の中の中小企業の代表的イメージと合致させるのだろうか。実際のところ、士業や医療系の事業所を中小企業とみる人たちは少数であろう。飲食店を中小企業に等値する人も少ないかもしれない。むしろ、そうした事業所を自営業者とみる人が多いだろう。

個人営業の飲食店を典型的な中小企業分野であるとみていれば、中小企業史とは飲食店史になる。また、自営業史となる。同様に、小さな商店が対象となることもあろう。準工業地帯に生まれたわたしには、中小企業史は町工場史となる。本書では、まず、わたし自身の中の中小企業私史から紐解く。

わたしは、神戸の準工業地帯に生まれた。朝鮮戦争特需で、日本経済が戦後復興から成長へと転じたころである。造船業が盛んであった。小学校のすぐ近くには、大手造船所や中堅造船所、造船所から部品発注を受けていた町工場がたくさんあった。(*) 同級生の親の職業も、造船に直接的、あるいは間接的に関連していた。とはいえ、大手造船所に勤務するサラリーマンは皆無であった。そもそも、サラリーマン家庭が多くなかった。船員家庭は一定数あった。もっとも多かったのは、小学校のすぐ近くの公設市場の商店主、飲食店主、衣料店主、雑貨店主、金物店主であった。朝夕に、作業員は列をなして神戸駅と大手・中手造船所を行き来した。造船所周辺の飲食店は繁盛した。場所柄、船具店も多かった。

＊詳細はつぎの拙著を参照。寺岡寛『神戸発展異論―もうひとつの地域経済論―』信山社（二〇一二年）、同『中小企業の社会学―もうひとつの日本社会論―』信山社（二〇〇二年）。

製造業では、造船部品を加工する町工場が立地していた。親友の父親も、土間に数台の旋盤を入れて、切削加工の小さな町工場を営んでいた。隣家もまた鉄工所であり、親友のところよりは規模がやや大きく、十人近くが働いていた記憶がある。こうした鉄工所の近くにも、飲食店が多かった。隣家が鉄工所であったことで、自分の中の中小企業史では、機械油の焦げた匂いがすぐによみがえる。わたしにとって、中小企業とは造船関連の部品加工の町工場であった。同時に、そこに働く人たちが昼夕に立ち寄った飲食店であり、同級生の親たちが店を営み、朝から忙しく働いていた姿が目に浮かぶ。

わたしの場合には、造船関連の機械金属業が身近であったが、人によっては、繊維業や雑貨業の小さな加工場が中小企業をイメージさせるだろう。他方、住宅地の人たちには、この種の具体的な中小企業像を思い浮かべることは少ないだろう。私事では、高校生から大学生になるころには、町の姿も変わった。大手造船所は地方に分工場を立て、その後の造船不況の下で、新設工場の操業を優先させ、古い工場は縮小再編の途を辿った。(*)町工場は姿を消し、やがて飲食店や小さな商店なども後継者がいないままに、消え去った。結果、住宅が増えた。そこに育った世代には、わたしのような記憶はない。わずか一世代でも、街の変化は大きい。

＊詳細はつぎの拙著を参照。寺岡寛『瀬戸内造船業の攻防史』信山社（二〇一二年）。

2　その後、化学科へすすんだわたしは、卒業後、短期間の化学会社勤務を経て、家庭の事情で大阪府の商工関係部署に職を得た。以後、一七年間、産業調査に従事した。産業には、大企業性業種、中小企業性業種、その中間の併存業種がある。大企業性業種では、大阪府南部の臨海工業地帯に、典型的な大企業性業種の素材や中間財の装置産業が立地した。他方、大阪市内や東大阪市、八尾市には、雑貨や繊維など労働集約的な中小企業性業種が立地し、機械金属加工の工場群が集積した。金属加工では、独立部品メーカーは少なく、もっぱら部品加工の下請型中小企業が多かった。大企業と中小企業の併存業種の典型は、商業やサービス業であった。

そうした業種を対象に多くの実態調査報告書をまとめた。調査対象は、地場産業＝中小企業性業種であり、零細企業の存立基盤を探った。担当分野は造船、産業機器、電気機器などの機械金属加工の中小零細企業であった。いまにして思えば、調査の前提として、ある種の中小企業観があった。それは中小企業の存立上の劣位性である。大企業＝強者論に対して、中小企業＝弱者論である。いまでこそ、中小企業の弱者像を払拭する「やがて強者」＝ベンチャー企業論が登場するが、わたし自身は、技術開発系企業の支援策を探るために、従事したベンチャー企業調査では、成功事例の収集に苦労した。いまもどこかに、中小企業弱者論の残像がある。この残像は、中小企業対策などの政策担当者やそれに関わる関係者に深く根付いていた。わたしもまたこの残像の中に調査や研究を組み立てていた。

すこしだけ、この残像の傍証を紹介しておく。手元に、興味のある著作がある。いまでは、このような著作を覚えている人はさほどいない。紹介しておく。

「日本学術論叢」の一冊として、太平洋戦争中に発刊された『我国中小炭鉱業の従属形態』（伊藤書店刊）である。初版は昭和一九［一九四四］年二月である。それが、占領軍の厳しい検閲時期に再刊された（昭和二一［一九四六］年六月）。このような再刊は珍しかった。著者は柳瀬徹也。略歴には昭和一六［一九四一］年、慶應義塾大学経済学部卒業、日本石炭株式会社企画課勤務とある。日本石炭株式会社は、昭和一五［一九四〇］年の「石炭配給統制法」によって設立された。設立目的は、統制経済下の石炭の「一手買入と一手販売」による需給の円滑化と価格の公正化であった。再刊の「序文」で、柳瀬は「本書の再版が今日出版されることが、良いか悪いか、私にとりいろいろ考えねばならなかった」と前置きしたうえで、つぎのように記した。

「第一に、本書が太平洋戦争の最中に書かれたものである限り、奥歯に物のはさまったような論理は今日の客観的状勢から見て幾多の物足りなさを感じさせること、第二に、理論的に未熟な点が、現実の急激な発展と先輩諸兄による御教示によって鋭く批判せられ、多くの手を加えるべきであること、第三に最も重要なことと信ずるが、最近の労働運動或いは全国的に昂揚せる民主革命との具体的な結びつき、特に組織活動との実践的結び目が十分に示されていないこと。」

柳瀬は、米軍の占領政策によって、戦前には大きな制約が課されていた労働運動が自由となり、日本の中小炭鉱の労働問題と中小企業問題との関連性を強く自覚するようになったという。それは序文のあとのつぎの文章にもあらわれている。

「敗戦後の日本が今日直面している大きな問題は、……民主的政治体制を文字通り確立せねばならないことである。このような課題の成否は正に勤労人民の組織と、中小企業の編成替、即ち問屋制的財閥或いは、外国資本への従属関係よりの脱却とにかかっている。しかるにこの二つの問題は二つにして一つである。何故ならば組織をもつ自覚せる労働者こそは中小企業それ自体の解放をもたらし、中小企業の労働者の解放なくしては労働者の真に全国的な組織を確立し得ぬからである。」

柳瀬は、敗戦後、それまでの日本石炭株式会社から全日本炭鉱労働組合―その後すぐに分裂―の書記局へ転じ、「現実の闘争の内に身を投げる」ことになった。

柳瀬は、執筆当時、戦時体制下にある中小・零細炭鉱の「従属形態」としての「存立基礎」や「生産形態」を明らかにしようとした。日中事変から太平洋戦争にかけて、石炭は軍事体制維持には不可欠であり、採炭地域では増産が行われた。柳瀬が注意を喚起したのは大手炭鉱に比べて圧倒的に高い、中小・零細炭鉱の災害発生頻度であった。同書で、労働組合運動論よりも、「我国炭鉱業に於ける労働災害の研究」にかなりの頁が割かれたのは、そのためであった。柳瀬は、戦中、軍需生産と国民生活の維持のために増産が必要ななかで、なぜ、生産性は低迷し、労働災害が著しく増加しているのか、その原因を、中小炭鉱の存立基盤の脆弱性に求めた。柳瀬はつぎのように原因を指摘した。

「日本に於ける労働災害・職業病は米国の如き「フォードシステム」「テーラーシステム」等の生産手段の機械化に依って齎（もたら）された、人間が機械により駆使され、従属化せられた場合に生ずる災害とは自から其の態容を異にするものである。寧ろ我国の労働災害は、労働力編成の不完全・長時間労働・請負作業或は今尚尨大な比重を有する中小炭鉱の技術的低位性と諸設備の可及的節減等に特徴を見出し得るのである。」

機械による災害は近代的大規模炭鉱で起こり、一方、資本蓄積が困難な中小炭鉱では低賃金・長時間労働の作業者によって採炭される結果災害が起こるというのである。日本の炭鉱事故の多さは、英米諸国との比較でも際立った。なかでも、大規模炭鉱の多い北海道に比べて、中小・零細炭鉱の集中する地域の災害率が高かった。柳瀬は、札幌管内の炭鉱と仙台管内の常磐の炭鉱との比較では、「北海道に於ては労賃が高く、此の為め機械化が高いのに比し常磐は地場労働の調達に便であり、賃金水準が非常に低いのにも内的関連を有する事に注目せねばならぬ」と記し、地域別工夫賃金のデータも示している。

問題は炭鉱のどの作業過程で事故が発生したかである。本来ならば、機械によって管理されるべき作業が人力で担われていた。機械化に必要な資本が十分に蓄積されず、農家から低廉な作業員が集められ、採炭が維持されていた。柳瀬は「中小炭鉱に於ては必然的に労働賃金が価値以下に切り下げられる事を可能ならしめ、此れによって技術的な低位性にもかかわらず或は又自然的条件の劣悪なるにもかかわらず大規模炭鉱に伍して存続し得ているのである。此の様な中小炭鉱に於ける技術的な低位性は我国炭鉱労働災害に特質を付与せずには置かない」と状況をとらえた。

そして、石炭増産を急いだ政府については、「労働の生産性を向上せしむる方向に指導する事なく、単なる増産奨励金・優良炭鉱の表彰等専ら本質上流通面に於ける操作に終始していた為技術的向上による労働生産性の昂揚を刺激せず、個別資本にとっては価格引上の不安定な一表現として理解せられたに過ぎず取得せられた貨幣は生産設備に投下される事なく、……政府予算は其の名目の如何に拘らず生産面に回流することなく、貨幣的蓄積を進行せしめるに役立ったのみである」と述べ、炭鉱災害の主因を明らかにした。

戦争下の物資不足やエネルギー供給維持の必要性から、政府統制による石炭増産が急がれたにもかかわらず、炭鉱の多くを占めた中小零細炭鉱の生産性は低迷した。その生産性の低さや事故の多発は機械化の遅れに起因した。中小零細炭鉱が大規模炭鉱に並行して存続できた理由は低賃金作業者の存在であった。これは、日本の中小零細企業全般の存立に共通する構造に問題があると、柳瀬はみた。ゆえに、柳瀬は中小炭鉱の存立特徴を取り上げるまえに、「中小企業問題に対する一般的論点」を設けて、日本の中小企業の存立構造の分析にかなりの頁を割いた。結論からいえば、藤田敬三（一八九四～一九八五）の所論を引き継いだかたちで、柳瀬はつぎのように問題を提起した。

「その（中小企業―引用者注）生産性の低位性の故に精密性を生命とする軍器生産上の技術的要請に堪え得ぬ處の内的脆弱性を有していたのである。然し之等中小企業の生産性が如何に低く、また現象的にその生産量が如何に相対的に僅少であろうとも、それが日本経済全構成上に占むる地位を無視しては、如何なる政策も所期の目的を達成し得ぬであろう。経済新体制に於て中小企業の保育を約するを余儀なからしめ、或は其の後も之等に対する再編成が幾度か日程に上りつつもその確たる成果の見られざる事実は、中小企業が我国の歴史的現実の中に根強く広げた存立の基礎を明確に把握し得るならば自ら解明せらるる筈である。」

当時―昭和二［一九二七］年の金融恐慌とそれに続く世界的恐慌―から、中小企業の存立は厳しかった。「下請業者が自らの足で、即ち自らの投下資本より生まれた生産利潤により立って居るのではなく、下請単価の価値以下への切下げを通じ、生産利潤なるべき部分は下請業者の頭上を独占企業の手に集積せられる」という分析視点は、現在まで継承されている。この見方は、のちに紹介する山中篤太郎（一九〇一～八一）の著作にも共通する。なぜ、日本の中小企業が「商業資本・産業資本への従属の形式」の下におかれるのか。なぜ、中小企業は単なる企業規模の概念ではなくて、大資本への従属を余儀なくされるのか。柳瀬はつぎのように問題を提起する。

「問題の核心を捉へねばならぬ。即ち中小工業と云ふも、それは単なる経営規模の大小・労務者の多少・機械動力の使用状況等の個々の具体的数量概念を規準とするものではなく、……其の従属性の展開が如何なる方向に指向しているかを問題とせねばならぬのである。」

これは藤田敬三の問題意識でもあった。柳瀬は、当時の小宮山琢二との論争―中小経営の独立性・従属性をめぐって―も意識して、「大資本・問屋の支配（下請生産関係）に従属せしめられている中小経営が、小宮山氏の想像せられた如き潑剌とした発展性を有するものではなく、寧ろそれは、問屋制工業の再編に過ぎぬと云ふ事実を直視すべきであろう」としたうえで、検討すべき「重要論点」をつぎのように五項目に整理した。

（一）「所謂従属関係、乃至下請関係の正確なる概念規定」
（二）「下請業者に資本家的性格を付与する事の是非」
（三）「生産機構の頂点＝生産利潤取得者の確定、並に下請業者の仲介者性の検出」

（四）「中小工業存立条件の把握特に其の前期的性格の再検討」

（五）「下請制の展望」―小宮山琢二の「中小工業の地位が社会的分業的なものに高められる」のかどうか。

柳瀬はこれらの論点から中小炭鉱を分析し、中小企業の従属的地位からの脱却を困難とみた。その後、重要論点とされた「従属性」は、解消されたのか。日本中小企業史では、これは繰り返し取り上げられた重要テーマである。

中小企業像の論点整理

1　中小企業はどのような変遷をたどったのか。その把握には、個別（ミクロ）と全体（マクロ）の両面がある。個別把握には、中小企業を対象とする調査がある。適切な質問項目を含むアンケート調査票が使われ、送付先は組合関係名簿などから選択し、郵送記述式で実施される。調査項目の多いアンケート調査は回収率を低下させる。簡潔な調査項目にすれば、回収率が上がるが、明確な状況が把握しにくい。アンケート調査にはジレンマがある。アンケート調査結果がでると、他機関や研究者の調査報告書などを参考にして、自分たちの調査の位置づけを行う。また、公的機関のデータをベースにして、統計分析結果との照合作業もある。個別調査をベースに、関係調査結果や数量分析の結果などとの比較から、全体像を描き出すことで、中小企業の実態像を探る。また、時系列的な変化を探るには、過去の実態調査結果との比較も必要となる。

中小企業の実像把握といっても多くの業種があり、一業種での中小企業の実態を他分野へ拡大させるのはむずかしい。中小企業の「多種多様性論」の根拠の一端はこの点にある。製造業での中小企業と、商業やサービス業での中小企業を同列にとらえることはできない。サービス業も、個人向けサービス業と事業所向けサービス業は異なる。また、昨今、伸長著しいソフトウェア業と従来型のサービス業も異なる。中小企業の実態は、存立形態や存立基盤に関して、単一的なものではありえない。地域によって同一でもない。他方で、では、共通課題は何であるのか。この点がつねに研究者において探究されてきた。

中小炭鉱業の分析を通じた「中小企業の大企業従属論」は、中小企業一般に共通するとされた。その認識は、その後、どのように継承され、解釈・再解釈されてきたのか。柳瀬の戦後復刻版の二年後に、山中篤太郎は『中小工業の本質と展開—国民経済構造矛盾の一研究—』（有斐閣）を発表した。山中は東京商科大学教授—戦後、一橋大学学長—で、昭和初期から中小工業問題に取り組んできた。山中は同書の序で、中小工業の概念は単に企業規模上の「中とか小とか」ということではなく、「『問題性』そのものの意識化によるものである」と強調した。それは「資本制国民経済構造矛盾」—生産力構造、生産要素構造、地域的構造、流通的構造、国際経済的構造、所得的構造等—であり、とりわけ「経営的構造の矛盾」に現れるとした。山中は、「国民経済構造そのものの一つの具体的な顕現として中小工業は把握される。対象は単なる中小工業ではなく、中小工業の姿にひそむ国民経済構造そのものであらねばならない」とみた。柳瀬の中小炭鉱論は炭鉱業だけに特有なものではない。

山中の指摘は、中小企業のもつ問題性は、国民経済の発展のあり方＝構造を変えることなしには、困難であることを意味する。中小工業の分析は、日本の工業発展のあり方を問うことになる。同様に、中小商業やサービス業の分析もまた、日本経済のあり方を問うことになる。山中は「中小工業の構造的把握は同時に中小工業を媒介とする国民経済政策形成の実証的把握をも課題として要請する。即ち、中小工業の研究はひろき意味での経済政策の中心課題、経済政策の経済学的分析そのものを意味する」と指摘する。

　では、いつから中小工業の問題性が意識されるようになったのか。山中はいう。「第一の産業革命期に日本では中小工業の意識は発生しないで、第二の合理化期に始めてこれを見るのであって、且偏倚的乍ら資本の成長の存在するにも拘らず、中小工業は淘汰されず、隷属依存しつつ、種々の存立形態に於いて再生産されるを見るのである」と。なぜ、中小企業は淘汰されず、維持・再生されてきたのか。

　日本経済では、大企業が成長する一方で、中小企業も存続してきた。大企業が市場独占度を高め、中小企業の存立を困難とさせ、やがて、淘汰させたのではなかった。むしろ、大企業は中小企業の存続を利用することで、自らの存立基盤を強固にする構造があった、大企業と中小企業の関係は従属関係の下で成立した、と山中は解釈した。この関係性は、かつての問屋制家内工業では、問屋と家内工場との関係であり、近代工業では、大工場と中小工場との関係であり、それは「何等かの形で経済的不合理性を体現し具現する経済的矛盾として今日に及んできた」結果と解釈された。山中は戦後間もないころの著作で、つぎのように展望した。

「日本の中小工業は敗戦経済の灰燼の中から再び不死鳥の如く蘇えりつつあるといはれている。独占の禁止の方策は中小工業の隷属化の鎖を表見的には断ち切るかの如くであり、又戦争経済過程に現はれた問屋資本の後退も亦商業資本的市場隷属から中小工業を解放するかの如くである。併しこうした傾向にも係らず、中小工業の存在の意識は国民経済矛盾の存在の意識を本質とする。その点に於いては貫いて事態は変化しない。」

　このように、山中は戦前来の日本中小企業の経済構造は戦後においても不変とみた。この構造は、政策的措置がとられるにせよ、容易には解消されないと予想した。その後の展開を知るわたしたちにすれば、この予想は的を射たものであった。だが、やはり、変わりつつあった側面もあったことは、本書の随所でふれざるをえない。

山中の指摘から一〇年後、大阪府下の中小企業の実態調査を地道に続けた大阪府立商工経済研究所が、興味ある報告書を発表した。

昭和二五［一九五〇］年設立の同研究所は、設立一〇周年の記念刊行物として『日本の中小企業―その実態と当面する諸問題―』を刊行した。敗戦後から復興期をへて高度経済成長へと移りつつある時期までの、大阪府下中小企業の歩みが、業種別、経営状況、労働状況、組織の進展度、下請関係等広範囲にわたって丁寧にまとめ上げられている。

ここでも先の中小企業の「問題性」意識が継承されている。端的に言えば、中小企業の発展性を阻害する構造問題が日本経済に内包されており、この是正なしには、中小企業の「近代化」が困難であるとされた。同書は、「中小企業がもっているもろもろの特質、その非近代的性格は何も自らが好んでみにつけているわけではない。それを余儀なくせしめているものは日本経済の特異な発展の仕方に規定された国民経済の仕組そのもの中にある」と、柳瀬・山中以来の問題を提起した。そして、日本経済の成長には、中小企業の近代化が不可欠であり、そのためには、「中小企業をとりまく外的条件のきびしさを緩和して、資本蓄積の出来る条件をつくることが先ず必要である」とされた。所長（当時）の竹内正巳（一九〇六〜九六）は、それまでの実態調査結果を踏まえて、問題の所在をつぎのように総括した。

「戦後における中小企業問題は、国民経済の機構上の問題、体制上の問題として認識され、大企業側からもこれを重視しなければならなくなってきたという点に特色がある。こういった意味で経済近代化との関係で問題を見て、中小企業をとりまく外的条件から問題を提起しうるわけであるが、この問題をつきつめてゆけば全体としての近代化は体系ある技術整備の方向付けがどうあらねばならないか、そして個別企業の思い思いの合理化が必ずしも前提としての発展を約束するものではないということから、部分と全体を通ずる発展を矛盾のないものとする体制をどう打出してゆくかという大きな政策上の問題に当面するであろう。そしてまたそういう問題処理の過程では混沌たる全体としてつかまれ勝ちな中小企業の間に発展的契機をもつものと、そうでないものとが自らふるいわけされることとなろうが、それを所得再配分の機構を通じてどう処理してゆくか等々、問題は無限のひろがりをもつものとなってくる。」

なぜ、中小企業には「発展的契機」をもち、その契機を活かせるグループと、そうでないグループがあったのか。この点は重要論点であった。それには、単に個別の経営上の問題の克服だけでなく、経済構造上の問題の克服が必要であった。当時の系列化の動きの下で、広範な小零細層が取り残されることを、竹内は危惧した。竹内は、世界経済情勢や技術革新の進展の下で、中小企業の将来を展望し、つぎのように論点を整理した。

（一）企業間の階層分化の進展―「中大層と中小以下層との較差は増大し、階層分化を促しつつある。」

（二）技術進歩への対応における日本と先進国の相違点―「技術進歩に即応してゆけない中小企業の悩みはいずこも同じであるが、先進国ではそれを経営経済的な側面から改善してゆける条件が多いのに対して、後進国程より社会経済的な側面から構造的な問題としての対応策が必要となってくる。……その克服策が系列化という特異なものであるだけに、問題も多い。」

（三）中小企業の地位の不安定化による社会的緊張の緩和の必要性─「大企業側が中小企業問題に重大な関心をもつようになった他の要因に、中小企業を中心としてかもし出される社会的緊張の増大ということがある。それは大企業の系列化の進展が業界の組織を縦割りにし、階層分化を促し、圧倒的に多い中小企業の地位を一層不安定なものとしているため、その反撃が予想されるということもあるが、……公式論的なマルクス主義者は盛んに『中小企業の危機』『資本主義体制の危機』を叫び労働運動は政治闘争化した時代でもあった。」

（四）中小企業の新たな動き─「系列、非系列にかかわらず、技術的進歩を受け入れ、近代化してゆくには、一定の規模階層がある。戦後の一般的傾向として商業資本の支配を脱し、或は一貫生産化の方向をとって直接大企業の系列にはいることもなく、近代化の方向をとりつつある中企業層も増加している。またそういった層が育つだけの拡大があり、また経営者や労働者の意識の目覚めもあるわけである。……中小資本として経済の拡大発展に即応して発展、上昇の方向をとるものも多くなってきていることは間違いない。しかし日本の場合、これらの進歩発展とは殆んど無関係な単純労働の内職、家内工業や家族労働を中心とする生業或は生業的な企業の膨大な存在があるということを忘れてはならない。」

（五）社会的分業のあり方─「問題は、大企業と中小企業の関係をいかにして正常な形における社会的分業の関係にもちきたすかということである。……中小企業は大企業にとって第一次の大きい市場であり、関連下請産業としても、市場的にも、技術的にも、相互に補完しあった存在となっている。問題は両者の関係が正常な社会的分業ではなく、いわゆる下請的な関係の仕方であり中小企業が常に不利な取引条件下におかれているという点にある。……社会的分業を合理化するということは大企業と中小企業並びに中小企業相互の内における経済関係を公正なものとし、労働条件を引きあげつつ、社会的総原価を低減せしめる産業の関連のあり方を考えるということとなる。」

（六）地域経済とのあり方との関係―「中小企業は地域企業集団として存在し、集団のもつ経済的利益を享受しているか、あるいは大企業を中心とする関連下請企業群として、地域的に一つのまとまりをもった単位として存在している場合が多い点に着目しなければならないであろう。それは中小企業一般として問題が考慮されただけでは社会的分業の合理化は達成され難いのであって、それぞれの地域経済開発の問題と関連せしめて」とらえておく必要がある。

（七）（四）と関連して、中小企業の不均等的存在への直目―「問題は不均等の存在ということよりも、それがおくれた部門の水準引き上げに役立つ形で作用してくるか、あるいは反対におくれた部門が進んだ部門の足をひっぱるかにある。この点を一層検討するためには、中小企業を単一の層としてではなく、階層わけして次の発展への諸契機をもつ企業層と、そうでない層とをわけて考える必要があるとともに、発展的な契機をもたない層に対しては別の面で雇用増大をはかることが必要となってくる。」

敗戦後の復興混乱期から十数年にわたり、大阪府下の中小企業について業種別・地域別の地道な実態調査を続けてきた研究機関のこうした見解は、現在からみても、中小企業に関して重視すべき論点をほぼ網羅していた。柳瀬や山中たちの中小企業の問題性論を継承しつつ、中小企業の複層性にも着目し、発展契機を活かしうる中小企業の存在にも目を配っていた。

2　中小企業存立論の通史では、大阪府立商工経済研究所のものが戦後一五年史である。さらにそこから一五年後まで視野を広げたものに、中村秀一郎（一九二三〜二〇〇七）や清成忠男（一九三三〜二〇二四）による『現代中小企業史』（一九八一年）がある。同書は、日本中小企業の戦後三〇年間の歩みをつぎのように整理した。

（一）中堅企業の登場への着目と従来の二重構造論の見直し―一九六〇年代に「明瞭となる中堅企業（Medium Sized=Entrepreneurial Enterprise）の群生……その日本産業社会に与えた衝撃はきわめて大きかった。日本の中小企業分野は非近代的分野であり、この非近代性が大企業の近代性を支えるという後発国の宿命からのがれられないかぎり、その停滞を打ち破る内発性を期待することはできない二重構造論を、その根底からとうこととなった……高度工業化と中小企業近代化が両立できることが証明された……硬直化しがちな大企業体制に衝撃を与える一方で、活力ある中小企業群に目標を与え勇気づける役割を演じたのである。この中堅企業の群生を可能とした諸条件・諸要因は何であったのか。」

（二）二重構造論の産物としての下請企業像の見直し―「下請企業は程度の差こそあれ相互の激しい競争を通じて、設備近代化とともに、それぞれ独自の利用技術の蓄積、加工経験をベースとする使用機械の改造・内製能力、ユーザーの製品構想を受けてそれを製品化する設計能力、工程管理の効率化、ハード・ソフトの技術の蓄積に見合うパフォーマンスを実現させ、その専門分野においては大企業を凌ぐ生産能力水準への到達によって、その存在理由を確保している……いかなる筋道によって、日本産業の各比較優位を支える高度な社会的分業の担い手変貌をとげたのであろうか。」

(三) 特定地域の企業集団＝地場産業への見方―「環境の激変にもかかわらず、ほとんどの地場産業は壊滅しなかった。……事業転換の経験を生かし、企業の新旧交替を通して環境変化に立ち向かい、製品企画力とマーケティング能力の開発、先進産業からの技術移転とみずからの技術革新努力を通じて、価格よりも品質を拠り所とする先進国産業へと再生を達成した。」

(四) 伝統的中小企業分野の流通・サービス業の大きな変化―「この分野の革新の代表的な担い手は、当初はスーパーと呼ばれ、のちに量販店チェーンストアといわれたその多くが、零細・中小企業から成長した企業群であった。百貨店をはじめとする既存の大企業の主流は、『流通革命』の担い手たりえなかった。……新しい機能を持つに至った問屋・卸売業が出現し、新しい生産・流通システムのオーガナイザーとして安定的な地位を確保していった。百貨店にせよ、その多様な品揃えを実現し維持するためには、結局、このような問屋の経営能力に依存する方が合理的であった。また小売業における大型店の発展も、多数を占める中小・零細店の存立を根底から脅かすものとはなりえなかった。百貨店や量販店のみで、極度に多様化する消費者の欲求を満たすことはそもそも無理である。……流通・サービス業における量販店をはじめとする新しい分野の開拓者たちは、なぜ既存の大企業からでなく中小企業から出現したか、……ほとんどが中小企業である問屋・卸業者の多数が、なぜ生き残ったのだろうか。中小店の存続とその大型店との共存はいかにして達成されうるであろうか。」

(五) 起業の苗床としての中小企業―「わが国は社会階層間の流動性の高い社会であり、中小企業の勤労者が独立して経営者となる道が大きくひらかれていた。ヤル気のある勤労者にとって中小企業は、生涯の働き場所というよりは経営者となるための学校・修行の場とみなされていたのであり、それゆえにこのひとびとは劣悪な労働条件にも耐えたのである。……この道を通じて、個性的で有能な人材が産業社会に活力を吹き込んできたこと……新旧企業の社会的交代を通じて、全体として中小企業の活力は維持されているのである。その経済的背景が大きく変化しているにもかかわらず、日本の産業社会で新企業の高い出生率が一貫して維持されているのはなぜであろうか。」

いま、これらの指摘を見ると、その後も確認できる点と、当時とは異なる点がある。たしかに、中小企業から事業規模を拡大させた中堅企業は増加した。そのなかには、(二)にいう、下請型から独立型へ移行した中小企業や中堅企業があった。他方、地場産業については、産地という地域企業集団には、消え去ったところもある。それを考えると、「環境の激変」以上の激変があった。流通・サービス業では、百貨店というビジネスモデルの終焉、流通業全体に影響を及ぼしたネット販売の興隆がある。起業実態では、米国社会と比べ、大企業からのスピンアウト創業が少ない日本では、中小企業はいまも起業の苗床である。

「環境の激変」には、大企業と中小企業との関係、中小企業間の関係の変化だけではなく、それ以上に、技術革新、インターネットの定着、新たなライフスタイルの登場、少子高齢化社会の進展による社会経済環境の変化があった。(五)で指摘された「日本の産業社会で新企業の高い出生率が一貫して維持されているのはなぜであろうか」という現状把握については、その後の変化を考えると、「なぜ、維持されてこなかったのか」との疑問は残る。いずれにせよ、その後の中小企業の内外の変化は激しかった。

中村秀一郎たちの『現代中小企業史』の刊行から数十年、中小企業研究者の問題意識も大きく変わった。中小企業と日本経済や世界経済との関係性が大きく変わったからである。中小企業の経営環境の変化もあった。それまでの中小企業存立論の理論的枠組、とりわけ、マルクス経済学からの中小企業論はみられなくなった。他方、適正規模論が独占論に取って代わったともいえない。中小企業の存立は安定的なのか、不安定的なのか。藤田や山中以来の資本主義論から論じる抽象的な中小企業存立理論は、すっかり影をひそめてしまった。

『現代中小企業史』から四〇年後に刊行された出版物がある。この間に、中小企業研究者の意識はどのように変化したのか。大阪経済大学中小企業・経営研究所編『深化する中小企業研究―中小企業研究を本質論、経営的、政策的側面から捉える―』（二〇二一年刊）を紐解いておく。同書の「本質論」の諸論稿では、中小企業のもつ問題性＝従属論と発展性＝自立・独立論と並んで、それらを統合させたような「共生論」や「ネットワーク論」も登場するが、その理論的掘り下げは浅い。「経営的研究」では、アントレプレナーシップ論が登場した。それは、この間のベンチャービジネス論の興隆を反映している。いずれにせよ、かつてのようなマルクス経済学＝グランドセオリーからの中小企業論はない。「個別経営論」では、ネットワーク活用による成功企業の事例だけが紹介される。「成功組」の中小企業経営の一般理論化への意識は強いとはいえない。

経営論は、経営環境適応論に容易に結びつく。情報化や情報革命の下、インターネットが社会インフラ化するなか、それに適応できるか、できないかで中小企業の栄枯盛衰論が展開される。「政策的研究」では、地方自治体での「中小企業振興条例の動き」が紹介される。それがどの程度の政策効果をもたらしたのか。また、中小企業政策が有効であったのかどうか。検証には昨今の計量手法が応用されるが、その検証は手薄だ。中小企業政策が中小企業問題の解消・中小企業の成長を促したのかどうか。かつての従属性問題、大企業と中小企業の不公平な取引関係が是正されたのかどうか。そもそも、それは中小企業政策のみに課された課題なのかどうか。中小企業問題は、中小企業政策の是非を問うことである。中小企業史は、中小企業政策史でもある。

日本中小企業史は、政策史であると同時に、日本社会史であり、日本経済史であり日本経営史でもある。すなわち、日本中小企業史は学際領域史である。それぞれの分野の専門家のチームによる執筆が望ましい。その視点の共通化はこの種の作業を行った経験のある者であれば、容易ではないことはすぐにわかる。わたし自身が学際領域化するしかない。

文献的に振り返れば、中小企業に関する資料・史料は多くても、中小企業史に関する著作は多くはない。また、それ自身が大きな研究領域を形成したわけでもない。とはいえ、その時期、その時期の中小企業の現状を切り取った中小企業論の蓄積は圧巻である。そうした中小企業論を単に時系列的につなげても、中小企業史にはなり得ない。企業史には、わたしたちの社会の構成原理や社会的文脈が底流にある。中小企業史は、中小企業存立の変遷の水脈を探り当てるような作業である。

また、中小企業史は、その存立分野の産業史とも重なり合う。そこには、個別中小企業の経営、技術・技能、市場と地域性、地域資源と地域性の変遷がある。以下、このことを念頭に置き、論を進める。対象期間は必要に応じて明治・大正期にふれつつ、主な期間は昭和期以降にしぼる。

第一章　経営史としての中小企業

自由主義の古典的なスタイルでは、小さな企業を設立し、他の企業との競争によってそれを拡大することが上への道であった。

（C・ライト・ミルズ（杉政孝訳）『ホワイトカラー―中流階級の生活探究―』東京創元社）

日本史の教科書には、大きな成功を収めた会社もしくは現在に続く会社が名を連ねている。しかしこの国の経済は、現れては消える無名の会社の群れによっても作られている。

（松原隆一郎『頼介伝―無名の起業家が生きたもうひとつの日本近現代史―』苦楽堂）

企業家とはそんなに特殊な素質を必要とするものだろうか。

（小野瞭『文明〈後〉の世界』新泉社）

最初に人ありきの視点

1　すべてのことに始まりがある。企業にもある。企業には創業者がいる。創業者が一人の場合もあれば、複数の場合もある。老舗の商店や、伝統工芸で、数世代つづく事業にも創業者がいる。そうした創業者と創業環境＝社会経済環境の関係性を類型化する比較論は、魅力的である。アントレプレナー論の起業家像は多彩になり、国際比較も含めて描かれる。そのような研究も増えた。創業後の急成長、停滞、衰退は、創業者の性格とどのように関係するのか。あるいは、創業者の属性―家柄、学歴、経歴など―や、その時期の社会経済的、ときに政治的な諸要因がどのように関係するのか。

地域性では、創業者に関係する社会的資本は大きな要因である。それは、創業の苗床となる。技術、資本、情報が容易に入手可能な地域と、そうでない地域には、当然ながら創業後の栄枯盛衰がある。この種の創業インフラとは一見無縁であるような地域から、大成長を遂げた企業が生まれた事例もある。事例を一般化することは難しい。

前田正名（一八五〇〜一九二一）の『興業意見』（明治一七［一八八四］年刊行）には、「起業」という言葉がすでに登場している。前田は各地産業の現状分析を通し、今後の産業振興方針を示した。今日、日本各地の創業ブームが紹介され、起業熱の高まる一方で、資金繰りや市場調査の不十分さゆえの行き詰まりが報告される。前田の時代と現在のスタートアップの差異はどこに起因するのか。改めて、社会経済環境の相違をとらえておく必要がある。創業時の創業者の出自、技術・技能の取得経路、マネジメントスキルの習得経路、資金調達の経路、販路確保の経緯、人材確保について、創業者が存命であれば知ることができる。社史も大(*)

いに参考になる。大企業では、企業設立後の節目に何冊もの社史が発行される。中小企業の社史は稀であるが、なかには編纂されたものもある。すこし事例を紹介する。

＊詳細は寺岡寛「中小企業経営者の諸系譜―社史を通じて―」大阪経済大学中小企業・経営研究所『中小企業季報』第二号（二〇一八年七月）を参照。

多摩川精機は、昭和一三［一九三八］年に創立された。社名は、近くの多摩川からとられた。創業者の萩本博市（一九〇六～七四）は、日露戦争終結の翌年、長野県下伊那郡泰阜村打沢の養蚕農家に生まれた。一四歳で尋常高等小学校を卒業後、下伊那準教員養成所へ入り、卒業後に長野師範学校（現信州大学）を受験する。だが、面接試験で不合格。そのため、東京へ出て、関東大震災の前年に東京府青山師範学校へと進学した。卒業後、東京の小学校で三年間ほど小学校教師を務めたが、在職中に先輩の教師から厳しい助言を受け、人生行路を変える。社史『多摩川精機六〇年史』はこの事情をつぎのように伝える。

「将来は校長になることを目指して教員生活を送っていたが、先輩の横田先生から衝撃ともいえる次の助言を受けた。『萩本君、君は教員としては不適当だよ。君のような男はこの道では一〇年もすれば自分の力を伸ばす分野はなくなって、歳若くして校長を最後に退職しなければならないよ。君の性格・才能からして工業技術の方面に進むことが望ましいと思う。』」

この種の助言に立腹しても、職を変える人は多くない。だが、博市は小学校教師を辞め、二一歳で東京高等工業学校の教員養成所機械科へ入学する。その後の博市の歩んだ道を振り返ると、同僚教師の人を見る目の確かさに驚きを禁じ得ない。すでに同僚の裁縫教員と結婚していた博市は、故郷の両親へは事後承諾であった。不景気の下、養蚕事業も決して順調ではなかったにもかかわらず、両親は学資を送り続けた。博市は昭和六［一九三一］年三月に機械科を卒業した。その二年ほど前には、ニューヨーク株式市場の大暴落により、世界的不況が日本にも押し寄せた。翌年に浜口首相の暗殺事件が起こり、軍部のクーデター未遂、労働運動の激化など社会不安が深刻化した。日本経済は産業統制の時代へと移りつつあった。博市の卒業の半年後には、満州事変が勃発する。卒業後、博市は、大学の推薦企業を断り、日本特殊鋼の入社試験を受けた。だが、失敗する。博市は、師範学校でも、会社でも、当初の志望には失敗している。しかし、その後の進路は開けている。博市は、そのような運命をもった人物ではなかったろうか。人生とは面白い。

博市が入社したのは、東京荏原郡の北辰電機製作所－その後、横河電機株式会社と合併－であった。同社は大正七［一九一八］年創業で、日本で最初に懸垂型熱電温度指示計を完成させている。いまでいうベンチャー企業であった。創業者は清水荘平（一八九三～一九七〇）である。清水は、東京物理学校（現東京理科大学）卒で逓信省電気試験所の技師をへて、東京大学理学部の長岡半太郎（一八六五～一九五〇）の下で助手を務めた。長岡から、東京電機（その後、東芝）への就職を勧められたが、自ら起業する道を選んだ。北辰電機は日本の軍事経済体制とともに歩み、航空機や艦艇の工業計器の設計・製造を通して、中小企業から中堅企業へと駆け上がった。博市は、温度計や温度自動調整器を中心に社業を伸ばした時期の北辰電機に技術者として入社し、航空機の油量計などの設計を通して技術を磨いた。もし、博市が当初の志望の日本特殊鋼に入社していたら、管理技術者として大成したかもしれないが、開発技術者として活躍の場が与えられたかは疑問である。

昭和一三［一九三八］年、博市は三一歳で、多摩川近くで多摩川精機株式会社を設立した。農村窮乏化の伊那郡は、「経済更生計画」として多くの村民を満州移民として送り出した地区である。博市はそうした故郷の状況を打破するため、村人が働ける工場の建設に心を砕いたという。北辰電気から独立して、自らの技術を新たな場で試したいという、技術者の意気込みもあったようだ。同年三月に「航空機製造事業法」と「工作機械製造事業法」が、四月には「国家総動員法」が公布される。五月には「国家総動員法」の最初の発動として「工場事業管理令」が公布された。昭和一九［一九四四］年末、東京鎌田と長野飯田の両工場は、軍需工場に指定され、軍の監察官が常駐した。博市は経験を買われ、陸軍の航空嘱託技師として国内外の関連施設に派遣される。

一般に、起業後の難関は、三つの「確保」─「資金の確保」、「市場の確保」、「人材の確保」─である。博一の場合、資金面は、北辰時代からの人脈で、株主一〇名、資本金八万円でスタートした。市場面では、軍関係の油量計など兵器需要の拡大があった。多摩川精機は、航空計器専門企業として、既存計器だけではなく、特殊潜航艇のジャイロや爆撃照準器用ジャイロなど高度な機器の研究・試作も任され、その技術力は軍関係者にもよく知られるようになった。人材面では、社員の多くは故郷の泰阜村の出身者であった。博市には「三〇年構想」があった。社史はつぎのように伝える。

「最初の一〇年間は、東京に郷里の有能な青少年を集めて、将来の幹部教育をし、会社の基盤造りを行う。次の一〇年間は信州飯田に工場を設置し、最後の一〇年間は信州飯田周辺の各町村に五〇の協力工場を造り精密機械産業を広めたい。この事業達成のためには、とくに交通不便な農山村に工業を定着させる並々ならぬ努力が必要だ。それには優れた人材が必要であり、信州の困難な生活の中に育ち、郷土の将来に愛着をもつ者を、私立の工業高校を設立して育てる。」

工業学校は、会社設立の翌年には実現した。母校の青山師範や東京工業大学からも講師を派遣してもらい、元教師の経験を生かし、夜間学校―女子教育も含め―の運営に工夫を凝らした。人材確保のため、博市は当初から男女同一労働・同一賃金の募集要項を掲げた。当時としては先進的であった。多摩川精機は、航空機産業拡充の国策の下、軍需拡大と軌を一にして、北辰電機と同様に中小企業から中堅企業へと成長する。

小企業から中小企業、そして中堅企業へと駆け上がる要因は、いまもむかしも成長市場を見いだし、参入できる技術と資金である。なかでも、もっとも重要なのは市場の発見である。しかし、市場は変化する。市場の変化は技術の変化をもたらす。中小企業の実態調査を数多く手がけてきた管見でも、中小企業と中堅企業の分水嶺はこの辺りにあると考えている。

その後、多摩川精機は、戦況の悪化で、東京工場が空襲の危険に晒された。博市は気象条件から空襲を受けづらい故郷近くの飯田市に工場を建設し、生産の主力を移転した。しかし、敗戦後、多くの軍需関連企業と同様に、多摩川精機も、軍需を失い、新たな成長路線を探ることになる。創業時の規模からの再スタートであった。敗戦から二カ月後、占領軍からの操業許可が下り、電気こたつ、電気ストーブ、電気パン焼器、コンセント、プラグなど日常品の製造で食いつないだ。軍需部門は自衛隊向けに継承されつつも、主力は民需向け各種計器市場の開拓と技術開発へと転換する。技術力が温存されていたのである。

2

さて、起業には、(一) 関係会社・子会社の延長型、(二) 個人の独立創業型がある。さらに、独立創業型は、つぎのように整理できる。

(一) 家庭との関係性―農家、商店、工場勤務の家庭や経営者の家庭がある。親の職業との関係性である。

(二) 地域との関係性―生まれ育った地域には、都市と農村の区別がある。都市にも地方都市や大都市、農村にも北海道・東北から九州・沖縄までの地域がある。地域の社会的価値観―地域文化―もまた重要な要因である。

(三) 教育との関係性―中等教育や高等教育の有無。農林商工の実業教育、高等機関での文系・理工系の区別。

(四) 卒業後のキャリアとの関係性―親の事業をすぐに継承するケースもあるが、多くの場合、専門知識や技術・技能を取得する場としての商店や工場での在職経験がある。

(五) 創業契機との関係性―多様である。偶然の出会い―メンター―もあれば、時代背景もある。創業に至るまでの経緯や契機はさまざまである。

多摩川精機の場合、(一) と (二) の点では、博市は養蚕の盛んな農村部に生まれた。周りには、工場経営者は居らず、実家や親戚などの営む蚕糸業が身近であった。(三) では、博市は専門技術者であった。町工場の創業者の場合、義務教育後に町工場での徒弟時代をへて、独立するケースが多い。博市は高等教育機関で体系的に技術を勉強したあとに、最先端機器を開発・製造する研究開発の企業で設計技術者としての経験を深めた。この点は (四) に関連する。博市の事業家としてのモーティベーションは、故郷の若者たちに職を提供できる工場の建設という郷土愛であった。戦時下、東京工場の疎開という外的条件がなくても、博市が故郷に工場を建設した可能性は高い。

博市は、当時でも数少ない最先端技術の高学歴技術者であった。不況下でも、大企業で働くことは可能であった。にもかかわらず、最先端の技術への関心から、技術開発志向のベンチャー企業を選んだ。彼自身の生き方が反映された。ベンチャー企業がさらなるベンチャー企業を生み出す連鎖を確認できる。また、博市は事業展開の長期ビジョンをもち、生まれ故郷の経済振興を自らに課した。この生き方は、現在でも、事業家類型としては少ない。

現在でも、創業は自営業に近いかたちで創始される。当初から資本不足や人材不足、市場開拓に苦しむ。博市は資金や人材面で恵まれ、拡大する軍需市場に参入したことで、順調な企業成長を達成できた。

もう一つのケースを挙げる。経済学者の松原隆一郎の祖父のケースである。祖父頼介の足跡をたどった『頼介伝』からは、博市とは異なる創業タイプの経営者像がうかがえる。

松原頼介は、明治三〇［一八九七］年、山口県鋳銭司村（山口市）の富農の家の次男として生まれた。頼介は山口中学へ進学したが、中退する。同級生に岸信介（一八九六〜八七）がいた。二〇歳のとき、長崎からフィリピンのダバオに渡り、一〇歳年長の長兄とマニラ麻の栽培に従事する。一年半後には神戸港に帰国し、神戸に住み始める。寄港地が長崎港であれば、頼介の人生はまた別のものとなっただろう。四年後、頼介は神戸で船具卸商の合資会社松原集会を設立した。何度も転変する頼介の企業家人生の始まりである。頼介が住み始めたのは神戸駅近くの東出町である。東出町は造船業関係者の住む町であった。私事であるが、近くに川崎造船所があり、わたしが通った小学校も近くにあった。わたしの父は、川崎造船の対岸で仲士を使って、故郷の小豆島から気帆船で運ばれた醤油を扱う陸運業を営んだ。小学校のころの同級生の親には、船具商を営む者や店員もいた。

事業には二つの参入障壁がある。一つめは資本障壁、二つめは技術障壁である。前述の博市には、技術面では機械の知識と設計技術者としての五年余りの実務経験があった。問題は資本であったが、出資者がいたことで精密機器分野への参入が可能であった。他方、二〇歳代半ばの頼介には、特別な専門知識があったとはいえない。船具商といっても、船具から日常雑貨まで扱い、資本面の障壁は低かった。その分、ライバルは多くいたに違いないが、頼介には臨機応変の才覚があった。その後の歩みはそれを物語る。孫の隆一郎は、頼介と東出町の関わりについて、「頼介は生涯、孫たちに一度もこの町の思い出を喋ることはなかった。だが私は、日々の暮らしに流されず裸一貫でこの地で成り上がったことには無条件に感動してしまう。この町は人情が濃く不器用な土地柄ではあるが、おしゃれな都会と評される神戸に『下町』があるならば、ここを置いては他にないのだと思う」と述べる。町の雰囲気には事業を起こさせる苗床のような機能があった。わたしの父も香川県から移り住んだこの町で事業を起こした。日本の流通業を大きく変えたダイエー創業者の中内功（一九二二〜二〇〇五）もこの地で育った。

頼介は、事業の先行きをみこして松原商店を四年後に清算した。その年、頼介は結婚し、その後、東出町から転居する。事業は順調であったが、何か期するところがあったのだろう。新たに、義兄と防水頒布へと進出した。頼介は姫路工場（頒布製造）、神戸市の西青木工場（防水加工）をもち、松原商会から満鉄向け製品を輸出した。事業は拡大し、頼介も羽振りの良い生活をした。だが、戦争拡大の下、事業は統制をうけ、日出紡績へ売却を余儀なくされた。そのため、頼介は再度、新事業を起こす。船舶製造であった。だが、これも「徴発令」で行き詰まる。そんななか、敗戦を迎えると、頼介は再々度新事業へ乗り出す。戦後の復興需要を見込んだ伸鉄業である。頼介はシリアル・アントレプレナーであった。

博市が技術志向の事業家とすれば、頼介は市場志向である。つねに成長性をもつ新たな市場を意識して、事業を転換させる才覚があった。鉄鋼製品には素人の頼介が、技術障壁をクリアーできたのは同業他社から技術者を引き抜いたことによる。管見でも、事業のアイデアとそれを技術的に実現する才能は一人に体現される場合もあるが、別であることも多い。成功例には、外部人材をうまく活用したケースがみられる。

頼介の事業は、当初、需要拡大に支えられ順調であった。だが、製品相場の乱高下で行き詰まり、大手企業に買収され、頼介の企業家人生は終わる。隆一郎は、頼介の行き詰まりの原因を、役員を親戚縁者などで固めたことに求めた。だが、産業調査で個別経営の栄枯盛衰をみてきたわたしは、異なる意見をもつ。実際、中小企業や中堅企業には同族経営が多い。そのなかで、行き詰まった企業もあれば、その後も成長した企業もある。同族経営が必ずしも悪いとはいえない。良い同族経営と悪い同族経営がある。

博市と頼介という二人の企業家を取り上げた。類似点もあれば異なる点もあった。両者とも徒手空拳で小さな企業を立ち上げた人物である。博市の事業は子供や孫に継承され、日本を代表する精密機器メーカーとなった。頼介の事業は他社に買収された。この二つの事業の是非の判断は、中小企業家としての二人をどのようにとらえるかによる。

中小企業の定義とは何か。これは中小企業の「法的定義」論とはまた別である。「中小企業」を「過程」の事業体とするのか、あるいは、「結果」の事業体とするのか。それによって、中小企業の内実は変わる。博市の事業も頼介の事業も、過程では中小企業であった。結果の事業体であれば、それは中堅企業である。

日本企業のほとんどは、結果の事業体として中小企業である。政府の公式統計では、企業数で「中小企業」は、建設業の九九・九%、製造業の九九・五%、運輸・郵便業の九九・七%、卸売業の九九・三%、小売業の九九・七%、不動産業・物品賃貸業の九九・九%、宿泊業・飲食サービス業の九九・九%、医療・福祉の九九・九%、教育・学習支援業の九九・九%、サービス業の九九・七%を占めている。中小企業は圧倒的多数派である。では、企業成長に彼我の差が生じるのか。生じるとすれば、それは経営者のマネジメント能力によるのか、あるいは、創業時期の市場条件によるのか。

多くの事業は個人事業として創業される以上、創業者個人の能力差はやはり大きい。創業後の企業成長は、創業者が世代を超えたビジョンをもつかどうかにかかっている。博市の場合、事業もさることながら、技術発展への情熱の熱量が次世代へと継承された。他方、多くの事業は創業者のライフサイクルと軌を一にする。家族経営の小さな事業は、二〇歳代後半で商店や町工場から独立・創業して、七〇歳代半ばまで細々と事業を継続し、やがて廃業というライフサイクル・パターンを描く。

戦後復興から経済成長期半ばまで、繊維業や雑貨業で、中小企業は輸出産業として日本経済をけん引した。その後、輸出市場での競合激化の下、国内市場へと転換したものの、国内市場での輸入品との競合で後継者を確保できないままに、廃業するケースは多かった。事業転換が必要とされ、これに関連する制度も導入された。管見では、繊維業や雑貨業から事業転換に成功した事例は少なかった。駐車場やアパート経営への事業転換はあったが、それを成功例とみなすのがよいのかどうか。そこに残った従業員はほとんどいなかった。

現在、中小企業の承継問題が政策課題として注目されている。だが、繊維や雑貨など都市雑業分野では、以前から後継者がいないケースは多かったのだ。大学への進学率が上昇し始めた昭和四〇年代以降、大企業や中堅企業の就職市場が拡大するとともに、子供が親の生業的事業を継承するケースは減少した。小零細企業は継承問題を抱え続けてきた。戦後すぐに創業された商店や町工場は、高度成長後期あたりから後継者不在のままに一定数の廃業があった。顕在化しなかったのは、新規開業があったからだ。事業継承が問題視されるのは、かつては廃業を上回っていた新規開業数が減少したからである。当時も、自営業はライフサイクル・パターンを描いていた。事業継承問題では、生業的な小零細企業層と一定規模の従業員を抱える中小企業層は区別しておく必要がある。

人と人をつなぐ企業史

博市と頼介の創業物語には、二人の人生が色濃く刻印されている。個人の人生観は、事業観以上にそこに反映される。個人の能力や運・不運もあるが、それ以上に、事業を大きく推進させたのは、人と人とがつなぐ運命の糸である。偶然ともいえるが、それがやがて事業の成否を運命づける必然となる。博市は同僚教師との邂逅がなければ、小学校の校長として人生を歩んだはずだ。頼介の鉄鋼業へ進出は、川崎製鉄を率いた囲碁仲間との邂逅である。帆布製造から造船をへて、鉄鋼業への転換は単なる偶然の結果なのか。博市や頼介のようにドラマティックでなくとも、事業展開にはつねに人と人をつなげる偶然性がある。

それは多くの自営業に共通する。大阪市内の住工混在地区の零細事業者の実態調査に従事したことがある。電話や書面でのアポ取りは困難な地区だ。事業場と家庭が分離していない生活圏へ足を踏み込む調査である。わたしが見習いのときには、先輩格の調査員とともに、事業所を訪れ、すこし世間話に応じてもらえれば土間に上がり込み、事業の現状などを聞いた。集金人に間違えられたことも多々あった。調査の際も、工場主は旋盤機械の加工の手を休めることはなかった。その傍らで、ノートを広げて聞き取りをした。

先輩格の調査員が足で集めた零細企業の貴重な実態調査報告書がある。大阪府立商工経済研究所『小零細企業ルポルタージュ』（昭和三九［一九六四］年五月刊）である。調査の狙いは「ここ数年のわが国経済の高度経済成長の過程のうちで、中小工業の規模別構造に大きな変化が起っている。すなわち、従業者数三〇人未満の事業者の比重が著しく低下する傾向を示してきたことである。このことは中小企業の適正水準が急速に上昇してきたことを反映するものである」と記された。昭和三〇年前後、すなわち、日本経済が敗戦後の混乱から抜け出て、朝鮮戦争を境に、製造業が戦前の水準を上回り始め、高度経済成長の軌道に乗り始めた時期であるが、大企業の復興に先んじて、多くの自営業が生れた。町工場から規模を拡大する企業が目立ち始めた時期でもある。

ルポルタージュだけあって、町工場の様子は「バラック住宅の……玄関が作業場になっており、外からみたのでは企業とは思われない」（切削加工）や、「戸口にも、表札もなにもなく、これではわかる筈がない……企業主は比較的心よく、入れて呉れて安心した……」（バフ研磨）、「低所得者住居が雑然とならぶ裏通りから露路に入り込むと、……カッターシャツの下請縫製をする企業だ」（布帛縫製品）、「城東区と言えば、大阪では比較的新しい中小企業地帯である。その商店街の裏通り、住宅と中小企業の密集するところに、二階が住居、階下が作業場の企業」（プラスチック加工）などと紹介される。この報告書の希少性は、小零細企業の経営者に創業までの経緯を聞いた点にある。ケースを紹介する。

（A）切削加工業（従業員三名）。（一）創業―昭和三五［一九六〇］年、（二）学歴―不明、（三）職歴―大阪の中小バルブ工場を一度退職し、他の企業に勤務したあと、同じ工場に再就職、（四）独立―結婚後に購入住宅で中古旋盤一台を購入・設置し、昼間は勤務先で働きながら、開業準備、（五）取引先―町工場を配偶者の父親から紹介してもらう、（六）展望―拡大志向。

この経営者は「勤め先で技術を身につけるまで一生懸命に働いた」あとで創業し、「創業して三年ばかりで、従業員を二人雇用し、旋盤も古いものではあるが、三台も購入できたのは、この間が高度経済成長期であったと言うこともあるが、こうした企業主のたくましさが大きい」とされた。人と人をつなぐ、ということでは独立後の義父との関係が重要であった。以前勤務していた工場主からの下請受注によって、創業後の市場が確保された。

(B) 電気機器の小ネジ・ナット類等の加工(従業員なし)。(一) 創業―昭和二三[一九四八]年、(二) 学歴―高等小学校中退、(三) 職歴―材木屋に三年間勤務後、挽物工場の徒弟、(四) 独立―昭和一四[一九三九]年に貯金を元手にロクロ旋盤二台を購入して創業、戦後―戦災に合わなかったロクロ旋盤で再開、(五) 取引先―家庭電器メーカの下請、家電ブームに乗る、(六) 展望―一代限り。

(C) プレス加工(従業員一六名)。(一) 創業―昭和三〇[一九五五]年、(二) 学歴―岡谷工業学校機械科、(三) 職歴―茅野の機械工場に勤務、(四) 戦後―昭和三〇[一九五五]年に地元に戻りプレス加工へ、(五) 取引先―地元のカメラ・メーカーの部品加工下請、(六) 展望―成長志向、ただし、人手不足で主婦パートで対応。

(D) プレス加工(従業員一二人)。(一) 創業―不明、(二) 学歴―不明、(三) 職歴―戦中に父の瓶問屋で、王冠の製造に従事、(四) 戦後―王冠製造を再開、(五) 取引先―大阪では大企業に押され、地方の業者への納入、(六) 展望―大企業の進出で存立が困難となる可能性。他方で、同業他社の多さについて、「換金ものの材料などを主として扱うブローカーから手軽に、あるいは安い材料を購入して生産に従事する零細企業もまたおおく、それが零細企業の存立の支えとなり、またそのブローカーが支えられる条件となっている。」

調査項目に不明が多い理由を、調査員は「(けんもほろの) このような社長は損こそあれ利益のないこのような調査に対しては、そう簡単には答えて呉れないのが多いのである。それが小企業経営者の性格の一つの型を代表している」と記した。ノーアポ調査の経験者なら首肯できる。つぎの指摘も同様だ。「社長が話しても差支えないと言うようなことから、質問をするが、なかなか答えて呉れない。そして、官庁に対する批判は実にきびしく、こんな調査を行ったとしても、今までの経過から見て、なに一つ援助して呉れたことはないではないかと言うのである。自分一人でしか企業を維持していくことはできないし、したがって生活をまもることもできないということを、今までの経験をつうじて体得し、それがこの社長の人生観になっているのであろう。」

(E) 板金加工（従業員三〇名）。(一) 創業—昭和二八［一九五三］年、(二) 学歴—不明、(三) 職歴—戦前にレントゲンに関係する、詳細は不明、(四) 戦後—大連から引き上げ、昭和二一［一九四六］年に知人の援助により従業員五名で創業、(五) 取引先—レントゲン・メーカーの部品、漁業用レーダーの付属品、(六) 展望—特殊な注文製品で同業者もなく、大きな発展はないが、安定的であろうとみている。

(F) 鍛造（従業員三六名）。(一) 創業—昭和一四［一九三九］年、(二) 学歴—不明、(三) 職歴—不明だが、型鍛造の個人企業として創業、(四) 戦後—昭和二三［一九四八］年に会社に組織変更、(五) 取引先—建築金物、建築工具、自動車・船舶・車両向け部品、(六) 展望—設備近代化によって成長を期待。

(G) 特殊ミシン（従業員二二名）。(一) 創業—昭和二一［一九四六］年、(二) 学歴—不明、(三) 職歴—戦前、工業ミシン会社の経理担当者、(四) 戦後—工業ミシン会社の倒産により、独立してミシンの取次販売業を設立、(五) 取引先—販売から、部品を仕入れて組み立て加工業へ、(六) 展望—生産拡大により一部加工を外注下請利用へ、拡大志向。

（H）みがき棒鋼（従業員二五名）。（一）創業—戦後不詳、（二）学歴—関西の私立大学卒業、（三）職歴—先代の鉄鋼問屋に勤務、（四）戦後—先代事業を継承後、友人の経営難のボルト・ナットメーカーを買収し創業、（五）取引先—ボルト・ナット向け、電気機械、自動車部品向け、（六）展望—第二工場建設で拡大志向。

（I）みがき棒鋼（従業員六名）。（一）創業—昭和三〇［一九五五］年、（二）学歴—不明、（三）職歴—兄の化学機械工場でみがき棒鋼の担当者、（四）戦後—兄の工場を借りて創業、（五）取引先—機械・金属工場、鉄商（問屋）、（六）展望—不詳。

（J）バフ（メッキ）研磨（従業員四名）。（一）創業—昭和三五［一九六〇］年、（二）学歴—不明、（三）職歴—研磨工、（四）戦後—古い棟割長屋を借りて独立、（五）取引先—家庭電器メーカーの下請加工、（六）展望—息子の事業承継に期待。

（K）布帛縫製品（従業員八名）。（一）創業—昭和三〇［一九五五］年、（二）学歴—不明、（三）職歴—縫製工、（四）戦後—三〇歳で独立、配偶者も縫製工、（五）取引先—問屋二軒から裁断布地の支給を受け、縫製加工、（六）展望—存立困難。

（L）布帛縫製品（従業員二名）。（一）創業—昭和三〇［一九五五］年、（二）学歴—不明、（三）職歴—縫製工、（四）戦後—縫製工場から独立、（五）取引先—問屋から裁断布地を受け、縫製加工、（六）展望—受注量の変動もあり、期待薄。

（M）既製服（従業員四九名）。（一）創業—昭和四［一九二九］年、（二）学歴—不明、（三）職歴—別誂の

下職一〇件を使う洋服屋、（四）戦後—問屋の専属下請（既製ズボン専門）へ、（五）取引先—一軒の大元請問屋のみ、（六）展望—外注下請を利用して拡大志向。

（N）靴下編立（従業員二名）。（一）創業—昭和五［一九三〇］年、（二）学歴—不詳、（三）職歴—地主から靴下製造へ、統制で廃業、徴兵・シベリア抑留、（四）戦後—農地改革で土地を失い、靴下製造の再開、（五）取引先—問屋一件のみ、（六）展望—問屋を通さない直接取引に関心があるが、期待薄。

（O）靴下編立（従業員二六名）。（一）創業—昭和二六［一九五一］年、（二）学歴—高等小学校卒、（三）職歴—個人創業の後、統制令で廃業、中国でメリヤス工場の取締役、（四）戦後—個人創業、（五）取引先—製造問屋として専属・非専属約二五工場を利用、（六）展望—高級品を開発して海外市場を開拓、拡大志向。

（P）鞄・袋物加工（従業員四名）。（一）創業—昭和三一［一九五六］年、（二）学歴—不明、（三）職歴—袋物職人、（四）戦後—職人から独立創業、（五）取引先—元の勤め先一社のみ、（六）展望—内職を利用しつつ、現在自宅兼作業場の住宅は改築中。

（Q）鞄・袋物加工（従業員七名）。（一）創業—昭和二八［一九五三］年、（二）学歴—不明、（三）職歴—徴兵されるまで徒弟、（四）戦後—復員後に勤め人のあと、独立創業、（五）取引先—履物問屋三軒、（六）展望—需要変動に苦慮。

（R）段ボール箱（従業員三一名）。（一）創業—昭和一六［一九四一］年、（二）学歴—不明、（三）職歴—繊維関係の商売、荷材屋に転業、（四）戦後—木箱に代わって登場した段ボール箱へ、（五）展望—過当競争を危惧。

（S）段ボール箱（従業員二三名）。（一）創業―昭和二六［一九五一］年、（二）学歴―不明、（三）職歴―戦前は紙器会社に勤務、その後、徴兵、（四）戦後―復員後、家電メーカーの下請として独立、（五）取引先―電気メーカー以外に自転車用ケースも、（六）展望―大手ユーザーとのつながりを強化。

（T）プラスチックス（従業員六名）。（一）創業―昭和四［一九二九］年、（二）学歴―不明、（三）職歴―唐木箸の素材生産メーカーを創業、（四）戦後―プラスチック素材の登場で、昭和二五［一九五〇］年にプラスチックの成型加工の箸へ転換、（五）取引先―東京と名古屋の荒物問屋、（六）展望―箸以外の食器関係の生産へ。

（U）プラスチックス（従業員八名）。（一）創業―昭和三三［一九五八］年、（二）学歴―不明、（三）職歴―戦争で左手を失い、復員後は中小のゴム工場の事務員、プラスチック成型加工業の見習工、（四）戦後―工場を退職後、プラスチック加工業を創業、（五）取引先―家庭電器メーカーの再下請として、ラジオやテレビのつまみなどの加工、（六）展望―倒産。

（V）洋菓子（従業員五名）。（一）創業―昭和三六［一九六一］年、（二）学歴―尋常高等学校、（三）職歴―呉服商の丁稚、倒産後に呉服の中間業者を創業、徴兵、（四）戦後―復員後、パンの中間業者創業、その後、製造へ、（五）取引先―小売店、喫茶店、中間業への販売、（六）展望―不明。

聞き取りでは、経営者が一方的に話を進めて、時間終了になることも多い。そのため、わたしにも経験があるが、どうしても不明・不詳が出てしまう。従業員数には、家族従業員を含んでいない。多くの場合、配偶者が経理や一部の加工を担当する。家族従業者数は一～五名である。昭和二〇年代から昭和三〇年代の創業者では、戦前の問屋や工場での見習いをへて、徴兵され、復員後、同業あるいは関連業種で創業したケースが目立つ。その際、人と人のつながりが創業を後押しする。創業後の取引はかつての親方などからの紹介、あるいは、問屋からの紹介による下請加工が多い。今でいう、ネットワークや社会資本の活用である。独立創業者は、技術・技能の取得、取引関係の構築などの苦労を語る。当時は高度成長期の頃であり、下請・外注業者として、取引先の確保は容易であった。受注生産が拡大するにつれ、再下請の確保が行われた。独立創業のメカニズムは、下請・外注関係の拡大で支えられていた。

創業者が異口同音に語った経営問題を整理しておく。いまでも、中小企業経営者が抱える問題である。日本中小企業史は中小企業問題史でもある。指摘頻度の多寡から、当時の経営問題を列記する。トップスリーは、三つの「不足」問題である。

（一）人手不足―高度成長期の下、成長に企業が追い付かない問題を指摘する経営者がほぼすべてである。従業員の定着率の低さも、労働力不足を深刻化させた要因である。賃金上昇に苦慮する経営者も多い。定着率の悪さはより高い賃金を求めて、従業員が移動することの反映でもあった。辞めない従業員として、親戚縁者から従業員を確保する経営者も多い。他方で、問屋などとの加工工賃の値上げ問題が経営を圧迫すると指摘する経営者も目立った。

（二）資金不足―人手を確保して生産拡大をめざし、機械化―近代化―しようする経営者の意識が強くなっている。しかしながら、担保力不足で、銀行から融資を受けることが困難であった。

（三）技術不足―日々の受注品をこなすだけで、加工方法の研究や開発を進める時間的、資金的余裕がない経営者も多い。

不足問題を解決できず、倒産する工場もあれば、廃業した工場もあった。他方、大きく伸び、現在も事業が承継されている企業もある。何がその後の発展を決定づけたのか。調査報告書から経営者の生の声を拾っておく。人手不足問題では、バルブコックの下請切削工場（昭和二四〔一九四九〕年創業、従業員数一五名）の経営者は、つぎのように現状を紹介する。

「人手不足が悩みで、現在の設備であと八人欲しい……最近二年間に二人やめていっている。それで現在のところ七割位で、しょうがないから一日二時間ずつの残業をやって一三〇円の手当を出している……最近の労働力不足の影響で賃金額の上昇が大きく、……一応年二回、一回四〇円の昇給……最近は一回五〇円と年に一〇〇円ばかり日給を引きあげざるを得なかった。」

前述のCのプレス加工の経営者は、労働者不足の現状をつぎのように解決してきたという。

「プレスの仕事というのは油でよごれて汚い上に傷害の危険が伴うのでなり手が少ないが、ここでは一六人の行員の半数八人が女子である。……人手不足でどうにもならない……最も動員の可能な既婚夫人や中年夫人のパートタイムに目をつけ、思い切って夫人をパートタイムで使ってきた。……機械の稼働率はかなり犠牲にされている。高価な自動プレスを採用し難い理由の一つがこんなところにもある。工員の平均手取り賃金は一・一万円と低く、工員の募集は専ら縁故によっている。」

注目されるのは、この時期に、人手不足から婦人パート採用へ踏み切ったことである。従業員の半数が女性であり、省力のため自動機器の導入も考えられている。しかし、パートが自動機器を使いこなせるかどうかは疑問であり、その稼働時間が問題視された。

従業員の採用が困難ななか、縁故採用も零細企業の特徴であった。建築用金物（昭和二三〔一九四八〕年創業、従業員数一四人）の経営者は、労働者不足の実態をつぎのように語る。

「三六年当時一八人いた従業員はいま一四人にへってしまっている。人手不足で、あと四～五人はどうしても必要なのだが、集まらない……最近でも四人やめていかれて、ようやく縁故で三人入れた……仕事を覚えて一人前になるには一〇年、一寸覚えるにも四～五年はかかるというのに、若い者が集まらない。ここでは従業員一四人中五〇歳以上が二人、女子が四人（中年の三〇歳以上が三人）……従って操業度もフルではなく、やむなく下請を利用している。」

この指摘は、現在の状況ではないかと錯覚する。Fの鍛造工場の経営者は、「最近順調なこの企業の最大の悩みは労働者不足の問題で、注文は殺到しているのに労働者が中々集まらない」としたうえで、つぎのように現状を説明する。

「人員不足のためT運搬機からも仕事の話があるのだが受けられない……最近新聞広告を二ヵ月の間に四回出したけれども、採用できたのはわずか二人だけだった……現在の操業度は七〇％程度で、フル操業に入るには、現在の設備の状況からいって最低五〇人必要……あと一四～五人は必要なわけだ……労働者不足になったのは、とくに三八年に入ってからで、高熱作業のため、採用しても労働者の歩留りが悪く、三〇％程度……」

受注があり、設備があるのに、作業員不足で操業度が上がらない。その状況は、この工場だけではなく、前述の企業でも同じであった。経営者はつぎのように状況を語る。

「最近は殆ど人が集まらなくなって、人員さえ増加すれば現在の設備で三倍の生産をあげることができる……それだけ設備が遊んでいるわけである。人手が足りなければ、地方から募集すればよい……そうなると寮のようなものをつくらねばならず、もともとそんな資金がある筈がないから、どうしようもない……」

クレープ肌着の下請縫製（創業昭和三〇［一九五五］年、家族経営三名）の経営者は、求人について、「職安、縁故を通じてやっていますが、なかなかきてくれません。賃金に関しては、大企業と変わらないのですが、福利厚生施設が完備していないのが、人が来ない最大の原因」と指摘する。同じ布帛縫製で替えズボンの下請け加工業者（創業昭和二四［一九四九］年、従業員三名）も「五年位前（昭和三三年）から辞める者はあっても、入ってくる者なんかありません。職安ですって、おとといござれの調子で、全然うちなんか相手にしてくれません。ええ、全部縁故採用ですよ。私や家内や働いている者のつながりだけが頼みの綱ですがね、近頃はそれも駄目ですね。それで表に気休めに求人の貼紙をだしています……」とこぼす。同業者の下請け業者（創業昭和二七［一九五二］年、従業員一〇名）も、業界の人手不足の現状について、「従業者一〇人前後が人を集めるのに一番つらいのではないですか。……求人方法は新聞広告と貼紙です。近頃は新聞広告を出しても殆ど来ないですよ。貼紙を見てくる程度……」と現状を紹介する。

Nの靴下業者は、昭和三〇［一九五五］年の従業員八人から五年後に四人、さらに二人になった。経営者は「残った二人は、近所の戦争未亡人の方で、この人達は当分やめる心配はありませんが、人員を補充しようと思っても全くできなくなりました。こんな田舎（大阪東部―引用者注）でも中学卒の女の子は松下（電器）さんや三洋さんにいってしまい、若い女の子は全然相手にしてくれません。……人手不足にはまったくお手上げです。賃金は上昇する一方……」と苦境を語る。

人手不足の原因に、従業員の定着率が悪いためと指摘する経営者もいる。前述Pのビニールハンドバック加工業者は、「人手不足ですよ。どこさんもそうでしょう。まえいたのは全部独立していきました。大体五年の経験がいるといいますがビニール物なら一年でもなんとか出来ますからね。今いるのは弟と妻のしんせきですよ。職安なんか頼んだってとても駄目です。はじめからいきません」と語っている。経営者自身も前の職場に七年いて、技術を覚えて、親戚から資金を借りてミシン二台を月賦で購入して独立しているのである。彼自身も「この仕事は特に作業場というほどのものもいりません。技術と住居とミシンさえあれば普通の部屋で出来ます。家は前から住んでいました。独立のとき新しく家を建てたりすると大変です」と振り返る。

零細企業のメカニズム

1　零細企業には、零細企業を生み出すメカニズムがある。技術は数年の実務で身につけ、資金は貯金や親戚からの借金で簡単な機器を購入する。自宅で開業し、取引先は問屋の紹介で見通しがつく。加えて、高度成長期の急成長も、独立創業のリスクを大きく引き下げた。たとえば、労働集約的な縫製業では、近辺にも縫製工場があり、縫製職人は身近なキャリア形成であった。

人手不足のなかで、人手不足を感じていない零細企業も存在した。段ボール箱の加工企業（創業昭和二七［一九五二］年、従業者数二九名）のケースである。創業者は、幹部候補生（少尉）で終戦を迎える。最初は、軍人仲間の「箱屋」から注文をもらうブローカーとなった。その後、段ボール箱製造へ転換した。成長を追わず、代金を焦げつかせない堅実経営であった。経営者は、「別に人手不足ではない……この頃、箱屋でつぶれたりするところがあって、職人が自分で売り込みにきますので、間に合う……しかし流動性は激しい。昨三八年中では毎月二人位の出入があり、そしてやめて行く人が必ずしも勤務年限の短い人とは限ってない。

理由は賃金の良いところを求めて移動するためで、ここで三年勤めて熟練工の待遇をしてもらえない場合、やめて他に行けば箱屋三年の履歴によって熟練工としてよい給料をもらえますという場合がある……」と語っている。

労働市場の当時の状況を統計的にみておく。調査時点に近い昭和三五［一九六〇］年と、その五年前（一九五五年）、五年後（一九六五年）の状況の総理府統計局『労働力調査報告書』からの数字である。当時の状況が一目瞭然である。

	1955年	1960年	1965年
総人口	8906	9326	9803
15歳以上人口 （生産年齢人口比率）	5925 （66.5％）	6520 （69.9％）	7287 （65.7％）
労働力人口 （労働力化率）	4194 （70.8％）	4511 （69.2％）	4787 （74.3％）
完全失業者 （完全失業率）	105 （2.5％）	75 （1.7％）	57 （1.2％）
就業者数合計	4090	4436	4730
自営業者	1028	1006	939
家族従業者	1284	1061	915
雇用者	1778	2370	2876
農林業者数合計	1478	1273	1046
自営業者	491	456	394
家族従業者	913	723	545
雇用者	74	94	59
非農林業者数合計	2612	3164	3684
自営業者	537	550	545
家族従業者	371	338	322
雇用者	1704	2276	2817

（単位は万人）

統計数字からは、現在とは、まったく別の日本社会の姿がみてとれる。この違いを念頭におかないと、当時の経営者の人手不足の悩みがわ

	新卒者求人倍率		一般職業紹介求人倍率	一般職業紹介充足率	初任給（千円）		就職率（中卒）(%)
	中卒	高卒			中卒男子	高卒男子	
1956年	1.0	0.8	0.33	43.7	4.2	6.7	42.6
1957年	1.2	1.1	0.39	40.3	4.7	7.1	43.6
1958年	1.2	1.1	0.32	41.9	4.8	7.2	40.9
1959年	1.2	1.1	0.44	34.8	5.1	7.4	39.8
1960年	1.9	1.5	0.59	29.2	5.9	8.2	38.6
1965年	3.7	3.5	0.64	18.6	13.2	16.4	26.5

からない。戦後ベビーブームで、総人口は毎年増え続けた。一億人超えが昭和四五［一九七〇］年『国勢調査』結果である。一五歳以上の人口比率も高まり、当時は中学卒で労働市場に入職し、労働人口も増えていた。にもかかわらず、労働者不足であった。完全失業者数も減り続けた。

労働市場の状況を、日本生産性本部『活用労働統計』から確認しておく（上記表）。

当時は一般職業紹介での求人倍率の上昇に加え、中学校・高等学校の新卒者求人率も高かった。前述の経営者の人手不足感と求人の難しさの指摘に合致する。毎年、初任給や従業員の給与を引き上げざるを得ないとする指摘も、初任給の数字から首肯できる。当時は中学卒が「金の卵」と言われた。中学卒で就職することが多かった。中卒・高卒の初任給の時系列推移では、中卒男子の初任給が昭和三一［一九五六］年から九年間で三倍以上、高卒男子の初任給で同期間に二・五倍と急騰した。これも賃上げに苦しむ経営者の声に呼応する。

昭和三〇年代半ばには、進学ブームがきた。高校進学率は上昇し、中卒就職率は低下した。中卒就職率が三〇％を切るのが昭和三九

［一九六四］年であり、一〇％を割り込むのが昭和四八［一九七三］年であった。高校生の就職率を参考までに示しておくと、昭和三一［一九五六］年は五一・七％、昭和三五［一九六〇］年は六一・三％、昭和四〇［一九六五］年は六〇・四％であった。高校卒の就職率が五〇％を割り込んだのは、昭和四九［一九七四］年からである。これは大学進学率の上昇を反映している。

参考までに、当時の経済成長率を経済企画庁『国民所得統計年報』から確認しておく（上記表）。民間設備の対前年増加率は高かった。当時の経済成長は旺盛な設備投資意欲に支えられていた。なお、実質成長率は、昭和四五［一九七〇］年基準である。

	名目経済成長率（%）	実質経済成長率（%）	民間設備投資対前年増加率（%）
1953年	12.7	6.3	15.7
1956年	12.8	7.3	39.0
1958年	4.0	5.6	▲4.7
1961年	23.5	14.5	36.8
1963年	15.4	10.5	5.3
1965年	10.5	5.1	▲6.4

名目経済成長率と実質経済成長率の大きな差からは、当時の物価上昇率がいかに大きかったかがわかる。物価高が賃上げを促していた。労働省の資料によれば、民間企業の賃上げ率は、昭和三五［一九六〇］年で八・七％増、翌年には一三・八％増となっていた。

2　資金不足問題の生の声を紹介しておく。当時の金利水準について、前述Cのプレス加工業の経営者は、「日常取引でも代金の回収は全部手形、サイトは六〇～一二〇日で（信用）保証協会をできるだけ利用して手形を割り引いているが、その金利負担だけでも耐え難い」と語る。この企業に限らず、高金利もさることながら、ほとんどの取引は、手形決済であり、手形サイトの長さが資金繰りを悪化させ、経営を圧迫させると指摘する経営者が実に多かった。この時期にかぎらず、不況期には取引先からの手形サイトは長くなった。

たとえば、Hのみがき棒鋼業者は、「代金回収は材料代金の九〇～一一〇日手形に対して需要家が一般に一〇〇～一二〇日の手形（そのうち製線鋲螺関係のみが六〇日）、国内問屋向けは最近遅れてきているので、一三〇～一五〇日くらいの手形になっている」と実情を紹介する。また、同業者Iの経営者は、「小口の需要先が多いので、出荷して月末に締切り、翌月の五～一〇日現金決済というのが四〇％を占め、残りが手形となるが、その手形サイトは短いもので九〇日、長いもので一八〇日もあり、平均すると一二〇日くらいになる」という。

借り入れや手形割引の高金利よりも、手形サイトの長さが問題であった。昭和五〇年代の円高不況期に中小企業の実態調査に従事したわたしの狭い経験でも、首肯できる。とくに、下請型の中小企業の資金繰りの悪化が厳しかった。別の声では、Lの肌着縫製の経営者は、「いまのところ、どこからも金を借りていません。銀行や金融機関では、こんな零細な企業には金を貸さないでしょう。担保もないし、かりに貸してくれても、新しい機械を入れ、規模を大きくしようとすれば、人手もいるし、第一今より大きい家を借りなければならない。そうすれば大へん大きな金額がいります。とても返せる自信がありません」と現状を語っている。資金回収の焦げ付きも経営者の悩みであった。家族従業員五人に従業員一人を抱える紳士靴下の下請編立業者（昭和二八［一九五三］年創業）は、代金回収と手形サイトについてつぎのように語っている。

「代金回収の悪さほどつらいものはありません。開業してからこのかた総額にして、恐らく四〇〇万円は踏み倒されているでしょう。だからここへ品物を入れても大丈夫かどうかということに最も気を使います。

	全国銀行貸出約定平均金利（%）	手形交換額（兆円）	不渡手形（億円）
1955年	8.98	33.0	1234
1956年	8.44	40.1	1152
1957年	8.41	51.2	1686
1958年	8.51	56.9	1545
1959年	8.12	57.2	1852
1960年	8.17	67.0	1852
1965年	7.80	151.1	5574

手形は一般の銀行では割り引いてくれませんので、信用金庫で割り引いてもらっています。しかしそれもむつかしくなると、ヤミ金融へ割引にだしますが、せめて低い割引率で手形を割り引いてくれる機関が欲しいと思います。昨日の新聞をみていますが、田中蔵相が『手形法、小切手法を改正して、悪質な不渡り手形の発行者には体罰を加える。下請代金支払遅延等防止法を改正して、現金支払の期限を明確にする』と述べておられますが、こんなことはもっと早く法文化してほしかったと思います。また昨年暮れに大阪府が、金融を円滑にするため、信用保証協会を通じて、手形を割り引くといっていましたが、……我々のように二流、三流のところと取引きしているところは全く相手にしてくれません。」

とはいえ、資金繰りには苦しまなかった経営者もいた。Qのビニールハンドバック加工業の経営者は、「代金の回収は、二五日締切りの月末乃至は翌月五日集金、殆ど現金乃至その日付の小切手で、手形（一二〇日）はたまにある。……加工賃収入の殆どは現金であるため資金繰りは大体順調であり借入金は全くない。もっとも……銀行は我々には全く貸してくれない」と語る。現金決済や小切手決済の比重が高いところは、資金繰りの悪化から逃れた。同様の指摘は、段ボール箱（創業大正七［一九一八］年、二代目、従業員八名）

の経営者からも聞かれた。「資金繰りは回収中に現金が三分の一あるのでそれ程苦しくはなく、また、国民金融公庫より土地を担保にして七〇万円を借りて運転資金としており、手形を割るよりもその方が得だ」と実情を説明する。

参考までに、当時の金利等の金融市場の状況を、日本銀行『経済統計年鑑』から拾っておく（前頁表）。この数字は全国銀行貸出約定平均金利であり、小零細企業への適用金利の平均ではない。また、多くの経営者は銀行が融資面で「相手にしてくれない」と銀行との取引状況を語る。

資金繰りの苦しさの理由は、手形サイトの長期化や割引金利の高さだけではない。根本的には受注単価のあり方に起因する。企業の成長要因は、利益の確保にある。利益の確保は、端的にいって、受注単価と材料・加工単価との差額である。この差額に苦しんだ経営実態があった。多くの業種で、「同業者間の競争が厳しく、（受注）単価が切り下げられる傾向がある」なかで、取引先との単価決定交渉を困難とする経営者が多かった。ほぼすべての経営者がこの点にふれた。加工単価が低迷しても、従業員の工賃を上げざるをえず、採算が厳しかったのである。一部を紹介しておく。

建築用金物（昭和二三［一九四八］年創業、従業員数一四名）―「一応注文は毎月安定した量があるが、単価は、事実上は問屋の指値で、単価の切下げはかなり厳しいものがある。しかし、量がでるので、切り抜けているが、一方製造原価は下がっていないので、採算はむずかしくなってきている。」

プレス加工（昭和三〇［一九五五］年創業、従業員数八名）―「取引先問屋は約四〇軒……問屋との間の単価の決定で一番問題になるのは、同業の家内工業的な同業者との競争で、家内工業では設備が悪く、生産能率が悪くても、長時間労働や低収入で対抗してくるため、単価はどうしても下り気味……」

クレープ肌着の下請縫製（前述）――「問屋から受け取る加工賃が非常に低いので、物価上昇が激しい今日、とても食いつないでいけません。加工業者の組合ではいつも問屋に対して加工賃を引き上げるように要求しているのですが、全然効果はありません。ただ加工業者は販売に気をとられることなく、問屋から決められた量だけやっておればよいので、その点は楽です。」

紳士用靴下編立（前述N）――「加工賃は問屋との話し合いで決まるのですが、だいたいむこうの言い値に落ち着きます。結局は製品価格の通り具合、つまり出来上がった製品がいくらぐらいで売れるという価格から逆に加工賃が決められることです。」

他方、再下請に出すメリットでは、替えズボン・ジャンパー・レインコートの下請加工業者（昭和二七［一九五二］年創業、従業員九名）は、従業員の補充が困難ななかで、「採算的に……計算してみたことはありませんので、よくわかりませんが、下請に出す方が採算はよいでしょう。それは下請に出してしまうと、向うの労働時間が長びいてもこちらには関係ありませんから。自家工場ですと一日のきまった時間内に（加工）枚数が上がらないときもありますので、……安い労働力が利用出来る点があるわけです」と状況を説明する。

メリヤス（昭和二二［一九四七］年創業、従業員数一三人）の経営者は、「注文の増加を自工場の拡張である程度賄ってはきたが、街に零細な下請家内工業者が簇生するようになって、これを利用する方が採算上では自工場でやる程有利ではないが、それでも注文を消化していくのに容易な方法……」と述べる。高度成長期の旺盛な需要拡大にともなう受注の増大に、経営者たちは自工場で対応が困難となり、外注先を利用した。他方、従業員がある程度技術や技能を習得すると、退職＝独立のメカニズムが作用した。経営者自身もそうであったように、独立して下請加工から創業できる時代でもあった。高度成長下で零細企業がさらなる零細企業を生み出していくメカニズムが作用したのだ。

縫製品や袋物の加工業者は、中学卒業後に「親方」の下で、六〜八年ほど住込みの「徒弟」として技術・技能を習得して、二〇歳代後半や三〇歳代に独立する事例が多かった。当時の調査員は、独立した業者たちへの聞取りを通じてつぎのように記録した。

「独立して家族経営をはじめた加工業者達は、仕事が増えてくると、やがて家族以外の人手を求めるようになるであろう。雇用者を増やしていくことによって、彼には、次第に上向して、企業家的な性格を帯びた雇用主となる道が開けてくるようにみえる。しかし、これは加工業者にとって、けわしい道である。何よりも先ず、資本の蓄積が必要であり、企業者としての才能を持たねばならぬのである。」

3　自営業者のなかには、家族労働を中心にした事業活動を、雇用者を増やして拡大させるところがでてくる。この先に家業と企業の意識の分岐点がある。鄭賢淑は、『日本の自営業層―階層的独自性の形成と変容―』で、企業規模と経営者意識との関係について、つぎのように整理する。

（一）「雇う人が多くなるにつれて自営業主の管理者としての役割が重要になってくる」―「業主は雇用主として彼らの仕事を監督し、管理する立場になる。また、賃金やその他の処遇に関しても決定しなければならない」、「就業規則や作業規則、法律への対応も必要……業主の管理者としての役割が大きくなり、徐々に自分の本来の仕事から離れて管理者的職務に集中する時間が増えることになる。」

（二）「経営規模が大きくなると、経営的判断が企業の経営全般を左右することになる」―「経営戦略や企画などが重要になってくる……経営者としての高度な経営能力が必要となる。新しい投資のためには融資を受ける必要があり、対外的に自分の経営状態および経営戦略を積極的に示す必要も生じる。こうした経営活動の重要性が高まるにつれて、自営業者は本来の自分の仕事から離れて経営活動に集中することになり、徐々に意識上の変化が生じてくる。」

経営者の企業経営意識は、どの規模から高まるのか。明確ではないが、家族従事者の比重が低下するあたりが境界線である。この種の調査も、わたしはやった。昭和五〇年代後半のころである。教師であった父親が退職を契機に、機械を購入して自宅でタオル加工をはじめた。大学卒業後に、長男が父親の事業を継承し、下請加工からの脱皮をはかった。贈答用パッケージの導入と外部デザイナーの活用で、贈答用タオルの売上げを拡大させた。この経営者はつぎのように語っている。

「従業員の増大とともに、はたして会社の状況をただしく把握しているのかどうか、わからなくなった。結局、経営者にとって、『五』というのが一つの基準かもしれない。従業員が五人なら組織はいらない。組織が大きくなると、課長など管理職五人までは把握可能である。当社でも、売上額が一定額に達し、したがって、従業員数も増加して、まずはもって、組織の管理経験をもった人物から、課長職三～四人の採用に踏み切った。」

同じころ、同じ質問を、大阪の成長著しい中堅アパレルメーカーの役員にした。海外では、フィンランドの半導体レーザーの急成長ベンチャー企業の創業者に聞いた。前者は売上額の規模、後者は従業員の規模を重視していた。共通するのは、企業の急成長に管理組織が追い付けないという危機意識である。企業が一定のスピードで成長すれば、経営者の意識も徐々にそのスピードにそって変わる。そうでない場合、創業者が短期間に経営者意識を高めるのは容易ではない。とりわけ、技術者出身の創業者の場合、その傾向がある。自営業的創業から、家族経営へ、さらにその後大きな成長を遂げる経営者は、経営・管理知識や能力を実践を通じてどのように獲得していくのか。わたしの調査経験では、そこには創業者の創業以前の「思い」や創業の動機が関わる。創業者の意識が、経営者意識へと脱皮できるかどうかが鍵である。これは前述の『小零細企業ルポルタージュ』の創業者たちにも共通する。

鄭は東京大学の「社会移動調査研究会」のデータ分析を通じて、つぎのように指摘する。

「企業規模が拡大するにつれて経営活動の比重は大きくなる。同時に雇用主としての管理業務も重要になる。それによって自分を労働者階級とみなす意識が減少してくるといえよう。……被雇用者の労働者階級意識は……役職が高まるにつれて労働者階級帰属意識は低くなる。……企業規模が拡大することによって、自営業者が労働者としての本来の仕事から離れ、管理的業務と経営活動に専念することになるにつれて、自ら労働を行う労働者としての性格は次第に弱まっていく。その点で、労働者、経営者、管理者としての未分化状態が解消される時点を自営業主の上限として提示することができる。すなわち、自営業主が自分の本来の仕事から完全に離れて経営活動に雇用主として管理的業務に専念したりすることになると、自営業主でなくなると考えることができる。」

鄭は、この分化を促進する要因についてふれていない。わたしは、この分化を促進するのは企業の成長スピードではないかと思う。短期間で企業が成長した場合、従業者感覚―現場だけの意識―が強く、経営知識の欠如を自覚し、学習機会を強く求める動機は生まれにくい。次の段階へ創業者の意識が脱皮できるかが、企業としての成長の分かれ道となる。

前述の『小零細企業ルポルタージュ』の企業群は、高度経済成長下で簇生した自営業のほんの一部にすぎない。この時期の自営業の絶対数では、商業―卸・小売商―やサービス業が多く、建設業や製造業は多数派ではなかった。商業・サービス業は新規参入しやすい産業分野であった。製造業では資本障壁をクリアーしても、技術障壁の面で、一定水準以上の技術がなければ、新規参入は困難であった。新規参入条件として技術は大きな制約となった。この条件は、創業後、事業が手工業・家内工業的な範囲にとどまるか、あるいは、それ以上の企業規模へと成長するかの分岐点ともなった。

資本面では、自己資本の確保が困難であった零細企業主にとって、信用金庫や政府系銀行など金融機関からの借り入れへの期待が大きかった。このルポルタージュでも、経営者たちは異口同音に政府や地方自治体に資金面での助成を求めた。また、設備面では、高度成長期の半ば以降、小零細企業でも人手不足＝高コスト化への対応が迫られた。問題は機械化のための資金確保であった。税制も含めた支援制度の充実を中小企業政策に求める経営者が多いのも、こうした背景からであった。経営者たちの生の声を紹介しておこう。

建築用金物（昭和二三［一九四八］年創業、従業員数一四名）―「機械設備をもっと入れたいと思っているのだが、買う能力がないので、安い機械しか入れられない。国民金融公庫、大阪府、大阪市から一応借り入れているが、十分な金は貸してくれない……いまの税制は、小企業にとっては重税、税負担は利益の四五％にもなる。」

鍛造（前述F）―「政府、地方自治体の中小企業対策は小企業までしみとおらないこと、それと税負担の過重、事業税が大きすぎる……さらに一〇％の留保金は悪税……」

靴下（前述N）―「池田さんは中小企業対策に積極的に取り組むといっていますが、池田さんの考えているのは従業員一〇〇人くらいの規模で、これ以下のところは施策の対象としてはいないでしょう。人手不足に悩む零細企業は整理をせまられるのではないでしょうか、池田さんもそうせざるをえないと考えているでしょう。……企業が合併して何とかうまくいけないものかと考えますが、中小企業同志の合併は、戦時中にやったがうまくいかなかった経験がある……」

靴下（前述O）―「靴下業界はいつも過当競争に悩まされ続けています。狭い国内での重要が限られており、輸出を拡大しないかぎり、過当競争は解消できないでしょう。輸出が拡大できないのは政府の責任で、政府はもっと輸出の増進に力を注いでもらいたい……靴下業者は常に低い加工賃に泣かされており、いかにして食いつないでいくかが当面の問題となっています。」

バルブコック切削加工（昭和三六［一九六一］年創業、従業員数一五人）―「バルブコックなどの場合では業界の過当競争を防止するためには下請の組織をつくる必要があるし、府や市の啓蒙が必要なのではないか……設備資金では長期低利の財政資金が必要なのだが、現状では手続きが面倒で、小企業では暇がないから、小企業でもスムーズに借りられるよう府や市の助成で組織をつくれるようにしてもらいたい。」

技術面について、経営者たちはどのように考えていたのか。当時の技術的課題は、求められる製品・部品・加工の精度の向上であり、それまでの職人的技能に加えて設備機械を使いこなせることが求められるようになってきた。たとえば、プレス加工（前述C）の経営者の「機械の自動化を真剣に考えなければならなくなってきた……現実には自動プレスの採用の適否は、このような小・零細工場にとって容易に結論の下せる問題ではない。……現段階で合理化の工夫としては、せいぜい同時加工により精度を高めつつ工程を減らすよう金型の改善をはかる程度を出ていない。製品精度は次第に高度なものが要請されるようになった。昭和三〇年頃には〇・一％の公差ですんだのが、現在では平均〇・〇二％となっている。そのために、金型の早期の取替、加工途中の図面照合、投影器による検査等を行っている。しかし、町工場では熟練工は殆ど得られないので、素人工依存となり、このような方法で精度を上げ、量産化に応えるのには限度がある」という指摘は、典型であった。

現在、創業が「スタートアップ」と置き換えられ、その必要性が叫ばれる。欧州では、若年層の長期失業が問題視され、起業家教育が大学でも導入された。日本よりも二〇年余り先行している。「スタートアップ」の専門雑誌も刊行された。この波は日本にも押し寄せた。そもそも創業意識は、自然に芽生えるのであろうか。あるいは、教育効果であるのか。昭和二〇年代の状況を探っておく。

興味ある調査資料がある。大阪府立商工経済研究所・大阪府商工経済研究会『機械工業における外注、下請の実態―農業発動機製造業とその下請構造について―』（昭和二九〔一九五四〕年三月）や大阪府立商工経済研究所『中小工業労働者の生活実態研究―続・問題別観察の部―』（昭和三〇年七月）である。事例を紹介する。旋盤工からのスタートアップである。昭和二三〔一九四八〕年創業で、農業発動機用や織機向けの部品加工の町工場主である。経営者は、旋盤工になった動機について、「二五歳の時、旋盤工になったんです。おそくから機械を習ったわけです。それまでは百姓家に生まれて、百姓したりぶらぶらしていましたが子供が出来て大きくなった時の事を考えると、また同じような百姓じゃ嫌なので機械工になろうと思ったんです。工場をのぞいたこともない男がはじめて旋盤をみて、『物凄いな！』と驚きました。終戦まであちこち四～五軒の工場で働きました。世帯をもっていたもんですから、すこしでも工賃のよいところを求めて移ったわけです」と語る。

動機には、この種の偶然的なことが多い。「渡り職人」という言葉がある。いろいろな工場を経験して自分の技術・技能を高めることは、職人からはよく聞いた。この町工場主は、以前の勤め先から旋盤を譲ってもらい、受注先も元勤め先から紹介を受けている。典型的な下請型創業である。息子たちに、学校卒業後すぐに家業につかせた理由について、経営者はつぎのように語る。

「子供を外へ出しても宜しいが、結局仕事を会得するには年数がかかります。一年位は使い走りの丁稚働きです。親なら一から十まで手にとって教えるから、一人前になるのが早いわけ、それに怪我も少ないです。うちの子の同級生で怪我して足をやられたり、手をベルトで挟んだりするのを聞きますが、不注意も勿論ありますが無理もあります。疲れますと怪我が多いわけです。うちでは朝は八時まで寝て居ますよ……」

これは、経営者の修業時代の経験からきている。何事も経験というが、しなくてよい苦労はしなくてよい、という考え方である。さて、父親の独立創業の動機である。つぎのように語る。

「自分がひとりでやれたらどんなに良いだろうと、若い時分には遠い、遠い夢のように思って働いていました。まさか資本のない自分に独立できようとは考えませんでした……。がこんな年ではどこでも雇ってくれないと思うて、うろうろしている内にもう息子たちは自分を助けてくれる程しっかりしてきました。自分一人が機械に立ってあちこち仕事を拾っている頃は家族九人が食いかねましたよ。だが今日ではその頃よりは楽になって来ました……」

全くの素人が二五歳から旋盤工をめざしたケースは珍しかった。わたしが直接知るケースでは、復員後に旋盤工となり、その後、冶金・機械加工の工場を起こした一例だけである。いずれも町工場での修業が大変な苦労であっただろう。この経験が息子たちに中学卒業後すぐに手習いをさせた動機でもあった。旋盤工としての遅いスタートゆえに、他の工場で若い職人の下で仕事を覚えるよりは、同じ苦労なら、自ら創業することを選んだことも納得がいく。

他方、たとえば、ある農業用発動機の部品の下請工場の経営者の場合は、戦前から海軍工廠や町工場で技術・技能を習得している。彼のように戦前に創業し、戦後に工場を再開した工場主たちも一定数いる。事例を紹介しておこう。

機械加工で、プレス工の先代が昭和初年に創業した工場は自転車錠の下請加工から、フライス盤や旋盤等の工作機械の製造へ転換した。戦時体制の下、三菱水島工場の協力工場となり焼夷弾・航空機部品を生産した。戦後、取引先から材料支給を受け、その会社の部品の下請加工から工場を再開する。内燃機メーカーやエンジン部品問屋からも部品の機械加工を請け負う。

従業員一〇名ほどを抱える工業学校卒の工場主は、舞鶴海軍工廠で技術・技能を習得し、その後、大阪へ出て独立創業した。資金には海軍工廠の退職金をあて、「最初は火器の照準を作る予定だったが、いざ始めてみると『町の職人ではこんな精密なものはようやりまへん』ので、五人の行員とともに、治具・ゲージをこしらへ始めた。町の旋盤工場でできる最も精密な仕事にとりかかった」という。空襲を受けるまでは、工員二九人を抱えていた。戦火を避けるため疎開させていた機械があり、「不幸中の幸いで……戦後早速これを戻して現工場（三二坪）を金八万円也で買い取った。そして昭和二一年には操業を再び開始」した経緯がある。

機械系４業種と金属製品の事業所数

	一般産業機械	電気機械	輸送用機械	精密機械	金属製品
1952年	15933 (100)	4960 (100)	10793 (100)	3512 (100)	23553 (100)
1955年	18185 (114)	5460 (110)	10415 (96)	4066 (116)	27421 (117)
1960年	24837 (156)	9630 (194)	12361 (115)	5321 (152)	34447 (146)
1965年	31698 (199)	14285 (288)	14598 (135)	6868 (196)	49021 (208)

（　）内は、1952年を100とした時の指数

ユニークな企業もある。技術・技能者の出身でない経営者が、技術者と組んだ大正一〇［一九二一］年創業の企業である。戦後、工場を再開し、昭和二〇年代後半には従業員五二名を抱える工場となる。経営者は、商業学校を卒業後、三井物産に勤め、「第一次大戦後、『技術者』と組んで建築用鉄製建具（鉄扉・鉄窓枠・鉄枠子）の製造に着手、知己を通じてこれを売り歩いた……しかし中日事変が始まると鉄材統制でこれまでの仕事を断念、当時軍用トレーラーをやっていた現元方工場の下請に入って板金加工を受けることになった。この関係は戦後いち早く農発用パーツの同種加工の発注をもたらして、現在当社の売上の六五％を占めている。」このように、軍事体制の下、大企業や軍工廠の協力工場は、受注を通じて技術移転を受け、戦後もその取引関係が継承された。機械部品の問屋との取引関係で規模を拡大させた工場もある。戦後、この工場は、「戦時中、代燃車のガス発生炉をやっていた関係から自動車部品問屋からも、自動車部品（ガソリンタンク・消音器・ガラス窓開閉装置・荷台用蝶番等）の注文を受ける」こととなった。

大正六［一九一七］年創業の鍛造工場の経営者は、明治末、

一般産業機械・従業員規模別事業者数

	1～3人	4～9人	1～99人	100～299人	300人～
1955年	6943 (100)	4805 (100)	18700 (100)	434 (100)	134 (100)
1970年	12387 (178)	17147 (357)	44290 (237)	1316 (303)	475 (354)
1985年	28688 (413)	25583 (532)	70979 (380)	1150 (265)	412 (307)

電気機械・従業員規模別事業者数

	1～3人	4～9人	1～99人	100～299人	300人～
1955年	1417 (100)	1246 (100)	5144 (100)	197 (100)	119 (100)
1970年	3673 (259)	7843 (629)	21892 (422)	1404 (713)	682 (573)
1985年	8078 (570)	13035 (1046)	39129 (761)	2225 (1129)	920 (773)

（　）内は、1955年を100とした時の指数

佐賀県から設立間もない西野田職工学校―現大阪府立西野田工科高等学校―の鍛工科に入学、卒業後、大手チェインメーカーへ入社、数年後に独立創業した。その後、一〇〇〇坪の工場をもつまでに事業を拡大させた。戦後も、エンジン用クランクシャフトを中心に下請外注先を利用しながら、社業を伸ばす。当時は、工業学校卒の町工場主は少ない。大手企業に職を得ながらも、数年で独立する事例は多くはあるまい。この経営者には、独立の意思が元々強かった。

戦後、町工場で技術・技能を習得して独立する若い職人が多くいた。高度成長は、大企業だけではなく、若い独立創業者の企業家精神に支えられた。それは事業所数の著増に表れている。通産統計協会編『戦後の工業統計表（産業編）』や

通商産業省『工業統計表（産業編）』から、機械系四業種と金属製品を数字で確認しておく（前頁表）。

工業統計が悉皆調査となった昭和二七［一九五二］年から、わずか十数年後には、事業所数は三倍に近くに増加した。工作機械などの一般産業機械や精密機械は二倍になった。輸送用機械も、マイカーブームとともに自動車産業を中心に大きく伸びた。そうした動きに呼応して、金属製品の事業所数もまた二倍を超えた。この間の、一般産業機械と電気機械をみておくと（前頁表）従業者規模別の事業所数の推移からは、小さな町工場の簇生を見て取れる。

高度成長期の零細企業の活発な動きは、人びとの活発な独立創業精神に支えられた。零細企業の成長によって、中小企業の数も増えていった。その後、こうした動きは昭和後期、そして平成期になり大きな変容を迎える。

4　現在、中小企業の課題は後継者難といわれている。高度成長期に後継者確保が問題とならなかったのは、新規開業の活発な動きによって、後継者難で廃業する以上に新規参入が大きかったからだ。当時、中小零細企業に働く人たちは、どのような職業観をもっていたのだろうか。中小零細企業で働くことをどのように考えていたのであろうか。

面接調査に基づく興味ある調査資料がある。大阪府立商工経済研究所『中小工業労働者の生活実態研究―続・問題別観察の部―』（昭和三〇［一九五五］年刊）である。この報告書から、町工場に働く職人たちの生の声を紹介しておく。

〈子供に自分の職業を継がせたいと思うか?〉（サンプル数一九三名）―「そう思う」（五名）、「そう思わな

い」（一一六名―八〇％）、「わからない」（五二名）、「不明である」（二〇名）

何故、自分の現在の職業を子供に継がしたい者がかくも少数にとどまり、継がしたくない者が圧倒的に多数をしめたのか。まずは親自身に「何故、工員生活を選んだのか」を聞いている。

紡績機器工場や自転車工場の機械工たちは、「機械いじりが好きだから」や「手に職」という意識から入職した人が多かった。ついで「就職が容易であった」も多かった。報告書では「これは鉄工業界の過去十数年間の軍需景気とも関係があろう。しかし、工員生活を踏み出す頃は、こんな気持だったが、現在ではこの問いに答えた七一名中自分の職業を継がしたいと『思う』ものは一名、『思わない』ものが四〇名、『分からない』三〇名」となっていた。「思わない」四〇名の理由には、「生活の向上が望めない」、「子供の自由意思にまかす。自分は工員なんて、真っ平だ」、「絶対思わん、教育家にしようと思う」、「工員なんてつまらん、商売でもしてみたい」、「……工員は沢山働く割に給料が安い」、「機械仕事……気をつかうし、危ないし、呑気なものの方がよい」、「一生させないと思う。……会社員か大きな会社に入れたい」、「今の情勢では工場にいるとウダツが上がらぬ。官吏又は教師」、「自分のような職人ではなく、官吏や学校の教師」、「カジヤ（機械工）にしようとは思わん。商売人か月給とり。工員の月給制は稀だ」、「鉄工所で汚れる仕事だから、きれいな仕事を望む」、「戦争のお蔭で旋盤工と名の付く者は多く、人あって仕事なしという世の中……鉄工関係のことは教えたくない。この手一つみても」、「子供の自由にする。……商売等自営する仕事がいい」、「子供に継がせたくない。不景気になると捉えた末が思いやられる。当分自転車（の仕事）をつづけるがそのうち独立したい」と回答が続く。

これらは七〇年近く前の親の職業観である。現在も同様の質問をすれば、同様の答えが返ってはこないだろうか。親は、いつの時代にも、子供たちには楽な思いをさせたいものだ。当時でも町工場に対しては、「三K―厳しい、危険、汚い―」のような指摘があるし、また、大企業の会社員や公務員（学校の先生を含む）については、現在と同じような意識がみられる。同じ質問をガラス工にも聞いているが、機械工の場合の方が、機械いじりが好きであるとか、手に職をもつ誇りから、継がしたいとする割合は、ガラス工よりも高い。報告書は、この背景をつぎのように説明した。

「前者（機械工）の意識のうちには、さきにみた機械工の働く機械工場とは別に、ガラス瓶製造業は溶解炉を囲む経営の適正規模は従業員数が少なくとも百名前後といわれていて零細経営の存在が許されず、従って経営者に出世する機会にはめったに恵まれることがないという事情、次には肉体の力のみ頼りの仕事が年をとるとともに苦痛になり、またこの業界では重労働に耐えないものは直ちに廃物化するという事情、さらにはこの業界の景況の波とともに最近のガラスに代わる物質のめざましい進出があげられる。」機械工の回答のなかには、将来、独立する可能性を示唆するものもある。他方で、ガラス瓶などの工業製品は資本集約的で、ガラス工芸品は別として、技能を取得後、みずからガラス工場を独立自営する可能性は低いとされた。ガラス工からは、機械工の方が恵まれているとみられたのだ。

「職場での不平不満？　あるいはもっとも望みたいことは？」という質問へは、業種・業態に関係なく、「なによりも望みたいことは給料の上がること」がトップであった。機械・金属関係の町工場主へのわたしの調査では、機械工は一人親方として「旋盤一台あれば、前の賃金ぐらいは稼げる」、「受注先を増やせばそれだけ収入も増える」と答える工場主が多かった。そのような意識は、いまではどのように変化しているのか。外部環境が変化すれば、工場主、従業員、親の背をみて育った次世代の意識も変化する。むろん、変化には幅がある。高度成長から安定成長への時期、バブル期、その後のデフレの時期で、人びとの意識も変わった。この間に、人口動態も変化した。

敗戦復興期にはベビーブームが起った。その後、出生率の低下と高齢化率の上昇によって、人口構造は、ビア樽型となった。さらに少子高齢化は進み、現在では、頭でっかちの「こけし」型へと変化した。中小企業数はピークを過ぎ、漸減した。中小企業も、少子高齢化のように、新規開業数は低迷し、事業承継が滞り、廃業率も高まった。小さな企業の「寿命」は、人の一生と類似したライフサイクルを描く。これ自体は自然である。問題は、新たに小さな企業が生まれないことである。老木に代わって、種から苗が育ち、やがて大木へと成長することで、森は維持される。同様に、経済も企業の新旧サイクルが循環することで活性化する。なぜ、いま、そのようなサイクルが滞っているのか。外部環境だけでなく、独立心旺盛だった企業家のマインドがなぜ変化したのか。

人は安定を求める。不安定であれば、なおさらそうだ。機械工やガラス工、縫製工も安定を求めた。不安定だから、より安定的な収入を求めて、他工場へ転職し、あるいは独立創業を選択した。人は安定的であれば、不安定な選択肢を求めない。不安定であれば、安定するために不安定な選択肢も求める。先に世代間の意識の変化にふれた。その後の大きな社会変化は高学歴化である。親世代は子世代に高学歴を求めた。安定的な公務員（官吏）や大企業への就職を望んだ。この傾向はいまも続く。以前は、小さな商店や小さな工場で経験を積み、独立することは、進学を選択しなくとも、社会的序列での上層移動の経路であった。高学歴化はこのパターンを変えた。わたしたちの選択肢は広がったのだろうか。

社会的序列と上層移動との関係は、学歴とキャリアとの関係でもある。高学歴化の下での新規学卒労働市場の形成は、官庁や大企業・中堅企業への新規学卒者の就職機会を増大させ、中小企業の労働市場は中途採用への傾斜を高めた。機械工が子供に望んだ進路が切り開かれるのも、高度経済成長の下であった。戦前から敗戦後の「徒弟・独立」型のキャリアパスは、日本社会の高学歴化の下で変容する。

他方で、当時としては高学歴者であった博市のようなケースは、限られていたとはいえ、ハイテク企業の誕生にとって重要なキャリアパスであった。たとえば、立石電機（オムロン）の立石一真（一九〇〇〜九一）は、熊本高等工業学校電気科を卒業後に兵庫県庁に技師として勤務した。その後、独立創業する。大阪変圧器（ダイヘン）の小林愛三（一八八九〜一九八二）は、京都帝国大学工学電気工学科の卒業生である。高等工業や帝大の卒業生以外にも、職工学校や実業補習学校の卒業生が技術開発系企業を起こした事例もある。

職工学校については、大阪府立西野田職工学校鍛工科の卒業生が大工場勤務の後、自工場を起こしたケースを前述した。この学校の後身の西野田工業高校からは、電子楽器のパイオニアとなった梯郁太郎（一九三〇〜二〇一七）が出ている。工業学校卒業生には、地域の中堅企業の創業者が一定数いる。

また、義務教育だけの学歴で、町工場で技術・技能を取得して独立し、独自の技術分野を拡大させた創業者の存在は興味を惹いてやまない。早川電機（シャープ）の創業者の早川徳次（一八九三〜一九八〇）は、過酷な幼年期を送り、尋常小学校を二年生で中退し、丁稚奉公へ出され、そこで金属細工の技術を身に着けた。シャープペンシル工場を起こすが、関東大震災ですべてを失う。そこで、心機一転、大阪でラジオ製造に乗り出し、やがてテレビ受像機へ進出した。工作機械のオークマ創業者の大熊栄一（一八七〇〜一九五〇）もまた機械加工などの専門教育をうけた経験をもっていない。もっとも、義務教育だけの修了者が創業し、その事業が拡大したようなケースは、商業やサービス業の方が多い。

企業の栄枯盛衰の歴史

1　どのような企業であれ、「はじめに創業者ありき」である。創業者の諸系譜を類型化できるのかどうか。「創業者」には「業を創りだす」という語感が、「起業者」には「業を起こす」という語感がある。「創業者」には「新たに」業を起こすという語感が強い。また、「創業者」は関係者の内輪の語感であり、何代目かの経営者は初代を「創業者」と呼ぶ。「起業家」とは呼ばない。起業者には、いまでは「アントレプレナー」というフランス語源の言葉も使われる。アントレプレナーは、一八世紀あたりまでは、山師などを意味し、必ずしも好意的な言葉ではなかった。いまでは、アントレプレナーという言葉の地位向上は目覚ましい。この言葉の語感が重いのか、現在では、「スタートアップ」という軽い語感の言葉が用いられる。スタートアップの場合、起業支援に代わり、「創業支援」という言葉が使われる。

日本の中小企業政策史では、倒産対策が企業への対応策であった。いまでは、創業を奨励・援助・支援するような時代になった。創業であれ、起業であれ、スタートアップであれ、小さな事業を起こすことは個人の自由意思の範囲である。だれも強制などできはしない。起業に関し、ユニークな論稿がある。「起業」を人間本来に備わった資質とみる論者もいる。小野瞭（一九五〇～二〇一一）である。小野は「万人起業家社会論」を展開する。小野は著書『文明〈後〉の世界』で、「地域企業の調査・研究」から着想を得た起業論を展開した。つぎのように語る。

「全国の地域・地場産業や伝統産業の中小・零細・個人企業を訪ね歩き、事業主を相手に多数のヒヤリング調査を行ってきた。……その地域にとっては『殿様』のような有力企業自体が倒産や大幅な事業縮小・

工場閉鎖等に追い込まれていたのが実態であったから、下請け・孫請け・関連業者たちに何の未来も有り得ようはずもない、―それが世間一般の見方であったし、私もそうした常識的予断を持ったままでヒヤリングに臨んだ。

ところが、驚いたことに、私が面談した人びとの中には、すこしも意気消沈などしておらず元気溌剌にして意気盛んという人々が少なからずいた。（経営が苦しいなかでも―引用者注）……工場全体の生産効率をわずかでも向上させる、―そうした技能を自分の『腕前』として自慢気に語るのであった。

織物、釘、鋲螺、鉄線、機械部品、ワイヤロープ、瓦、陶磁器、木材加工、漆器等々、衰退産業とみなされ続けているその業種にも同じような人々が多数存在していた。

私が学んだ、中小零細企業の没落の不可避性、彼らを襲うであろうミゼラブルな運命、遅かれ早かれプロレタリアートへの転嫁・合流は避けがたい、というような教科書的な世界とはまるでそぐわない現実がそこにはあった。」

小野は、民間シンクタンクで中小企業の実態調査を行った。同時期、わたしは大阪府で地場産業や中小企業の実態調査に従事した。わたしと小野の実態認識は同じではなかった。統計数字では、この時期以降、国際競争力の低下が著しかった事業分野の企業数は漸減する。実態認識とは、その解釈を通した実態感覚である。わたしの調査でも、円高不況などの下、小野のいうように、町工場には旧型機械を工夫して対応を続けたところも多かった。経営者は、「苦しい」という口癖の割にはたくましく対応していたという印象をもつ。しかしながら、一九八〇年代半ばからバブル期を挟んで一九九〇年代に入るころから、企業間格差が時に静かに、時に激しく進み始めていた。

小野の聞き取り調査では、楽観的に未来を語る経営者はいたであろう。だが、悲観的に展望を語った経営者もいたはずだ。個人的に小野を知るわたしからみても、彼はそれをわかっていたように思う。にもかかわらず、彼は楽観的に「万人起業家社会論」を展開した。小野は、独立開業した工場主について、「彼等の多くは、親工場からのスピンアウト、つまり一定の経験を積んで技術者たちが親工場との何らかのきずなを維持しつつあえて独立・開業・起業した人々である。彼らが独立起業に踏み切った大きな要因、……微細な工夫を自分の腕前として自負し誇りとする気概であったに相違ない」として、つぎのように問題提起する。

「人生の安定を望むならば、そのまま親工場で無事定年まで勤めあげ、定年後は年金生活に入るという平穏な選択が一番であろうし、実際、そうした道を選択する人々の方が多い。あえて独立起業の道を選び取ることは、当然のことながら大きなリスクを伴う。にもかかわらず、相当数の人々がそのリスクをあえて引き受けることで、新たな第二の人生を切り開こうとしている事実は一体如何に説明されるべきか。」

小野は、二つの答えを用意する。

（一）自らの労働と生活が「他者による決定に唯々諾々と従属せねばならないことに耐えられなくなり、その結果として自分ならもう少し効率的に作業を管理できるはずだし、うまくやれば手取り収入も増えるに違いない。そんな思いが高じてきたからこそリスク覚悟の上で独立起業に踏み切った。」

（二）江戸期以降の「暖簾分け」文化が現在にまで継承されてきた。かつて、暖簾分けでの本家の統制ははるかに緩やかであった。いまでは、暖簾分けはフランチャイズに擬制化されているが、それは本部の強い管理下にある。独立起業とは言い難い。

小野は続ける。

「私は現代日本の工業分野においても、そうした伝統（暖簾分け－引用者注）が息づいていたことを知ると同時に、『なぜ人々は人生上の大きなリスクを引き受けてまで、独立起業への選択を選び取るのであろうか？』という疑問に取り付かれることとなった。安定を捨てて冒険的人生へと乗り出す、人とはすべからくそうした性向を本性的に備えている……この疑問がずっと私の頭の中を占領し続け、常にその疑問への解答を探し求めたことは、後の『万人起業家社会論』の構想に大きなインパクトを及ぼすこととともなった。」

「万人起業家社会論」の根底には、小野の人間観がある。人間には、単なる金銭的動機だけではなく、自身の描く生き方の実現への強い欲求がある、という人間観である。人間は経済人－ホモ・エコノミクス－であるまえに、人間であるとされる。小野の言葉で紹介する。

「企業家とは如何なる存在なのだろうか。企業家（起業家）というとき、人々は金儲けについての何か特殊な能力・資質をもった人を思い浮かべていないだろうか。……企業家とは金儲けだけを目的としている人種なのだと思ってはいないだろうか。企業家とはそんなに特殊な資質を必要とするものなのだろうか。……人間は金儲けを唯一の目的としているのではない。人間の根源的欲求、それは金儲けではなくおのれの自己実現である。金儲けは自己実現のための手段に過ぎない。企業家とは、今日では金儲けの達人のように思われているが、彼は自己実現のための手段として企業の設立を選んだ……」

小野にとって起業家とは、「おのれの自己実現の欲求に忠実な、自主独立の気概溢れる人間」である。「会社の中では実現できない自分の発想を一度でもよいから試したい、と思ったことのない人はおそらく一人もいないのではなかろうか。……そういう願いを実現したいと思っている人々のすべてが企業家の潜在的有資格者・企業家予備軍なのであり、何も特別の能力・資質を必要とするものではないはずなのだ」と、小野は説いた。「万人起業家」社会論である。起業家は、特殊な能力をもつ特殊な存在なのかどうか。縄文時代まで遡る小野にとって、その歴史的射程距離は長い。小野にとって、起業の際の資本不足など、「資本が希少な存在であった時代の時代的制約」にすぎない。「資本は国内から溢れ、そのはけ口を求めて全世界に大量に流れ出している」過剰資本の現在では、「万人が起業家となれる」と、小野はみた。人はこれを奇説というだろうか。

「万人起業家社会論」で、小野は、現代資本主義の変容要因が「万人起業家社会」を生み出すとみた。それは教育水準の高度化・多様化、ハイテク科学技術の登場、経済のサービス化・ソフト化、世界的な政府規制の緩和である。小野は、「小集団・個人が大量に自立し経済的主人公として登場する『万人起業家』の時代が次第にその姿を現しつつある。それが数十年にわたって進行してきた資本所有と経営の分離、現場部門の自己管理能力の増大とその組織的承認としての独立事業部門化や分社経営化、ベンチャービジネスの増加、親企業と下請企業の共同開発事例の増加等々から意味するところなのである」と説く。実のところ、小野の「万人起業家」社会の先行モデルは、日本ではなく米国である。小野はいう。「ハーバードやMIT等の卒業生の多くが大企業には就職せず、ベンチャー企業家として独立を目指すという。必要なのは資本力ではなく、数多くの投資家を引き付ける優れた企画考案能力だけなのだ」と。

一九八〇年代に、大阪の中小企業の若手経営者とともに、わたしはMIT（マサチューセッツ工科大学）にポール・サミュエルソン（一九一五～二〇〇九）とレスター・サロー（一九三八～二〇一六）を訪ねた。わたしは、両者にMIT卒業生と就職先の関係を尋ねた。サローによれば、前年のトップ卒業生はボストンの半導体関連のベンチャー企業に入った。傍らのサミュエルソンも、米国の大企業へＭＩＴ卒業生が就職しなくなったと述べ、大企業の命運を予想する発言をした。小野のいうように、米国では大企業への就職が当たり前ではない。もっとも、製造業から金融業やベンチャー企業への人材シフトは、一九八〇年代の米国経済の状況にも関連した。米国では、ベンチャー企業からもまた細胞分裂のようにスピンアウト創業の波が起っていた。小野の慧眼である。しかし、この動きが全米に広がったわけでもなかった。カリフォルニア州とネバダ州を同列に論ずることなどできない。

すこし、中小企業調査私史を続ける。わたしは、その後、シリコンバレーのベンチャービジネス創業者やインキュベータ入居者、シカゴ地域の中小企業調査、米国南部ジョージア州の大学併設インキュベータのベンチャービジネス創業者などの調査を行った。その時に感じたのは、米国東部の名門大学の卒業生たちの就職パターンは、日本とは大きく異なることである。彼我の相違もある。わたしなりに整理しておく。

（一）産業空洞化―既存産業の停滞・衰退―による新産業創出への国家意思の存在と情報通信技術の米国の先進性。
（二）米国西海岸のシリコンバレーの起業ブームの他地域への波及の軽重。
（三）元々米国人の持つ地域間移動の高いポテンシャル。
（四）長期雇用制度の変容と短期雇用の増大。

一九八〇年代に米国産業や米国労働市場は変容した。日本はバブル経済の下で、既存システムはむしろ温存された。小野は、日本について「いわゆる日本的経営の崩壊現象も右の傾向（米国での―引用者注）と無関係ではないが、その変化はエリート企業戦士たちの転職・独立志向や企業リストラ等に現れているわけではない。それは、中小企業従業員やパート層まで含めた企業忠誠心の相対的弱まり、生活クラブ生協やワーカーズ・コレクティヴ等の自立的ネットワークの拡大、女性起業家や退職者企業家の増加等々……若者たちの企業組織への忌避・自由人への憧憬の強まり等の形で、日本経済の深部における基層的変質をもたらしつつある」と分析した。にもかかわらず、なぜ、政府が起業促進制度の導入にこうも熱心なのか。それは、小野のいうほどには、日本に「万人起業家社会」が成立していないからだ。その要因はどこにあるのか。傍証として、フィンランドのケースを通してみておく。

一九九〇年代から二〇一〇年代にかけて、何度にもわたり、フィンランドのハイテク中小企業の調査をした。この国もバブル経済に踊り、バブル崩壊を経験した。バブル崩壊後、フィンランド企業は大規模なリストラを実行した(*)。失業者の増大が及ぼした影響は大きかった。その後、二年間の経済停滞からフィンランド経済は急速に回復する。ノキアの大躍進もあるが、多くのハイテク・ベンチャー企業が生まれ、既存中小企業の成長も大きな要因であった。大企業のリストラで、高度専門人材や中堅層の技術者や従業員などが新規企業や中小企業へと移った結果、中小企業の活性化が促進された。自ら起業した技術者たちも目立った。技術系大学院の卒業生たちの入職の流れも、大企業からベンチャー企業や中小企業へと変わった。

＊詳細はつぎの拙著を参照。寺岡寛『比較経済社会学―フィンランドモデルと日本モデル―』信山社（二〇〇六年）。

今日、「オープンイノベーション」が語られる。本来のオープンイノベーションは、人材の流動化によって促進される。日本では、高度専門人材がいまだ内部労働市場にとどまる。働く人たちの流動化が盛んとなった社会の下で、万人起業家社会は成立する。敗戦後、日本でベンチャー型企業が生まれたのは、高度専門人材が流動化したからであった。旧軍部や軍需工場から公職追放などで技術者や技能者の流動化が進んだ。

町工場から世界的企業へと成長したケースの背景には、そのような動きがあった。

日本社会が高度経済成長へと移るころには、新規学卒市場や長期雇用型の内部労働市場が確立した。人材の流動度は低下する。その後、長期（終身）雇用と年功序列賃金が大企業と役所で定着した。中小企業は新規学卒者より中途採用に依拠した。「万人起業家」の世界は、町工場からの独立創業者に限られた。大企業や中堅企業からのスピンアウト組は必ずしも多くなかった。米国では、一九八〇年代ころから、「起業家経済論」が強く叫ばれるようになった。背景に、人材の流動化が強く促進される現状があった。小野は、「相当数の人々がそのリスクをあえて引き受けることで、新たな第二の人生を切り開こうとしている事実は一体如何に説明されるべきか」と自問する。答えは、さほど難しくはない。結論を先取りすれば、当事者が独立することをリスクとみなさないからである。リスクとみなすのは、当事者ではなく他者である。

一体全体、リスクとはなんであろうか。リスクと不確実性を区別して定義すべきである。「リスク」は管理できる「不確実性」であり、「不確実性」とは管理できない「リスク」である。創業者は、リスクを意識的あるいは無意識的に管理する。創業後の心配事は、いつ最初に売り上げが立つのかである。売り上げの見込みもないのに、気分で独立する人たちは一部だ。最初の売り上げについては、元請からの下請受注の可能性、材料問屋などどこかで算段している。二つめの心配事は資金繰りである。売り上げの見込みがあり、貯金や親戚からの借金で最初の運転資金をやりくりできれば、資金面での心配は低下する。人手をどのようにして確保するかは、その後の問題である。また、周囲に独立創業の事例があれば、当事者は創業の特別性を感じない。とりわけ、戦後復興期や高度成長期といった独立創業の盛んな時期であれば、自分自身が特別なリスクを背負う感覚はさほど生じない。

2　日本の中小企業経営者の系譜から経営者像の類型化は可能なのであろうか。経営者論を歴史的に三類型に大別しておく。

（一）独立創業から大企業へと成長発展させた経営者たち―小さな企業から中小企業をへて、それを成長させた理由は何か。多数の他の中小企業とどこかが異なったのか。

（二）独立創業から中小企業へと発展させた経営者たち―成長という点では中小企業にとどまった理由は何であるのか。成長させられなかった理由とはなんであるのか。

（三）独立創業から中小企業へと発展させることができず、廃業あるいは倒産した経営者たち―その特徴は何であったのか。

（一）の類型には、明治初期の徒手空拳組が多い。明治初期の実業家たちである。政商も多い。立身出世伝も多くある。貿易、建設、製鉄、化学の分野で数十の企業を起こし、ホテルオークラの創業で知られる大倉喜八郎（一八三七〜一九二八）には、戦争商人や政商など毀誉褒貶の評価がつきまとった。大倉は大倉商業―東京経済大学―の創立者であるが、卒業式などの式典での生徒たちへの訓示などからは別の姿が伝わる。大倉は新潟県新発田町の質屋の三男に生まれた。私塾に学び、一七歳で家業に就いた。翌年、東京麻布の鰹節店に丁稚奉公へ出る。三年後、乾物店を開業、三〇歳で店を閉め、八丁堀の銃砲店の見習いとなる。

戊辰戦争の際に、新政府軍の兵器糧食を扱い、上野彰義隊に拉致・喚問される。危ない橋も渡った。鉄砲輸送も経験する。明治維新後には、鉄道の建設工事、洋服洋裁店、貿易商店のほか、政府の求めに応じ、台湾出兵の物品・人夫の調達事業にも従事した。大倉が戦争商人といわれた所以である。実際は、むしろ貿易や土木事業が主で、多種多様な事業分野を起こした。明治の時代が生んだ企業家である。

浅野総一郎（一八四八〜一九三〇）は浅野セメントの創業者である。浅野もまた徒手空拳で多彩な事業を起こした。大倉や浅野の誕生年は、幕末動乱期、開港後の激動期である。それまでの経済秩序が崩れ去るなかで、自らの才覚と商機を得て、「荒っぽい」やり方で時流に合った事業を次々と立ち上げ成功を手にした。他には、横浜や神戸での開港を見越し、貿易商から身を起こした経営者たちもいた。三井や三菱のように、「政商」といわれるまでに政治に深く関与したグループに加え、政府の鉱山開発の先兵となった古川市兵衛（一八三二〜一九〇三）や、海運業から造船業へと転じた川崎正蔵（一八三七〜一九一二）である。

彼らは、名を成した全国区的な企業家であるが、地方にも地方区的な企業家がいた。彼らも大倉や浅野と同年代で、この時代が生んだ経営者たちである。その多くは、地方でのみ知られている。全国区組と地方区組の相違は、商機との偶然の出会いにあった。商機という外部条件を、個々の企業家がみずからつくりだすことは困難である。だが、彼らはそれに接近できる場をつねに追い求めた。

（二）や（三）の経営者たちを、資料面から掘り起こすことは容易ではない。そうした事例は地域産業史のなかに埋没している。経済史家の竹内常善たちは、『近代日本における企業家の諸系譜』で、そうした事例の掘り起こしを丹念に行った。竹内は自分たちの研究会での「中小企業史研究の課題と視覚について」、つぎのように指摘する。

「手堅い実証手法や禁欲的な個別研究をつづけながら、視野だけは広く持とうとする各人の意欲がこの研究会を支えていた。……この国の中小企業の歴史が内容している多様性と複雑さにあった……わが国の産業構造の底辺を支えていた人間群像と、彼らによって担われてきた経営、技術、技能、人間関係、市場問題などの複雑さと多様性、そこに見られる強かさと脆さ、成長と混迷、大胆と怯懦、こうした矛盾に満ちた世界は、研究上の方法論的見通しの確立を課題とするわれわれ研究者にとっては、いささか厄介な代物である。」

竹内たちは、経営者たちの出自や創業に至る経緯などを方法論的に類型化する努力をしている。資本類型では商業資本（商人資本）であるか否か、社会層として庄屋など名望家層の出身か否か、地域的特質があるか否か等々を検討する。その研究過程で、「素材、加工法、資金調達、技術特性、技術開発、製品特性、地域特性、雇用関係、市場構造、分業を含む生産諸関係、人材の形成過程、自立開業条件などの分野に」議論が及んだという。この種の歴史的研究は、アジア地域、欧米地域などの国際比較軸を呼び寄せる。日本の歴史的固有性について、竹内は流通過程や生産現場に注目して、つぎの諸点を掲げた。

①「インフォーマルな人間関係の濃密さ」
②「人的に見た場合の生産過程と流通過程の重複領域の多さ」
③「各過程の担い手に共通して見られる加工工程への技術的関心や製品の仕上がりに対する評価能力の高さ」

竹内たちは、「こうしたところに彼らの歴史的特性がうかがえると」とみた。このうち、「インフォーマルな人間関係の濃密さ」は、前掲の『小零細企業ルポルタージュ』の経営者にもみられた。「歴史的特性」は、江戸期来の在来産業での経済・社会関係から継承されたもの、あるいは、明治以降に新たに付け加わったもの、在来と近代との融合・相克関係のなかで形成されたものと、多種多様である。在来産業以来の職人精神（クラフトマンシップ）からの継承もあれば、逆に輸出製品の粗製濫造ゆえに、政府が規制しようとした手抜き・杜撰なものもあった。それを事業主の逞しさといってしまえば、それまでであるが、起業家精神と言い換えることも可能であろう。それらは日本の近代化の一側面である。その種の逞しさを近代化の中間形態とみなす論者もいれば、現在の中小企業経営者の精神構造として積極的に評価する向きもある。企業の栄枯盛衰史、とりわけ、中小企業史は、創業者や後継経営者たちの精神の在処の軌跡でもある。残念ながら、そのような軌跡を追える資料は限られる。大企業は社史を通じて辿ることができても、消え去った多くの中小零細企業は見えてこない。

中小企業の歩みは世代で異なる。明治のころは、高学歴経営者は稀有であった。高等教育機関卒業生は官庁などに限られた。いまでは、中小企業経営者で大卒者はめずらしくない。大阪青年会議所のデーター平成五［一九九三］年一月末在籍者のうち四〇歳未満の約一〇〇〇名、四〇歳以上の元在籍者の約一〇〇〇名―で、経営者の学歴を調査した。(＊) 創業者は少なく、ほとんどが二世経営者であるが、大卒者の比率はきわめて高い。この傾向は、国民金融公庫総合研究所『新規開業白書』に掲載された、同一年齢層の新規開業者に高卒者が多いのとは対照的である。高校卒業者の割合は、建設業、製造業、小売業、飲食業で高い。これは三〇年ほど前のデータである。現在では大学進学率はさらに高まり、高卒就職率は低下した。

＊詳細は寺岡寛「中小企業の学歴構造―日本の学校教育と企業文化を考える―」『商工金融』（一九九七年一一月号）を参照。

文部省統計から大学進学率をみると、昭和三〇年代は一〇％台であった。それが二〇％台へと高まるのが昭和四〇年代であり、昭和五〇年代には三〇％台となった。現在は男女双方とも五〇％を超える。専修学校への進学者数を入れると、高卒就職者は四人に一人以下となった。一世代前と比べて、日本は高学歴社会となった。学歴別新規開業者でも、大卒創業者は別段特別な存在ではない。

高学歴社会では、どこで学ぶかもさることながら、何を学ぶのかが重要である。普通教育に加え、実業教育のあり方も問われる。かつて、実業補習学校や職工学校から町工場の創業者が輩出された。大学卒業生からどのような創業者が生れるのか。欧州諸国をはじめ先進諸国で、高等教育機関に起業教育が取り込まれるようになった。背景には、産業構造の変化と高学歴者のキャリアパスのミスマッチングがある。大学の工学部教育と、かつての実業補習学校や職工学校の実業教育を単純比較することに、どれほどの意味があるのかはわからないが、それでも現在の起業促進に示唆するところもある。

実業補習学校は、尋常小学校卒業後の職業教育機関、「職業に資する知識技能を授くる所」として始まる。当時の科目配当表（カリキュラム）をみると、実業科目だけでなく、普通科目も配当された。いずれも「読み（読書）」、「書き（習字）」、「数える（算数）」の授業科目であった。興味深いのは実業科目の柔軟性である。設立地域の産業構造に応じて、物理や化学のほかに、地域の必要に応じ、図画・意匠、工芸、手工の科目などが配当された。商業教育の場合には、簿記、商業知識は当然として、商業地理や貿易・外国語などが、農業教育の場合には、簿記、耕作、肥料、害虫駆除、排水・灌漑、測量のほか、樹芸、養蚕、家畜、森林などの科目が設けられた。実業補修学校は尋常小学校や高等小学校に併設され、夜間や日曜日に開講された。いまでいう定時制であった。市町村立のほかに、私立学校もあった。実業補習学校は、中学校への進学予備校ではなく、地域の職業人育成教育を担っていた。とはいえ、実習を直接意識した裁縫学校や養蚕の伝習所との比較では、座学重視であったし、教師の実業経験や知識が十分であったとはいえない。明治半ばには、実業（工業）補習学校の教員養成所として、東京工業学校にも工業教員養成所が設けられた。

工業化とともに工業補習学校、農業改善のための農業補習学校が各地に設けられた。数の上では、農業補習学校が優位を占めた。地域の産業事情があったからだ。工業関係の補習学校―商業や農業と併設―では、明治半ばに大阪市、愛知県、岡山県、岐阜県多治見、岡山県児島、広島県竹原、熊本県が先行し、その後、神戸市、栃木県山田村、三重県大湊、愛知県常滑、富山県砺波、広島県熊野、高知県安芸・長岡・高岡、香川県那賀に設立された。いずれも、工業化先進地ではなく、在来伝統産業地域であった。この傾向が変わり始めるのは、日清戦争後であり、日本の工業化が繊維産業を中心に急がれ始めた時期である。各地で生糸、紡績、織物の工業が起こり始め、輸入代替から輸出振興へと政府の奨励策が実施された。それにしたがって、繊維産業を担う地域人材が求められた。やがて、機械・金属などの近代工業部門を支える工業教育が求められるようになっていった。

商業分野は、すでに江戸期に発展をとげ、流通インフラも整備された。その後、開国後の貿易拡大から、体系的な商業教育が必要になった。

農業や工業の近代化が急がれ、実業教育も産業振興策の一環として重視されたが、工業の場合、実務を教える教員が不足した。そのため、造船所などから技能者を派遣してもらって、「職工」を育成するなど試行錯誤が続いた。制度の黎明期はそのようなものであった。実業教育は、工業振興を担う政策官僚からだけでなく、産業界の指導者からも早急な制度整備が求められた。しかし、商業や農業に比べ、工業関係では苦戦が続いた。技術・技能の専任教員の育成や配置には時間を要した。大正期の半ば以降に、「実業補習学校教員養成令」が公布され、地方でも教員養成所が設置されるようになった。

工業化は第一次大戦期の好景気で加速化し、技術者と並んで現場技能者がますます必要となった。大正最後の年には「青年訓練所令」が公布された。青年訓練所は職業教育への準備の場であると同時に、社会主義思想に対する思想善導のための場でもあった。各地に青年訓練所が多く設置された。実業補習学校や青年訓練所は、昭和になり青年学校へと統合された。青年学校のなかに職業科も設けられた。

他方、明治中期から昭和にかけて、「職工」の養成を目的とする徒弟学校も存在した。徒弟学校（実業学校）は起業家育成の苗床機能も果たした。学生の多くは、卒業後、地元の在来産業で働いた。その後、独立創業した者も一定数みられる。実業学校の初期の学校には、明治二七［一八九四］年の京都市染色学校、翌年の瀬戸陶器学校、山形荘内の染色学校、福島本郷の窯業徒弟学校、佐賀有田の徒弟学校がある。二年後には群馬桐生の染色学校、宮城の徒弟実業（木工）学校、石川山中の漆器徒弟学校が設けられた。いずれも在来産業振興との関係で設立された。軍都広島の職工学校は、海軍工廠など近代工業との関係で生まれた。同年に兵庫県津名郡に陶器学校も設立されている。

広島県職工学校は、岡山や山口と比べても早い時期に設立された。県費で設立された最初の徒弟学校であった。経済史家の竹内常善は、「広島県職工学校」（豊田俊雄編著『我国産業化と実業教育』所収）の中で、同校を近代工業に従事する「職工養成」のパイオニア的存在と位置づける。教員側の熱心な指導が当時の卒業生の回顧からも伝わっている。竹内は、当時の資料から「授業についてこられない生徒のためには正規の授業と実習時間の前後に、……課外授業が行われ……実習は深夜に及ぶことも珍しくなく、時として徹夜作業すら行われている……」と紹介する。実習教育のレベルの高さは、生徒の製作品が高額で売却されたことからも推察できよう。しかし、これは同時に当時の工場の機械設備の水準の限界を示すものでもあった。生徒作品の売却は学校収入を潤したが、やがてその割合は低下する。日本の機械金属企業の躍進と工業化の進展の結果であった。

職工の養成機関といっても、広島県職工学校は教員や実習設備の水準も、入学者の学力も高かった。教員や生徒にもパイオニア校としてのプライドがあった。広島県内の農村部出身者にとって、入学は技術・技能者としての社会的上昇のキャリアパスであった。それは、卒業後の進路先に呉海軍工廠、製鉄所、国鉄、大企業などが多かったことからもわかる。その後の卒業生たちの活躍について、竹内は『校友会誌』の記録からつぎのように紹介する。

「第一回卒業の泰千代吉はのちに海軍初の勅任技師となり、……『自宅』と表示された者も自営業と考えるなら、これもかなりの部分を占めている。工芸関係では伊藤琢郎のように家業を継いで人間国宝的存在になった者もいるし、外国会社の技師長を経て家業の土木建設業を継いだ坂本柳太のような事例もある。民間企業に出た者のうちから、三好松吉、竹林巧、倉本憲一、中野春吉、小崎春記、石井源治のように経営者として成功した者も多い……」

当時、広島県職工学校の卒業生は希少であり、彼らの職業選択肢は豊かであった。社会的上昇の機会にも恵まれた。その後、各地に工業学校、高等工業などの専門校が設立され、卒業生の数が増えるにしたがって、職業選択肢は狭まった。

当時、近代技術を学習する場は、教育機関でも実社会でも限られていた。その時代にあって、広島県職工学校の卒業生は海軍工廠やその関連工場で学んだ技術や技能を生かし、実務を通じて技術・技能を高める機会に恵まれた。卒業生のなかから、近代工業の分野で独立創業する者たちが登場する。坂本柳太、三好松吉や石井源治のように先代の家業を継承して、事業を拡大させた人物もいた。倉本憲一は、沖電気や和田計器研究所（東京計器）、東京瓦斯電気などをへて独立し、水力発電用回転計を国産化した。

現在は、当時と比べれば、比較できないほどに高学歴化している。だが、専門的知識を取得した後、独立創業する者の割合は必ずしも高くはない。他方、広島県職工学校の卒業生は当時のエリートであり、独立創業する者の割合は、現在の若者たちと比べて高かった。この社会的相違はどこからくるのか。

職工学校の卒業生は、その後の時代の流れのなかで苦戦する。竹内は、時代の変化をつぎのように分析する。

「卒業していった『職工』予備軍は実に多様な社会的軌跡を描くことになる。勅任技師や有力経営者、各種教育者、中小自営業者、公務員、工芸家などなど、彼等の中から幾多の社会的上昇事例を引き出すのは実に容易である。『職工』予備軍は、同時に技術者や経営者の予備軍としても世に出ていったのである。しかも初期の卒業生は就職先の実情を知悉して赴いたばかりでなく、その場に着くやいなや掛替えなき即戦力でもありえた。当時のわが国の実態からすれば実に有難い人間類型だといえる。

しかし多くの社会的上昇事例から日本人の立身出世主義を論じ、そのことをもってわが国経済の成長活力に……説明原理を与えようとする見解には疑問が残る。着眼すべきはむしろ、成功者となって上向する者と所在『不詳』となって消えていく者が、特定の社会的地位に落着いていくという画一的保証や身分制的因果律はここにはない。……紹介事例が、重工業型徒弟学校としての、例外的成功事例であった……」

こうした卒業生の動静を反映させる個別事例の収集は容易でない。大数法則からいえば、とんでもない数の事例を収集する必要がある。この種の調査の経験者ならわかる。困難なのである。

米国の社会学者ライト・ミルズ（一九一六～六二）は、少ない個別事例から主観的解釈を超える客観性を見いだせる「インテレクチュアル・クラフトマンシップ」を『社会学的想像力』（一九五九年刊）で強調した。中小企業研究の重要な視点である。どのようなキャリアパスを経由しようが、独立創業が社会的に高い評価を得るような社会原理がなければ、小さな企業を起こすことへの意欲は高まることはない。新しい事業を起こし、その連鎖が新しい産業を生み出す。中心にあるのは既存の経済秩序ではなく、起業家経済によって特色づけられる社会である。小さな企業に挑戦する社会層が存在してこそ、中小企業への社会的評価も高まる。日本中小企業史は、日本の中小企業の評価史である。自身の経済や社会への貢献が高い評価を得るような社会原理があるかどうかで、人の行動様式やその根本にある行動原理は異なる。スタートアップ助成金だけで、独立創業の動機が容易に高まるはずもない。

多数の人が大企業へ勤めるようになり、既存組織への所属における序列が生み出された。既存組織の規模に序列が持ち込まれ、官庁や大企業への所属の優位性が確立され、大企業とその周辺に位置する中小企業との間に身分制的序列が成立してきた。他方、大企業であろうと、中小企業であろうと、独立意識は入職後の待遇に大きく関係する。昇進・昇格に期待が大きければ、人は内部労働市場にとどまる。これには金銭的動機と非金銭的な動機がある。金銭的な動機は給与上昇への期待でもある。長く働いても、給与の改善がなければ、会社から飛び出し転職という選択が重要となる。非金銭的な動機は、たとえば、技術者の場合には専門技術・技能の継続的な向上が望めるかどうか、である。事務職や販売職の場合には、管理職など上級職への昇格の可能性である。ただし、これは、あくまでも相対的な話である。個人の社会的地位は、他者との比較で判断される社会的意識である。

創業者には、小さな企業から創始し大企業へと成長させた者もいれば、中小企業の規模にとどまる者もいる。ある者は倒産・廃業に追い込まれる。その要因の探索は単なる数量データの分析だけではむずかしい。人の奥底に潜むマインドの掘り起こしは容易ではないが、検討要因はいろいろとある。おおむねつぎのように整理できよう。

（一）経営者のマインド―生業的・家族的経営で満足か否か。成長志向的であるか否か。

（二）処遇・待遇への意識―現職の給与面の不満、経営者からの不公正な処遇などへの憤りなど。

社史を通じた研究(*)や、創業者へのインタビュー調査を通じて、わたしが感じたのは、（一）の点の重要性であった。自分の技術を向上させたい、あるいはビジネスモデルを試したいといった自己実現的な達成意識の有無が重要であった。創業者や経営者には、その目標に到達するまでの苦難を必要コストとして乗り切ってきた人が多い。彼らは、そのビジョンや情熱に惹かれた協力者や支援者を引きつける。所得動機のみが突出している創業者や経営者には、高級車や住宅の購入によって、その望みが達せられると、現状維持に安住する人たちも多い。（二）は大企業の経営者にもあるが、中小企業の経営者のタイプにみられる。ワンマン経営者企業の場合、従業員の処遇が恣意的に決定される。親類縁者の経営陣の下では、昇格の機会も限られる。この場合、独立創業が待遇改善のもっとも現実的な選択肢となる。

＊詳細は寺岡寛『小さな企業の大きな物語―もうひとつのエコシステム論―』信山社（二〇一九年）。

技術者出身で、創業に至る経緯を語る経営者は多い。大企業では、技能養成制度が設けられるが、中小零細企業では、例外的だ。技術者や技能者の能力向上には、他工場で技術・技能を磨くのが現実的であった。明治後半から、渡り職人・職工が存在していたことは、農商務省商工局『職工事情』（明治三六［一九〇三］年）が伝えている。当時は工場の機械化が遅れており、大工場でも中小工場でも労働集約的な加工が多く、手工的技能が幅を利かした時代であった。

その後、大企業の学歴優位の入職条件と社内昇進制度が徐々に形成される。一方で、町工場で働く職人たちの現実的なスキル向上の機会は、いろいろな工場へ「渡り」、技能を磨くことであった。プレス機械で日本を代表する企業となったアイダエンジニアリングの創業者の会田陽啓（一八八九～一九五九）は、熟練旋盤工から会田鉄工所を起こすまでは渡り職人であった。会田は父親を早くに亡くした。一二歳でプレス機の町工場に徒弟で入り、技術を習得して十年後には工場を起こした。だが、行き詰まった。その後、他工場で働き、技能を高めた。独立の意欲は衰えなかった。二八歳で再度、工場を起こした。会田のような職人は、彼の周辺にもいたことであろう。

会田が自分のプレス製造工場を起こしたのは大正七［一九一七］年である。その後、大正後期から工業化の進展とともに、大工場と中小の町工場との存立基盤が大きく変化する。産業の発展黎明期と個人のチャンスとは連動する。機械・金属産業においては、大工場の成立・発展とともにその周辺に中小零細の下請工場が生まれ、労働市場もまた大企業と中小企業に分断していく歴史を辿った。

第二章　産業史としての中小企業

近代文明の物質的枠組みは産業体制にある。この枠組みを活かす指導力は企業である。……この近代的組織は資本主義体制、すなわち、いわゆる近代産業体制である。その特徴と同時に近代文明を支配する諸力とは、機械化と利益を求める投資である。

（ソースティン・ヴェブレン（小野敬士訳）『企業の理論』勁草書房）

景気循環の名で呼ばれる、西欧社会の経済活動の隆盛と衰微の交替に関しては、この問題の専門学者は、制御することのできる要因と制御することのできない要因とを区別しており、一派の人々は、景気循環の計画的行動にもとづくとまで極言している。

（アーノルド・トインビー（長谷川松治訳）『歴史の研究』社会思想社）

産業の生成史と中小企業

1　日本の人口推移をみると、明治五〔一八七二〕年の総人口は三四八〇・六万人、四〇〇〇万人を超えたのが明治二四〔一八九一〕年、五〇〇〇万人を超えたのが大正元〔一九一二〕年、六〇〇〇万人を超えたのが昭和元〔一九二六〕年、敗戦の翌年の国内総人口は七五八〇万人であった。以後、総人口は確実に増加した。

人口の増加は、衣食住の需要拡大を通じて産業の発展を促した。日本経済は農業中心から徐々に工業化の道を歩んだ。明治維新から十数年をへた日本経済は、農商務官僚の前田正名（一八五〇〜一九二一）が編纂した『興業意見（未定稿）』（明治一七〔一八八四〕年刊）によれば、「我国ノ経済ヲ察スルニ、人民生活ノ有様ハ、衣食住ニ十分ナラズ」の状況であった。各地の農工商、とりわけ農業は松方デフレ政策の下で「衰微ヲ極メ」、「衰微疲弊」の厳しい状況にあった。この現状をどのように打開するのか。これが『興業意見』刊行の背景であった。

前田正名は、明治政府の「上から」の近代工業育成策＝産業政策に対して、在来工業を重視して、順次、近代部門の育成を目指す立場をとった。「下から」の近代化である。前田にとって、生糸や茶など地方在来産業の振興こそが近代化資金の源泉であり、輸出を通じて外貨を獲得する確実な手段であった。在来産業の生産（技術）流通を政府の積極的な金融支援策によって近代化したのちに、紡績や織物の先進技術を導入して日本の工業化をはかるのが取るべき方向性であるとみた。貴重な外貨をやりくりして、欧米から最新鋭機械を導入して工場を起こすより、在来の器（機）械を漸次改良して、徐々に機械化をはかることが現実的であると主張した。いまでいう、「中間技術」論に立つ前田にとって、産業振興策は在来産業政策であった。

前田は『興業意見』で、軍備、土木工事などのインフラ整備は重要であるものの、現状は「人ニシテ未タ人と称スヘカサル者多シ。負債有テ貯蓄無ク。非常ノ備欠ケテ凶荒ノ蓄乏シ……今我ガ経済ト国力ノ度合イヲ視レハ富国ト云ヒ強兵ト云フモ豈ニ一朝一夕ニ致ス可ケンヤ、宜シク希望ヲ遠大ニシテ方法ヲ着実ニシ漸次ニ歩ヲ進メサルヘカラズ……」であるとして、自らの政策案を開陳した。

「真正ニ国家ノ為メニ計ラハ、先ツ人民ノ活計ヲ饒カナラシムルノ策ヲ立テサルヘカラス、活計饒カナレハ負債償却ノ道立ツテ貯蓄ノ饒裕生スヘシ、……一国ノ経済此ノ如ク齋ヘハ課税ノ割合ヲ増サヽルモ政府ノ歳入ハ自ラ倍蓰スヘシ。兵備ノ拡張、教育ノ普及土木ノ工事何ヲ企テヽカ成ラサランヤ。然ルニ此順序ヲ考ヘス国ノ度合ヲ察セス、是モ急務ナリ彼レモ急務ナリトシ民力ノ養成ヲ後ニシ政務ト工事ニ力ヲ盡ス時ハ、人民ノ活計ハ益々困迫ニ陥ルヘシ、負債ハ益々カサムヘシ、何ノ余裕アリテカ貯蓄ヲ為サンヤ、一旦非情ノ事起ルニ会ヘハ国益々困窮ニ陥ラン、将タ凶荒ニ逢ハヽ民能ク飢餓ヲ免レンヤ。」

前田は、まず国民生活の「活計」を優先事項とした。士農工商の現状から今後の所得向上の方途をつぎのように整理した。

（一）士族―「如何ナル事業ヲ為シテ如何ナル生活ヲ為シ居ルヤ、又今後ハ如何様ニ成行クヘキヤ。」

（二）農―「非常ノ辛苦ヲ為スト雖ドモ得益極メテ薄シ。之ヲ如何セハ辛苦ヲ減シテ所得ヲ増シ得ヘキヤ。」

（三）工―「迂拙ナル所為ヲ以テ製作ヲ為ス故、時ヲ費ヤスコト多クシテ利ヲ得ルコト少シ。之レヲ如何セハ簡便ナル方法ヲ用ヒテ十分ノ利益ヲ得ヘキヤ。」

（四）商―「紀律モ無ク業ヲ営ム故、詐欺ヲ以テ商業ノ本旨ナリト見倣サル丶ニ至レリ。之ヲ如何セハ農工ヲ助ケ自家ニ益シ十分ニ信用アルモノトナルヲ得ヘキヤ。」

農業、工業、商業に関する前田の着眼点は、現在にも十分通用する。士族は恩寵の秩禄券を使い果たし、農業者は減租の特典を活用できず、工業者は粗製濫造によって信用を失い、商業者は資本不足から高利の資金を借りて失敗していると、前田はみた。この現状を打破するには、産業をどのように興すのか。『興業意見』の狙いはここにあった。「人民ノ生活ヲ裕カナラシムルニ在リ、果シテ然ラハ拮据経営富国ノ道ヲ求メスンハアラス、之ヲ求メテ得サランカ焉ンソ求メテ得サル」と記す。「富国への道」は、民業の活性化如何にかかっていた。前田は、『興業意見』の「綱領」で、現状と課題を列記する。

（一）資本と事業の不釣り合い―「濫リニ事業ヲ起ス事」、「無理算段ノ資本ニテ起セル事業多クシテ実力アル起業少キ事」、「大資本ニ相当スル事業ト小資本ニ相当スル事業トヲ瓣別セサル事」、「孤立シテ業ヲ起ス事」

（二）事業を起こしても引き合わない―「金利ノ高キ事」、「運送ノ不便ナル事」、「雑費ノ多キ事」、「精良品ヲ作ルモ粗悪品ヲ作ル者ニ妨ケラル丶事」

（三）不慣れな事業―「工商ヲ兼ネ営ム事」、「海外ノ機械ヲ取扱フニ不慣ナル事」、「固有ノ妙所ヲ惜キ漫ニ外風ヲ模倣スル事」

（四）売り捌き（販売）の困難なこと―「一地方ノ特有物ヲ漫リニ各地ニテ模造セル事」、「需要者ノ嗜好ヲ詳知セサル事」、「競売ノ行ハル丶事」、「各国ノ事情ニ暗キ事」、「物品ノ貯蔵スルノ力ナキ事」、「慥（タシ）カナル問屋ノナキ事」、「一時ノ流行ニ乗シテ需要外ノ供給ヲナス事」、「旧慣ノ販路概ネ絶ヘテ新販路未タ定マラサル事」、「需要者ノ信用ヲ得サル事」

その他、通貨や法律など制度上の課題もあった。「通貨ノ動揺上ヨリ生スル困難ノ事」、「抵当物ノ不慥カナル事」、「農工商ノ規律立タサル事」、「法律ノ貸借取引ニ妨ケアル事」、「法律ノ貸借取引ニ妨ケアル事」、「団結力ノナキ事」への言及はその指摘であった。

前田は、各論の「缺項適例」でさらに詳しく課題を指摘した。たとえば、「濫リニ事業ヲ起ス事」では、「今此実例ヲ按スルニ、明治五六年ノ頃ヨリ会社ト云フコト流行シ、何業ニモ会社ノ名ヲ附スルニ至レリ。且ツ金禄公債証書ノ発行以来、士族ノ輩自営ノ道ヲ立ツルニ汲々トシ、益々会社ノ数ヲ増加シタリ。……其起ルヤ軽進ニ失スルヲ以テ其容易ナリ」と記す。当時、会社を起こすことが流行し、金禄公債を原資に、士族が未経験の事業を起こす傾向にあった。金禄公債を元に「一層ノ利アリ」と起業したが、「経験ナキ事業ニ投スレハ、抑モ無理算段ト云ハサルヲ得ス」結果となった。工場経営者にも士族が多かったようだ。

前田は現状を「無理算段ノ資本ニテ起セル事業多クシテ、実力アル起業少ナキ」とみた。小資本で鉱山、開墾、海運、製糸業を起こしても、いずれも資本不足に陥った。前田は、製糸業を例にとって、「僅ノ資本ヲ以テ、製糸ヲ業トスルアリ。生糸ノ如キ我国商品中其嵩少ナクシテ其金高大ナルモノナリ。然ルヲ小資本ニテ此ヲ営ムカ故ニ品ヲ揃ヘルコト能ハス、又売買掛引ノ上ニモ無理ヲ為サヽルヲ得ス」と実態を紹介する。逆に、漆器業では、小資本でよいところを、大資本を投入した事例を紹介し、「大資本ニ相当スル事業ト小資本ニ相当スル事業トヲ辨別セサル事」と記した。

前田は、業界全体の製品の品質向上が輸出振興にとって不可欠とみて、「粗製濫造」問題の解決に心血を注ぐ。『興業意見』にも、その問題意識が色濃く出ていた。前田は、「精良品ヲ作ルモ粗悪品ヲ作ル者ニ妨ケラル、事」の事例として、茶、漆器、織物などの実情を紹介した。当時の粗製濫造と品質低下について、「工業ハ往時盛昌ヲ極メタリ。然ル所以ノモノハ、未タ必スシモ職工カ其術ヲ究メタルノ力ノミニモアラス。当時其技術ノ上進ヲ催促スルモノアリ、主トシテ其力ニ依リタルヤ明カナリ、催促者トハ誰ソ、諸大名是ナリ。……然ルニ廃藩置県ノ後ハ俄然トシテ此催促力ヲ失ヒ、職工製産者ハ眼前ノ生計ニ遂ハレ、遂ニ工業ノ衰微ヲ来タセリ」と記す。明治維新以降、諸藩の規制―株仲間を含む―がなくなり、品質向上のインセンティブが喪失した結果、粗製濫造となり、それが輸出を梃とする工業化の大きな障害となっていることを嘆いた。

明治維新以降、外国貿易は自由化され、外国製品が流入した。明治政府は、繊維や雑貨の輸入代替と在来産業振興による輸出拡大に期待をかけた。在来産業は、その後、中小工業分野で継承されていく。在野の経済学者の高橋亀吉（一八九一～一九七七）は、『日本近代経済形成史』第三巻でこの点にふれ、つぎのように指摘する。

「明治一〇年代までにおけるわが国工業の発達は、主として中小工業形態のものであった……しかし、右がもし明治前半期のみに限る現象であれば、それは工業発達途上当然の歴史的経路でもあって、何も特別にこれを重視するに値しないが、実は中小工業がわが工業の発展上重大な地位を占めたのは、明治年代に留まらず大正時代もそうであり、昭和初年年代においても、そうであった。」

高橋は在来工業分野の小企業だけではなく、近代移植産業として新たに起こった分野の小企業も重視した。そうした小さな事業体のなかから、中小企業をへて大企業へと発展を遂げた一群の企業があるものの、多くは中小規模の企業にとどまった。これは産業に適正規模があるからなのか。

中小規模経営―当時は小零細規模―の事業形態に相応しく、逆に、大規模経営では存立困難なのが在来産業分野であった。これは、いまも中小企業論で展開される説明論理である。それに対して、大企業性業種論もある。資本集約的産業、装置産業がその典型である。巨大な資本と技術力を必要とする産業分野での説明論理である。また、中小企業と大企業の併存業種もある。その説明論理は下請論である。大企業と、それと下請関係にある中小企業である。前田正名から高橋亀吉、山中篤太郎の時代、さらに現在に至るまで、産業特性と経営規模との関係は、日本の中小企業研究史において繰り返し論じられてきた。

中小企業性業種と大企業性業種の特徴は、大正期の「小工業」残存論をめぐる学会討論でも採り上げられた。結論からいえば、中小企業―小工業―が現に存立している市場の構造の特徴が検討された。つまり、(一)製品に季節変動があること、(二)嗜好品であること、(三)機械による生産が困難であること、である。分析対象は、在来工業＝手工業生産の製品群であった。注視すべきは、大正半ばになっても、在来工業製品の需要が日本社会に根強く存在していたことである。明治以降、人びとの生活が西洋化されたとはいえ、一般消費者には江戸期以来の在来製品の需要があった。在来産業の残存性に、社会政策学会の一部の研究者は着目したが、研究は必ずしも盛んではなかった。経済学者の中村隆英(一九二五~二〇一三)は、『明治大正期の経済』で、背景をつぎのように指摘する。

「在来産業の研究が行われなかった理由……日本では経済史の研究者の多くはマルクス経済学に立っている。ところが、マルクス経済学は、資本主義社会について、資本と労働者の対抗する社会を考え、それ以外の階級としては農民を考えるのみであって、在来産業はその視野に入ってはいなかった……マルクス経済学のモデルにおいては、それは、いわば前期的ないし過渡的存在と考えられ、本格的に資本主義が成立すれば衰滅するものと思われていたようである。小生産者の存在する産業もやがて資本家的生産が進出し、小営業者は敗退すると考えられていた。」

マルクス経済学流の「中小企業論」は、中小零細企業をつねに衰退する命運をもった存在として自家薬籠的にとらえた。その傾向はいまにいたるまで続く。

実際は、在来産業は江戸期以来、農民の自家消費的な業種であり、明治以降には現金収入的兼業となり、都市化の下で農家の次男以下が離農後に自営し始めることで再生産されていた。「小営業は敗退」したわけではなかった。このメカニズムは在来固有産業だけではなく、明治以降、輸入日常雑貨製品の国内代替品の手工業生産―いわゆる近代移植産業―でも作用した。その後は機械化を徐々に進めつつ、続いていく。こうした農家からの都市流入層が、都市型小工業の中心を形成した。これらの産業群は、輸入代替からやがて日本の重要な輸出型工業となった。その典型業種は、マッチ、段通、莫大小（メリヤス）シャツ、靴下、洋傘、石鹸、手袋などであった。他方、在来産業で輸出高が多かったのは、生糸、絹織物、茶、陶磁器、漆器、真田紐、花筵などであった。これら在来産業と近代産業との関係は、競合的というよりむしろ補完的であった。この関係の下で、双方の成長・発展が促されることになる。綿紡績はその典型であった。大資本の下で機械生産された綿糸は、在来産業の綿織物業で加工された。

第一次大戦後になると、在来産業分野の小工業と問屋資本との関係や、近代産業分野の下請取引関係が、中小企業研究の重要なテーマとなった。背景には、在来産業の低迷・衰微や近代産業での取引問題が、個別企業の発展の大きな制約となっていた実状があった。その状況をもっとも深刻化させたのが、昭和期の金融恐慌であった。個別経営の行き詰まりは、小さな事業者に顕著であった。他方で、三井、三菱、住友、安田の旧四大財閥集団は成長・発展し、確実な基盤を形成した。新しい事業は、化学や機械などの分野で顕著であった。それは、いずれも資本集約的分野であり、財閥系大企業で可能であった。躍進する財閥系企業と低迷する中小企業群の構図は、やがて朝鮮戦争後に「二重構造」論となったが、この時期をその嚆矢濫觴とみなせる。その後、それは「中小企業問題」に等値された。

財閥系大企業が成立する一方で、低賃金層を基盤とする労働集約的な小企業が存立した。なぜ併存しえたのか。換言すれば、なぜ、日本経済の発展が、格差を是正するよりも、むしろ拡大させたのか。なぜ、大企業と中小企業が並列関係ではなく、支配・従属の関係となったのか。

経済学者の巽信晴（一九二六〜二〇一九）は、『独占段階における中小企業の研究』で、戦前期の中小企業の「存在形態」をつぎのように規定した。

「戦前、日本の中小企業（中小工業）は、半封建的な土地所有を基礎とした、低廉過剰労働力の供給に依拠して、寄生的な商業資本の根強い存在のもとで、たえず生みだされ残存していた。これらの中小企業は、一般的な独占資本の支配（たとえば独占価格による収奪などによる）のもとにおかれていただけではない。そこではさらに、独占資本の直接的な支配形態としての下請制のもとにおかれている企業もあった。独占資本は、このような中小企業にたいする下請制的支配を軸として、中小企業全体にたいする収奪を一層過酷なものとしていた。」

いまでは、中小企業論で、「独占資本」は使われなくなった。巽の著作は、昭和三五［一九六〇］年の刊行であり、そこには戦前来の日本資本主義論争(*)の痕跡がある。中小企業の存立を支えるのは、低賃金層の存在であって、それは「半封建的」な農村の過剰人口からの供給に依存するとされた。過剰人口論は、戦前来、低下した。専業農家の数は少なく、日本農業は兼業農家に支えられる。

の議論は、現在まで、中小企業の存立論として論じられてきた。いまでは農村人口は産業全体の中で大きく

ちの供給源であった。この構造が資本主義の前近代性とされ、マルクス経済学者の間で論争が展開した。こ

は高く、農村は慢性的な農業恐慌で過剰人口を都市に押し出し、都市雑業層や小さな商店や工場で働く人た

日本の移民・植民政策に象徴されるように、日本社会の大きな課題と認識された。有業人口数で農民の割合

＊詳細は寺岡寛『通史日本経済学―経済民俗学の試み―』信山社（二〇〇五年）を参照のこと。

中小企業の存立と低賃金層との関係では、過剰人口源としてだけ農業・農村が論じられているわけではない。重要なのは労働市場の構造である。巽もまた前掲書で、この点にふれ、つぎのように論じる。

「中小企業が依拠している低賃金基盤と、低賃金状態にある労働力との質的な変化である。この中小企業が依拠している低賃金基盤については、農民層の分解過程とその階層分化の態様、および一般的な相対的過剰人口の存在形態の変化が問題となる。また低賃金状態にある労働力の質的な変化については、労働力市場（労働力給源をふくむ）の階層性と、労働力構成の質的な変化が問題となる。そこでこの前者の低賃金基盤の変化を基礎として、後者の労働力の質と量の再編成の質的な変化を通じて、中小企業における賃金・労働条件の格差があらわれてくる……」

現在では、かつての出稼ぎ者ではなく、家計補助的な収入を求める主婦層などが中小企業で働く。巽は、大企業もまた低賃金層依存の中小企業を下請関係に取り込み、低賃金層の間接的活用をはかる構図を示す。マルクス経済学では、大企業は中小企業を排除し市場の独占度を高める構図が描かれるが、大企業は、中小企業との下請関係を通じて市場優位を確保した。巽が前掲書で、「下請制」分析を最重要視したのも、この

文脈においてである。

下請制論では、「支配・従属関係」において「誰が支配するのか」が問われた。在来産業論では、それは問屋であった。「誰が従属するのか」の点では、それは家内工業—手工業—であって、問屋制家内工業論が展開された。在来産業では、問屋が流通面で優位な地位を占めた。問屋は家内工業者へ原材料を支給し、あるいは、資金を貸与して原料を購入させ、完成品を販売ルートに乗せる。問屋は資金力と販売力を保持した。家内工業者が直接、金融機関から借り入れすることは困難であり、自己資本で原材料を入手することも容易ではなかった。問屋は金融機関からも直接借り入れが可能であり、資金面でつねに優位に立った。

戦時体制下の軍需生産拡大期には、工場制下請と問屋制下請のあり方が注視された。

昭和一〇年代、工場制下請と問屋制下請については、経済学者の藤田敬三（一八九四〜一九八五）と企画院の小宮山琢二との間で論争が行われた。「藤田・小宮山論争」である。問屋支配下にある下請工業と、軍需体制下の工場支配の下請工業の性格上の違いをめぐる論争であった。問屋制は在来の軽工業分野であり、工場制は大工場の機械・金属製品の重工業分野である。論争は戦後へ継承された。

経済学者の山中篤太郎（一九〇一〜八一）は、当時の中小工業に関する研究者たちの諸学説を、国際比較の視点から簡潔かつ的確に、「学会展望—日本中小工業とその質的規定—」（『一橋論叢』第四巻第六号、昭和一四［一九三九］年）にまとめている。

「欧米に於ける中小工業論は、一般理論的には、大規模経営の展開とその限度をとらへる要因として、中小経営を見ようとし、又、中小工業論と云うよりも、なるほど中経営（Medium）なるものと思はざるではないが、むしろ小工業論として、技術的には手工業（例へば、フランスについては……）を論じ、産業的には、家内労働―ドイツについては……（手工業―引用者注）を論ずる。これに対して、何と云っても、日本の中小工業は、その広汎にして夥多な存在の故に、独立して、中小工業そのものとして、ひろく、多くの方面から議論の対象となったことは、蔽ふべくもないのであって、そこに日本中小工業そのもののもつ素材として特性があるとともに、又、一般中小工業論に於いて、日本中小工業論の占める日本的特殊性がある。」

「日本的特殊性」について、山中は「十九、二十世紀のヨーロッパに於いて、大工業の中小工業代置、家内工業の衰退、或は、苦汁労働等の問題等の名辞に於いて、論議の的となった如き……（中略）……一般化すれば、国民経済の発展と、その内面に於ける各種産業単位構造の組み合わせが、中小工業を存続せしめ、これに問題性を附すると書き改められるべきであろう……十九世紀後半のイギリスならば、中小工業たらざらしむるべきものが中小工業となっている日本の場合は、かかる組み合わせ関係は重視されなければならない」とした。山中は当時の代表的文献に言及したうえで、小宮山琢二の日本中小企業の存立形態論―小宮山琢二「日本中小工業の存立形態」（『一橋論叢』第二巻第五号、昭和一三［一九三八］年）―を取り上げた。小宮山の中小工業分類では、まず「独立形態」か「従属形態」かを区別し、従属形態のなかでは、支配側の資本類型によって「問屋制商業資本」か「工場制工業資本」かで区別する。

企業間の支配関係を資本からとらえれば、直接的支配は資本出資による。しかし、小宮山の議論では、資本出資による直接的支配関係は必ずしも重要ではない。取引関係での支配権を行使できるか否か、すなわち間接的支配があるか否が重要である。小宮山の問屋制工業論では、支配側は問屋、貿易商、百貨店に分類され、従属側は家内工業、資本家的生産の下請工業に二分された。後者は「新問屋制工業」とされた。

では、なにをもって資本家的生産の特徴とするのか。それは利潤増殖を目的とする経営である。つまり、生業的（家計的）な事業運営ではなく利潤拡大を意識した経営形態である。支配側が工場（産業資本）の場合、それは工場下請制とされた。戦時体制下の物資統制の企画院にいた小宮山は、工場施設で現場を観る機会を通して、下請工場の実態にふれたに違いない。小宮山は、工場の生産過程で下請工場が最終加工前の粗削りを担当する状況を、親工場との生産上の「有機的」な関係とみた。部分加工ではなくユニット部品を受注する下請工場は、親工場と「混成的」な関係をもつとされた。親工場と生産・技術上の「有機的な」取引関係をもつ「工場制下請」は、旧来の労働集約的な在来製品での問屋との関係とは異なる。小宮山はそのようにみた。

藤田敬三も発注側の業態区分を重視した。小宮山と藤田の違いは、発注側の支配形態にあった。藤田にとって、実態的支配とは、支配する側が工場であっても、それは工場の購買部による商業資本的支配であり、生産過程を通じたものではなかった。小宮山が、工場の生産工程に、下請工場が有機的（社会的分業的）に組み込まれたとみた支配構造を、藤田はあくまでも外業部的支配にすぎないとみたのである。

他方、「問屋制下請」では、問屋は材料の手配・供給と完成品集荷の流通過程での支配にとどまっているとみられた。

京都大学の田杉競（一九〇九〜八九）も、藤田・小宮山論争を取り上げている。田杉は、大学紀要に「下請制工業と社会的分業」（『経済論叢（京都帝国大学経済学会）』第五三巻第五号、昭和一六［一九四一］年一一月）を投稿した。田杉は、「我国中小工業……下請制工業がその発展を如何なる事情に負ひ、また経営形態として如何なる本質をもつかについて……必ずしも学会に意見の一致を見ない」と研究動向を紹介したうえで、小宮山琢二の問題提起が「昭和十三四年ころまで……設備拡張に伴ふ危険を中小工場に転嫁せしめんとする大工場の意図が発展の直接の契機であり、同時に下請工場の低生産費を利用した事を認めるがゆえに、『産業資本の商業資本的充用』（藤田敬三の主張―引用者注）を全く否定するものではない。また中小工場の従属性もこれを認める」と評し、藤田・小宮山論争をつぎのように結論付けている。

「小宮山琢二氏の研究によれば、『範疇としての下請工業』は生産の主導者として大工場をもち、親工場と下請工場とは生産工程上に有機的関係にあり、従って両者は互ひに社会的分業（小宮山琢二『日本中小工業研究』―引用者注）をなしていると云ふ。我々もまた小宮山氏とともに下請制工業に於ける親工場と下請工場とは社会的分業を形成するものであって、しかも機械化の進行と共に或る生産部門では機能を喪失したる問屋制工業に代って、大工場が中小工場の生産力利用を行ったと見るのである。……大工場と中小工場との生産上における分業―補完関係が下請制工業と共に起ったことは明白であり、両者の間における社会的分業は益々将来の展開を予想せられるが故に、この資本的性格を強調して下請制工業を商業資本的本質を有するものと定義し、たとひ主導者は大工場であろうとも本質的には問屋制工業と異ならないとする論者には賛し難いのである。」

田杉の指摘は適格であった。日本の下請制度論は現在まで継承されてきた。それが前近代的であるか、それとも社会的分業の経済的合理性を持つのかどうかは、市場経済（資本主義経済）の下で、企業間の支配従属関係をどうみるか、である。それは諸アクターの経済合理的行動の本質論でもある。結論的には、資本出資の関係の有無にかかわらず、中小工場の大工場への従属は、最終製品市場での大企業の支配力に起因する。最終製品市場にアクセス上の有利性を保持する大企業は、その機会の確保が困難な中小企業を利用できる。

中小企業にとって、一部の加工や部品を一般市場で販売することは難しい。部品の独立供給者としての存立基盤をもたない中小企業にとって、発注側の仕様に基づく部品や加工は市場性をもたないことで特定取引に固定化される。高度な専門技術をもたない限り、その価格交渉力は脆弱である。

そうしたなかで、独立形態の中小企業の特徴は、下請加工から最終製品市場へ自社製品を直接販売できる方途を確立できた点である。これらは、下請加工を通して自社技術のノウハウや特許を確立させ、多数の需要先を確保した企業群である。わたしの調査での典型事例は、いずれも圧倒的に技術力を高めた企業である。下請企業が目指すべきは、資本蓄積を通じた自社製品の開発や加工技術などの向上にある。しかし、それはしばしば不公正な取引条件の存在によって阻害された。

「支払代金遅延等防止法」（昭和三一〔一九五六〕年に制定、その後も度々改正）の制定は、発注側の経済的優位性の下での不当な支払条件の是正にあった(*)。同法の目的（第一条）には、「支払代金の支払遅延等を防止することによって、親事業者の下請事業者に対する取引を公正ならしめるとともに、下請事業者の利益を保護し、もって国民経済の健全な発展に寄与すること」とある。親事業者が資金繰りを楽にするため、振り出す約束手形の検収期間や手形サイトを意図的に遅らせることの是正がはかられた。わたしも不況期の下請実態調査で、手形サイトの延長をしばしば確認した。なかには、日本を代表する大企業も含まれていた。これは明らかに不公正な取引である。この是正なくして、日本経済の健全な発展が望めないのは自明だ。だが、現実には、遵守されなかった。

＊制定過程については、寺岡寛『日本の中小企業政策』有斐閣（一九九七年）を参照。

同法は、当初、製造品を念頭においた。その後の改正でコンピュータ・プログラム、デザインなど「情報成果物」が付け加わった。同法には下請代金の支払期日は、「六〇日の期間内において、かつ、できる限り短い期間内において、定められなければならない」（第二条の二）とある。親事業所の支払代金遅延の罰則については、「下請事業者の給付を受領した日……から起算して六〇日を経過した日から支払をする日までの、その日数に応じ、当該未払金額に公正取引委員会規則で定める率を乗じて得た金額を遅延利息として支払はなければならない」（第四条の二）と定め、取引に関する書面交付をしなかった場合や虚偽報告は、「五〇万円の罰金に処する」（第一〇条）とされる。

工場制下請工業にはなしをもどす。田杉の指摘のように、工場制下請が普及したのは、軽工業分野から兵器生産の重工業分野へと、日本の産業構造が大きく変わる戦中期であった。軍需生産体制の強化は、米国ではもっぱら巨大企業を中心に行われた（＊）。日本やドイツでは、中小工場と大企業との協力関係の下で、軍需生産体制が編成された。そこに彼我の相違があった。とりわけ、日本では、大企業の内製生産比率の引き上げは短期間では困難であった。軍需生産体制の早急な確立には、部品や加工で、中小工場を活用せざるを得なかった。戦時期の中小工業の状況、とりわけ、下請関係の進展をみておこう。

＊詳細は、寺岡寛『アメリカの中小企業政策』信山社（一九九〇年）を参照。

第二次大戦下の軍需生産体制は、各国の産業構造を変えた。共通点は、政府主導の民需制限の下での重工業化の促進であった。経営資源の統制政策が優先された。

米国では軍需生産は大企業を中心に進展し、日本やドイツでは大企業や軍工廠の下に、中小工場が動員された（＊）。当初、米国は、欧州での戦乱に巻き込まれることを忌避していたが、昭和一五［一九四〇］年、ドイツがフランスを降伏させ、以後、日本の仏印進駐の動きが加速した。日独伊三国同盟締結の翌年、米国は

「武器貸与法」により英国などへの軍事援助を始めた。昭和一六〔一九四一〕年末の日本の真珠湾攻撃を契機に、米国は第二次大戦に参戦した。米国大企業の経営者たちは連邦政府の産業動員計画に参加し、民需制限と重要戦略物資の重点配分（物資統制）に関わる。真珠湾攻撃の翌年、戦時生産本部（War Production Board）が新設され、米国は本格的な軍需生産体制に移っていく。これは大企業中心の生産体制であったため、物資制限の影響を受けた中小企業者からの反発もあり、地方で連邦議会による公聴会なども開催された。だが、結局、大企業中心の生産体制は大きく是正されなかった。中小企業の軍需転換や発注増のため、政府の国防諮問委員会（National Defense Advisory Commission）に中小企業局（Office of Small Business Activities）が設けられ、中小企業への発注促進がはかられた。また、中小軍需工場への資金助成などを担当する小規模工場公社（Smaller War Plants Corporation）が設立された。この動きは、戦後の米国中小企業庁（Small Business Administration）設立への流れとなった（＊＊）。

＊詳細は寺岡寛『ドイツと日本の比較経済社会学―もうひとつの日独比較論―』信山社（二〇二〇年）を参照。
＊＊詳細は寺岡前掲書を参照。

2　満州建国に関わる華北工作や昭和一二〔一九三七〕年七月の盧溝橋事件をへて、宣戦布告なき日中戦争が起こる中、日本の軍需生産体制は創始され、米国との太平洋戦争によって本格化した。真珠湾攻撃の前年（昭和一五〔一九四〇〕年）、近衛内閣（第二次）は「経済新体制確立要綱」を閣議決定する。目的は、「国防国家体制」下の軍備の充実と国民生活の安定にあった。そのための「企業体制」は、「民営を本位とし国営及国策会社に依る経営は特別の必要ある場合に限る」とした。「中小企業」については、「之を維持育成す但し其の維持困難なる場合に於ては自主的に整理統合せしめ且其の円滑なる転移を助成す」とされた。だが、戦局の悪化とともに、国家による統制は強まる。物資不足の下で、中小企業の転廃業が急速に進展した。軍需増産のため機械・金属関係の中小企業は、大企業の下に再編成された。

「生産力拡充」のための「物資動員計画」の前史としては、大正七〔一九一八〕年四月に「軍需工業動員法」が、六月に軍需局官制が公布された。軍需局は、その後、内閣統計局と統合され国勢院となり、新たに資源局が設けられた。武器製造には、物資確保が不可欠であった。

第一次大戦下、ドイツ駐在武官の石原莞爾（一八八九〜一九四九）たち陸軍軍人は、ドイツの物資動員制度を研究していた。軍需工業拡充のための戦略物資である鉄鋼、石炭、人造石油、金属を確保する目的で、満州での重要物資生産が計画された。その後、日中戦争の拡大とともに、軍需物資調達のための統制政策が必要となった。戦時経済体制のために、政府へ全面的統制権を与える「国家総動員法」が昭和一三〔一九三八〕年四月に公布、それまでの「軍需工業動員法」は廃止された。

「経済新体制確立要綱」の前年には、「生産力拡充計画要綱」が閣議決定されていた。その「生産力拡充計画案」では、必要原材料や資本財を欧米諸国から輸入しうる前提で戦争準備期間の生産力拡充を計画していたが、米国からの石油や屑鉄などの輸入の途絶、米国の制海権確保、ドイツなどからの工作機械等の輸入途絶を想定して、生産力を拡充することが求められるようになった。まもなく、軍部主導の政府は、「物資動員計画（物動）」の計画と実現の乖離に直面する。

昭和一七〔一九四二〕年六月のミッドウェー海戦の敗北以降、海上輸送の制約が強まった。米海軍の攻撃による輸送船の喪失は大きかった。造船業界では、鉄などの資材が入手困難となった。海上輸送力の確保のため、国内で調達可能な木材による小型木造船が建造された。前章で取り上げた松原頼介が鉄鋼業から木造船事業に進出したのは、こうした背景からであった。頼介以外にも、多くの経営者が木造船事業に乗り出した。だが、木製船体は製造可能であっても、エンジンが不足した。昭和一八〔一九四三〕年一〇月には、「統制会社令」と「軍需会社法」が公布される。翌月には、商工省と企画院を統合した軍需省が設立され、軍需生産への政府（軍部）の直接関与がはじまったが、軍需品の製造はひっ迫した。

軍需物資優先の下、国民の日常品の生産や流通に関わる中小企業の存立は困難となった。輸出・輸入に関わる中小企業も、「国家総動員法」に先立って公布された昭和一二〔一九三七〕年九月の「輸出入品等臨時措置法」により、大きな影響を受けた。翌昭和一三〔一九三八〕年からは、政府は「商工省令」で統制品目を拡大させた。

昭和一四〔一九三九〕年、政府は中小企業の転廃による失業者に対して、厚生省に中央失業対策委員会、地方に失業政策委員会を設置した。その後、政府は「転業対策要綱」を決定し、商工省に「転業対策部」を設けた。経営者は商工省が、従業員は厚生省が所管した。

商工省は、「中小商工業転換資金」制度、下請受注の斡旋、転業技術指導、共同設備の補助、転業に関わる商工相談所の設置、満州などへの移住助成などに関わった。下請斡旋の事務所は、海軍工廠のあった呉や横須賀のほかに、東京、大阪、名古屋、九州の小倉、佐世保、舞鶴に設けられた。しかしながら、転業後も物資不足の制約はますます厳しくなった。事業の存立は困難となり、やがて、事業の整理・統合という課題に直面する。政府は、「経済新体制確立要綱」で掲げられた「維持困難なる場合に於ては自主的に整理統合せしめ、且つ其の円滑なる転移を助成す」ることになった。以降、業種別に「企業整備要綱」が出された。

他方、武器生産に不可欠な機械・金属分野では、昭和一六〔一九四一〕年二月に「整備方針」が決定され、指定工場制度が設けられる。軍工廠や軍需関係の大工場に部品等を供給できる技術力や設備をもつ中小企業が指定された。

金属不足の下、陶磁器業界にも軍用代替品の製造が軍関係者から要請された。東洋陶器（現TOTO）の『社史・TOTO一〇〇年史―一九一七〜二〇一七―』（二〇一八年刊）によれば、同社が加入する日本陶磁器工業組合連合会（現一般財団法人日本陶業連盟、以下、日陶連という）は、昭和一一〔一九三六〕年、官選理事長が就任することになり、「それまでの自主的な統制団体から急速に国家の直接統制の機関へと変貌していった。……国の物資動員計画に基づく陶磁器原材料の輸入権とその配給権をも握るものとなった。」陶磁器に必要な各種金属―鉛、酸化コバルト、水酸化アルミ、珪酸ソーダ等々―に加え、燃料の石炭が入手困難となった。

東洋陶器も、「遅かれ早かれ、労働力・物資・受注など各面で統制経済の影響が深刻化することを予想し、その対応に苦慮した。」男性社員が戦争に応召され、女性社員の比率が高まった。陶磁器業界に対して、商工省は、「陶磁器工業整備要綱」を通達して、生産は「直接間接に軍備品の増強に関連のある時局関係製品に重点をおく」ことを求めた。輸出の衰退と戦時体制強化の下で、昭和一八〔一九四三〕年二月をもって食器製品は生産中止となり、陸軍航空本部の指示により航空機用点火栓碍子や碍管などの軍需品へとシフトした。

ミッドウェー海戦の敗北以降は、原料や燃料の配給割当てに応じて、生産が各社に割り当てられ、計画生産の下で企業整備が進んでいった。東洋陶器は、陸軍航空本部から監督工場に指定され、縮小した衛生陶器部門の要員と学徒を動員して軍需部品の増産に取り組み、軍需省からも管理工場の指定を受ける。昭和一九［一九四四］年からは空襲も激しくなり、軍需局から工場疎開（分工場の設置）の命令を受けている。同社は福岡県の国民学校を疎開工場としている。工場は空襲を受けたが、被害は軽微であった。激しくなる空襲の下、工場をさらに別の場所へを移す計画中に、敗戦となった。

軍需生産体制下では、民需部門の中小企業は、物資統制の下で整理統合された。他方、軍需製品に関係の深い機械・金属分野では、軍需品への転換が可能であった中小企業が軍工廠や軍需関連の大工場の協力工場として存続した。しかし、戦局の悪化は、物資・資源の入手をますます困難にさせ、生産が停滞・縮小するなか、増産政策は、物資・資源の優先分配政策へと転換していった。「経済新体制確立要綱」の中小企業を維持育成する方針は困難となり、昭和一六［一九四一］年あたりから、機械器具工業の整備―整理統合―が行われた。昭和一八［一九四三］年六月、政府は「戦力増強企業整備要綱」を閣議決定した。第一種（繊維など）に分類された企業を整理し、その設備や労働力を第二種（鉄鋼、船舶、飛行機、機械など）へ転用する政策が打ち出される。同月「企業整備資金措置法」が公布、八月に商工省は「綿スフ紡績業整備要綱」を通牒し、綿スフ紡績工場の全面的転換が進められた。九月、政府は、航空機増産のための「工作機械に関する応急措置」及び、航空機生産を最優先する「国内体制強化方策」を閣議決定する。

戦局はさらに悪化する。政府が、重点工業―鉄鋼、石炭、軽金属、船舶、航空機―と関連分野への直接的関与を強め、管理監督せざるをえない状況になる。下請工場の選別と特定工場への系列化―協力工場―を推し進め、現在の言葉でいえば、サプライチェインに沿った軍事物資・資源の効率的利用と生産ラインの一元化をはかろうとした。

食糧増産も喫緊の課題であった。農村からの出征兵士の増加による労働力不足から、食料生産は低迷した。兵器生産にとって工作機械は最重要であるが、働き手不足を補う農業機器の増産も必要であった。石油発動機、脱穀機、籾摺機、耕運機、精米機は、昭和一五〔一九四〇〕年、あるいはその翌年あたりまでは増産されたが、商工省『工場（工業）統計表』で、農業機器の従業者規模別工場数をみると、「五〜九人」の零細工場が全体の半数以上を占めていた。「一〇〇人」を超すような大工場はわずかであった。農機具工場の製品は、国内だけではなく朝鮮・台湾・満州の農村へも移出（輸出）された。だが、昭和一三〔一九三八〕年の「鉄鋼配給規則」以来、鉄鋼の調達は困難となっていた。翌昭和一四〔一九三九〕年の「農機具用鉄鋼配給統制要綱」の下、地方の小さな工場の整理が進む。農機具の工場も、第一種指定工場と第二種指定工場に分類され、第一種指定工場へ資材が優先的に配給された。しかしながら、食糧増産に必要な石油発動機、脱穀機、籾摺機の生産は低迷する。

このように戦局悪化の下、中小企業は、多くの分野で転廃業など整理を余儀なくされた。重要産業指定の機械・金属分野でも、小さな工場の廃業に加え、ある程度の規模の工場も次第に整理統合されていった。商店も、商品の入手困難から閉店するところが多かった。だが、前章でふれたように、戦中に技術・技能を身につけた人たちのなかから、敗戦後、再び工場を立ち上げる創業者が出てくる。

産業のサイクルと経営史

1　中小工業研究史では、下請取引関係が重視された。この分野の研究蓄積は圧巻である。戦前、戦中と戦後の下請問題は共通するのか否か、連続かあるいは断絶か、が検討すべき重要な点とされた。

戦時下の中小工業の存立に影響を与えたのは戦時統制である。ここで、それに先立つ時期の中小工業の存立状況をみておこう。当時は、中小工業ではなく、もっぱら「小工業」が使われた。小工業とは家内工業であった。機械（器械）による工場生産が比重を増すのは大正期に入ってからであり、そのころから、小工業に代って、「中小工業」が登場する。「中小工業」は、機械生産を取り入れた小工業の発展形態である。大正期に入ると、日本の産業構造もそれまでの農業や農業に関連する食品、繊維、生活雑貨品に代わり、鉄鋼や金属、セメント、化学製品、造船や産業機械などの近代部門が発展し始めた。とはいえ、在来産業は一般国民の消費スタイルに密着して強い存立を保った。流通分野でも、モータリゼーションはまだ先のことであり、当時の写真をみてもわかるように、荷馬車、人力による荷車が使われ、この分野には多くの小規模業者が乱立した。

その後の日本経済の成長機会は、第一次大戦の勃発であり、欧州資本が強かったアジア地域への貿易拡大の機会が訪れた。日本の貿易収支は入超から、大正四［一九一五］年には出超に転じる。この傾向は戦争終結の翌年あたりまで続いた。結果、日本の正貨保有高も大幅な増加をみせた。大戦景気は日本の重工業化―化学、造船、鉄鋼・金属―を推し進めた。綿業―綿糸・綿布―の世界的地位も高まった。とくに、製糸業や綿織物などは資本設備費が少額で、労働集約的な小規模経営が可能であり、小零細業者も内需を中心に広範に存立しえた。大戦景気は財閥系企業の成長を促し、多くの新設企業も生み出した。資金需要も拡大し、好景気は東京や大阪など大都市の銀行のみならず、地方銀行を活況化させた。

また、大戦景気は、国内の地域別人口も変化させた。農村から都市へ人口が流入した。人口増の都市では、商業やサービス業が活況化したことで、技術・技能をもたない人たちも商店などに職を求めることができた。

好況下の賃金上昇による国内消費市場の拡大がこれを支えた。

しかしながら、その後の戦後恐慌は、戦中の水膨れした日本産業に冷水を浴びせた。それを象徴したのが綿糸相場の急落であった。生糸相場も急落した。株式相場も急落、低迷し始める。過剰生産のツケが回ってきた。戦後恐慌のデフレーションの下で、製造業では人員削減が行われ、国内市場も低迷し、商業・サービス業も苦境に立った。

第一次大戦後の状況を、さらに詳しくここで振り返っておく。死者一〇〇〇万人の大戦は、大正七［一九一八］年の一一月にドイツが連合国との休戦協定に調印したことで終わり、翌年一月にパリで講和会議が開催され、世界に平和が訪れた。日本関連では、朝鮮独立運動（三・一運動）の勃興、中国での山東問題をめぐる五・四運動の高まりがあり、国内では大正八［一九一九］年一月に、福井市絹織物組合が休機を決議、翌月には対米輸出拠点の横浜蚕糸貿易同業組合が全国の製糸業者に減産警告を発するなど、景気先行きに不安感が広がった。だが、その後、株式市場や商品市場に活況が戻り始めた。銀行の増資も盛んとなり、戦後ブーム（バブル）が到来した。大正九［一九二〇］年初、生糸相場は横浜生糸取引所開設以来の最高値を付けた。しかし、その二カ月後に、株式市場で大暴落が始まる。東京と大阪の株式市場は、混乱を避けるため二日間の休業に踏み切った。混乱は地方の株式市場にも飛び火して、休業を余儀なくされた。当初、商品市場への影響は軽微であったが、四月には深刻化し、米穀や生糸などの大暴落をもたらす。戦中の船腹不足で好調であった造船業も落ち込み、その後、海軍軍縮により長期の不況に入る。

紡績業界は操業短縮を繰り返し、生糸関係の倒産もみられた。それらの倒産の影響を被った地方銀行では取り付け騒ぎが起き、休業した銀行もあった。日本銀行は銀行救済のため、支払準備金特別融資を実施する。

銀行の合同（合併）も起こった。国内のデフレ不況に苦しむ商店からは営業税全廃を求める声が強まった。
追い打ちをかけるように、大正一二［一九二三］年九月一日に、関東大地震が発生した。大震災の日本経済へ与えた影響は甚大であった。政府は東京都、神奈川県、埼玉県、千葉県に戒厳令を出し、その後、「臨時物資供給令」、「日銀震災手形割引損失補償令」を交付した。被害を受けた中小企業の救済融資のため、同年一〇月、日本興業銀行は大蔵省資金預金部から一〇〇〇万円を借り入れ、臨時工業資金部を設けた。同行は大企業向けにも大蔵省資金預金部から借り入れ、大工業復旧資金制度をスタートさせた。だが、信用不安は収まらず、昭和二［一九二七］年三月、国会審議中の大蔵大臣の不適切な発言から、東京や横浜の銀行破綻の噂が広まり、取り付け騒ぎへと拡大し、この動きはやがて他の銀行にも波及する。昭和金融恐慌のはじまりであった。

日本銀行は市中銀行に非常貸出しを実施した。貸出額はわずか二日間で六億円を超えた。台湾銀行が神戸の鈴木商店への新規貸出を中止する旨を発表すると、信用不安はさらに深刻化した。四月になっても銀行への取り付け騒ぎは沈静化しなかった。政府は三週間にわたる「モラトリアム」（「金銭債務の支払延期および手形の保存行為の期間延長に関する」緊急勅令）を公布、即日実施した。さらに、政府は金融業界再編への介入―大蔵省による検査強化と銀行合同促進―を強める。日銀の特別融通措置は継続された。価格下落を防ぐことで利益を確保するカルテルが盛んになるのもこの頃である。綿糸や製糸関係、製粉、セメント、製紙、化学品などで、操業短縮が実施された。実業界は、信用不安の鎮静化に躍起であった。昭和三［一九二八］年五月には、日銀は特別融資を打ち切る。輸出促進のための金解禁が政府に求められた。以後、金解禁の是非、その時期論をめぐる動きが活発となる。浜口内閣の井上準之助（一八六九～一九三二）蔵相は、早急な金解禁に向けて緊縮財政政策を進め、昭和四［一九二九］年一一月二一日に「金解禁に関する大蔵省令」を発令した。同日、内閣に「産業合理化審議会」が設置された。翌月には商工審議会が「産業合理化に関する答申」を発表した。

金融業界で銀行合同が進められた一方、産業界でも、昭和五［一九三〇］年初からの金輸出解禁実施の下、国際競争力強化を意識した産業合理化がすすめられ、臨時産業審議会が設けられた。商工省には貿易局が新設された。前年一〇月のニューヨーク株式市場の大暴落―暗黒の木曜日―で、米国向け輸出が困難になり、生糸相場が暴落する。政府もその救済に乗り出さざるをえなくなる。生糸相場の暴落は、やがて綿糸、砂糖などにも波及した。日本国内の不況は、失業者増にともない厳しくなる。ちなみに、大正期から始まった「国勢調査」はこの年に第三回目が実施され、その際の失業者調査では、失業者数は全国で三二万人、東京市では約六・三万人と報告されている。

昭和恐慌の下、政府は、民間企業活動への介入を行う強制カルテル立法の「重要産業統制法」を公布した。銑鉄・綿紡績など一九業種が重要産業に指定された。こうしたなかで不況はさらに厳しくなる。政府は、東北地方の冷害・凶作もあり、苦境に陥った中小工業対策と並んで、農村救済に直面した。

金解禁政策は、昭和六［一九三一］年一二月半ばに再禁止に追い込まれた。この時期の産業合理化政策を振り返れば、狙いは大戦景気で水膨れした経営体質の強化にあった。大企業に対しては、経営合理化による経営体質の強化を、中小企業に対しては、「雑然とした群小工業を合理化すること」を目指した。中小工業の場合、合理化を進める以前に、金解禁後の輸出環境の厳しさから存立そのものが厳しくなった。とくに、綿織物、羽二重、絹織物の輸出の落ち込みが大きかった。当時の典型的な中小工業雑貨であった真田（麦棹・麻）、マッチ、ガラス製品、ブラシ、ボタンなどの業界も厳しい状況にあった。

中小企業にとって、資金の供給元である地方の中小銀行が破綻するなかで、新規借り入ればかりでなく、既存の負債の返済も含め運転資金の確保が直近の経営課題となっていた。当時の議会や政府への商工会議所からの請願書をみても、地方の中小工業の資金繰りは厳しく、公的救済資金の提供を求める声がほとんどであった。(*)この時期、地方での中小商工業問題は中小商工業金融問題でもあった。地方からの請願書（陳情書）のうち、青森市、弘前市、八戸市の商工会議所（商工会）が、連名で首相、蔵相、商工相あてに出したものを紹介しておく（『新編弘前市史』平成一三［二〇〇一］年刊）。

＊経緯等については、寺岡寛『日本の中小企業政策』有斐閣（一九九七年）、同『中小企業政策の日本的構図―日本の戦前・戦中・戦後―』有斐閣（二〇〇〇年）を参照。

当時、青森県下の農村は農産物価格の下落に苦しみ、商店は苦境に陥り、弘前銀行も臨時休業に追い込まれていた。「青森県中小商工業者救済に就き陳情書」（昭和七［一九三二］年一〇月）はつぎのとおりであった。

「我青森県下中小商工業者は、年来の深刻なる不況に加へて、一面には昨秋未曽有の大凶作並びに今夏の大水害に……昨年末突発的金融恐慌に遭遇して以来、未だに金融梗塞の域を脱するに至らす……政府は今回中小商工業匡救対策として、金銭に関し、又統制的諸施設に関し、夫々方策を発表せられたり、我等は一般的対策として必ずしも反対するものにあらずと雖も、死線を彷徨する。県下中小商工業に対する救済としては、実情に隔たるもの多々あるを遺憾とするものなり、殊に金融に関しては、新たに道府県損失補償制度の実施を勧奨せられたる点あるのみにして、融通形式、経由期間、償還期限等は依然として従前と同様なるに至りては、遂に又徹底と実行とを期する能はず、単に画餅的宣伝に止まり、……

是れ県下商工団は猛然覇起して、地方長官、県会並に市町村長の諒解を求め、同業者六万の連署を以て政府当局に向って至急救済的精神に立脚せる、徹底的低利資金貸付方法の断行を要望すべく、県選出代議士、県会委員、三市町村長代表並に、商工団体実行委員同道拝趨の上、陳情するに至りたる所以なり、……」

この陳情書から、当時の中小商工業の資金繰りの苦境が伝わってくる。

青森県に限らず、多くの農村地域は深刻な問題を抱えていた。とりわけ、養蚕農家は、昭和恐慌の下、その負債は厳しいものであった。たとえば、長野県経済は養蚕農家への依存度が高く、米国向け生糸の輸出によって成長を遂げた農家は金融機関等への借入依存度が高かった。それだけに、昭和五［一九三〇］年の春繭の暴落の長野養蚕農家に与えた打撃は大きかった。これは長野県からの満州移民が多かったことにもつながっていた。

2　中小企業は工業分野だけではない。むしろ、その企業数からして、もっとも多いのは商業（流通）・サービス業の分野である。商業―店舗、露天商、行商人、出張販売―の状況をみておく。

商業は資本障壁の低い典型的産業である。開業するにも、廃業するにも容易な産業である。小資本で開業でき、だれもが創業者になれる事業分野である。それだけに競争が厳しい。小さな商店の成長には、立地選択が大きなカギをにぎるのは、むかしもいまも同様である。商業は典型的な消費者近接立地型産業である。ゆえに、小資本で開業可能であるとはいっても、発展ポテンシャルの高い地域に進出・立地するには大きな資本を必要とする。また、遠方から集客するにはいろいろなサービスの提供も必要であり、やはり一定以上の資本を必要とする。そのため、商業史の基調を為すのは、立地や消費者サービスをめぐる優勝劣敗の競争史である。

商業の範囲は広い。卸売業（問屋）や小売業（商店）に加え、媒介斡旋業―ブローカー―、物品賃貸業、旅館業、下宿業、料理飲食業、浴場、理美容業、遊戯・興業、金融保険業まで含まれる。大川一司編『長期経済統計（労働力）』によると、商業従事者数は、明治一八［一八八五］年の約二二三一万人から漸増し、昭和一五［一九四〇］年には約三二九四万人と一〇〇〇万人ほどの増加となっている。当時の有業総人口比でも、その比率は高まった。

現在も小規模な事業体が中心である商業についてみれば、それは明治以前から日本各地で存立してきた在来産業でもある。そこには栄枯盛衰があった。明治以降の日本人の生活様式の変化の下で、在来製品を扱う商店の衰退があったものの、他方で洋製品を扱う商店の勃興があった。卸売・仲買業、小売業は商品の流通・分配に深くかかわってきた。同時に、卸売業は小売商への掛取引を通じて信用を供与する金融機能を果たした。また、商業は農村と同様に、都市における雇用の大きな場であり、景気変動の下での雇用の調節弁のような機能をもってきた。

経済学者の攝津斉彦は、大正期から昭和期まで、東京市の物品販売業の就業者数を『東京市統計表』や『東京市産業統計年鑑』から追う（「戦間期における中小小売商の雇用吸収と信用不安―『中小商業問題』の一側面―」『社会経済史学』第七二巻第二号、二〇〇六年七月）。攝津はつぎのように分析結果を示す。

「東京市旧市域における物品販売業店舗数の趨勢を見てみよう……関東大震災以後一九二九～三〇年にかけて停滞が見られる他は、一九三三年まではほぼ増加を続けており、一九三三年を節目に減少している。

これに対して工場数は恐慌期において一貫して増加しているが、工場従業者数は恐慌期の一九二九～三〇年間に減少した後、……大幅な増加を見せている。つまり、恐慌によって東京市の商業部門、工業部門はともに打撃をこうむったが、その後、物品販売業部門は工業部門と比較すると大幅に店舗数を増加させ、景気回復期にあたる一九三三年以降に急減、その一方で工場従業員数は一九三三年以降に大幅に上昇したのである。これらの変化は、不況期に雇用を吸収し景気回復には労働力の供給元となる……雇用の『緩衝機構』としての機能を、東京市の物品販売業が果たしたことを意味する。また不況期においても工場数が一貫して上昇しているところを見ると、中小商業経営だけではなく中小工場経営もまた同様の機能を担っていた……」

東京や大阪のような大都市圏では、人口規模が大きな消費市場を形成し、商業分野が工業分野以上に景気変動の雇用調節弁を果たしてきた。失業者は既存商店に職を得たり、小さな商店を自営したりした。攝津は中小小売商をつぎのように類型化する。

（一）商家型業種―資本金（大）、従業員（店員）、業態（専業）、仕入れ形態（掛）、開業・経営（要修業）

（二）雑業型業種―資本金（小）、従業員（家族）、業態（兼業）、仕入れ形態（現金）、開業・経営（容易）

資本障壁としての資本や技術は、商家型業種であっても工業と比較して低位であり、仕入れや接客の経験は実際に勤務することで得られるものである。これは将来の独立の際の大きな経験となる。他方の雑業型は、樋口一葉（一八七二～九六）の駄菓子屋開業を思い浮かべればわかる。生活苦のなか、筆一本で生計維持が困難であった一葉は、荒物・駄菓子屋を開業する。一葉は、駄菓子屋にやって来る子供たちを熱心に観察した。それがやがて小説「たけくらべ（*）」につながる。それまで、一葉に商売の経験などはなかった。子供たちの小遣いの範囲内で買える駄菓子を店頭に並べれば、駄菓子店開業となった。

＊『文学界』（明治二八〔一八九五〕年）の一月号から翌年まで断続連載された短編小説である。吉原遊郭の妓楼大黒屋の美登里と近くの子供たち―寺の跡取り、とび職の子、車夫の子―の生活を描いたはなしである。

一葉（本名・なつ）の父は東京府に官吏の職を得たものの、多額の借金を残して早くに亡くなる。一葉は、若くして家の長として借金を背負う。原稿料収入はわずかであり、駄菓子屋を始めた。当時は、駄菓子屋という言葉はまだ定着していなかった。事実、一葉の「日記」には、駄菓子だけでなく、鉛筆や紙のような文房具、各種日用雑貨品、子供向けのめんこ、人形、鈴などの玩具の仕入れが記されている。一葉は、開店の動機について、「日記」（明治二六〔一八九三〕年七月）でつぎのように書き記した。

「人つねの産なければ、常のこゝろなし。……文学は糊口の為になすべき物ならず。……いでや糊口的文学の道をかへて、うきよを十露盤の玉の汗に商ひという事はじめばや。……さざなみならぬ波銭小銭厘か毛なる利はもとめんとす。さればとて、三井三びしが豪奢も願はず。さして浮よにすねもの、名を取らんとに非ず。母子草のはゝと子と三人の口をぬらせば事なし……」

小さな商売ゆえに儲かりはしない。だが、母子三人がなんとか生活できればと覚悟して、一葉は店舗兼住宅を探した。「日記」には、龍泉寺丁（町）―現在の東京台東区竜泉―に「間口二間、奥行六間斗なる家あり。左隣りは酒屋……雑作はなけれど、店は六畳にて、五畳と三畳の座敷あり、……二円の敷金にて、月壱円五十銭といふに、いさゝかなれど庭もあり」とある。一間はおよそ一・八メートルであるから、幅三・六メートル少し、奥行きは一一メートルほどである。一葉一家は酒屋横の七坪にも満たないが、庭付きの小さな借家に落着いた。一葉は、翌月から「仕入帳」をつけている。当初は日用雑貨品が多かったようだ。やがて子供むけの菓子や玩具を多く扱うようになった。開店早々、「買ひに来たる子供あり」と日記に記された。「日記」には、「早朝、神田へ買ひだしにゆく。一昨日かひ来たりし半箱の風船の、昨日中に売り切れに成りしかば、さらに一箱もとめ……」と、神田あたりまで仕入れに行っていた。一日の売上額についての記述もある。たとえば、「此頃の売高、多き時は六十銭にあまり、少なしとて四十銭を下回る事はまれ也。……一日に百人の客をせざることはなし。身の忙しさ、かくてしるべし」とある。一日の売上額は四〇～六〇銭というところであろうか。東京銀座の木村屋が、このおよそ一〇年後にあんパンを一個一銭で売り出し大評判となる。いま、あんパンは一〇〇～一五〇円というところであろう。一五〇円で換算すると、売上額は六〇〇〇～八〇〇〇円あたりになる。仕入れ額や開業資金の借金返済を差し引くと、一家三人が生活するには十分な金額ではなかったろう。一葉は、この店をわずか一〇カ月で閉め、本郷の借家へ移る。その後、一葉は、小説執筆に専念して二四歳の短い人生を駆け抜けた。

荒物・駄菓子屋は、攝津の言う「雑業型」業種の典型であった。一葉に限らず、当時、就業機会が限られていた女性にとっては、家計補助的な役割も担った。一葉のような「雑業型」は、仕入れ資金面の制約もある。また、卸問屋との関係性も薄く、買掛金の与信枠も限られ、生業の域を出なかった。他方、「商家型」業種について、攝津は「解雇された店員が、自分がもといた業種に新規参入する開業パターンである。……『商家型』業種は相対的に雇用される店員の数が多いため、一店舗が廃業することによって生み出される失業者の数もまた『雑業型』業種と比較して多くなる。また、解雇された『商家型』業種の店員はその商売のノウハウを身につけているがゆえに、自分が修業を積んだ業種へのインセンティブをもつ」ととらえた。現在でも、この指摘は有効である。ただし、当時は、手形は普及しておらず、担保力がなく、銀行からの借り入れが困難な「商家型」業者の小売商は掛売にたよるしかなかった。掛売による信用供与が小売商の栄枯盛衰と卸売問屋の命運の大きなカギを握った。

先に、中小商業問題の特徴は、商業者間の競争の厳しさにあると指摘した。その後、百貨店の登場により、競争関係は新たな展開をみせる。さらには農村での産業組合（購買組合）の発展により、反産業組合運動（反産運動）と反百貨店運動が起る。

百貨店は、明治後期の大規模呉服店にその原型を見いだせる。第一次大戦後の反動不況期に、百貨店が扱い品目をそれまでの高級品から生活必需品へと拡大させ、町の商店と競合し始めた。小売業者からは、百貨店規制運動が起こる。大都市中心の百貨店が、出張販売―公会堂、物産館、商工会議所を会場とした―をしたことで、地方の小売業者にも影響を及ぼした。昭和に入り、電鉄系百貨店がターミナル駅に出店する。新たな消費者サービスとして商品券の発行、送迎サービス、家族向けサービスとして食堂や庭園の設置など、イノベーションを巻き起こす。当時、商店主は反百貨店運動を展開しながらも、自身も百貨店へ行くと揶揄された。百貨店は魅力ある買い物を楽しむ場を提供していた。

小売商は、百貨店規制のため、同業組合制度を所管する商工省への政治的な働きを強める。百貨店へ同業組合への強制加入を求めたのである。百貨店側も、対抗措置として百貨店協会を組織する動きをみせた。そのころに、従来の商業者と工業者の双方を組織させた同業組合に代って、商業組合と工業組合のそれぞれの設立が認められる。商業者と工業者を同一組合に取り込むには、双方の利害があまりにも異なったのだ。同業組合と、商業組合・工業組合は、自分たちの組合の立法化をめぐって対立した。とりわけ、同業組合関係者は猛烈な反対運動を展開した。紆余曲折の末、それぞれの分野の組合設立を許可する法案が成立する。

商業者からの反発の背景には、第一次大戦後の反動不況と関東大震災による消費低迷があった。さらに百貨店の登場で東京府でも商店の廃業が続いていた。また、当時、浜口首相暗殺事件、陸軍クーデター未遂、三井合名理事長暗殺事件、井上前蔵相暗殺事件、五・一五事件など、暗い事件が相次いでいた。不安定な政治情勢は、将来への不安につながり、国民の消費行動を抑えるものだった。消費不況は小さな商店だけではなく、百貨店にも影響を与えた。各政党は、不況下の小売商と百貨店側の対立を等閑視できず、政府に対して商品券への課税など百貨店の規制策を要求した。百貨店協会は自主規制を提案する。

商店と百貨店の対立は続いた。国会では、百貨店側の自主規制には限界があるとみられた。政党からは議員立法案として百貨店法案が提出される。政府も、昭和一二［一九三七］年、百貨店の営業を細かく規制する政府案を提出する。経済の先行き不安の下、満州国の成立によって満州への輸出が拡大していたとはいえ、世界的にブロック経済化が強まるなか、国内消費は低迷を続けた。もし国内消費市場が活況であったならば、小売商と百貨店の対立はそこまで激化することはなかっただろう。百貨店法が成立するころには、政府は、戦時経済を意識した国家総動員体制へと舵を切った。統制経済体制の下で、政府も物資不足を見越した商業者の動きを懸念し、商業活動への直接統制のあり方に関心を移しつつあった。

3　戦前の資本主義論争で留意すべき点は、農村である。産業としての農業への分析視点が重視された。工業化により、農村人口が近代産業部門へすべて吸収されるはずはない。むしろ、近代化のための資本蓄積を、前近代的とみられた農村の過剰人口で補完する構造が形成された。農村は、労働需給の調節弁として、好況期には工場労働者を送り出し、不況期には失業者や失業予備軍を吸収した。商業もまた都市の労働需給の調節プールとしての役割を果たした面があった。この傾向は、資本主義先進国とされた欧米諸国でも同様であった。この事実は、なにをもって前近代性と位置づけるかの再考を促す。

戦後の農村では、機械化や米価低迷で離農がすすむ。農村はかつての人口プールの機能を果たせなくなった。他方、商業やサービス業がそのような役割を担った。

通産省『商業統計』では、小売商は昭和六〇年代半ばあたりまでは増加したものの、この時期をピークとして減少し始める。業種別には、小売業の過半を占めた飲食料品の小売商は減少した。

飲食料品の商店は、敗戦後の復興期に食料品の配給統制が撤廃されると、戦地からの引揚者や就職の困難な人たちが小資本で開店できるため急増した。野菜、酒類、味噌・醤油、水産物などは昭和二〇年代半ばから、順次、統制が撤廃され、販売が自由になった。パンや麦類も朝鮮戦争勃発の翌年（一九五一年）には配給規制が撤廃された。前記『商業統計』のデータでは、酒・調味料、食肉、鮮魚、野菜・果実の新規開業数と比べ、菓子・パン小売業の急増が全国的に顕著であった。戦前来の駄菓子屋や荒物小売業、呉服・服地、乾物などの商店は、昭和二〇年代に減少し始めていた。その後、モータリゼーションの影響を受け、自転車店も減少した。

量販店が扱いを始めた卵・鶏肉、鮮魚、牛乳などの小売商、それまで急増したパン小売業も昭和六〇年代には減少する。家電販売店もスーパーや大型専門店の登場で減少した。現在では、ネット販売の浸透で、書籍・雑誌や化粧品の商店も減少している。

実際には、それ以前に減少傾向が顕著となった小売業分野もあった。小売商業の動態をみると、同業者間の優勝劣敗競争もあるが、その存立に影響を及ぼした要因としては、扱い商品の市場の縮小、量販店など異業種からの新規参入、大型商業施設の急速な拡大が考えられる。だが、根本的な要因は人口減少である。消費人口の縮小が顕著である地域は、多大な影響を受けた。

消費者が量販店で鮮魚、食肉、野菜・果実などを購入することは普通となった。全国チェイン展開の薬局やホームセンターでは、医薬品やＤＩＹ商品に加え、食品や日用雑貨品を扱う。小さな商店から構成された商店街や公設市場は、活発な活動を続けるところもあるが、苦戦するところも目立つ。他方で、小さな商店街ともいえるコンビニエンスストアが増えた。若い世代の購買行動は商店街を懐かしむ一世代前のそれとは異なる。消費スタイルが変化した。いまではインターネットの普及によるネットショッピングが定着し、日常生活品を扱う商店の転廃業も進んだ。新型コロナ禍の下での消費低迷がこの傾向に拍車をかけた。

中小企業史では、小さな商店は社会構造の変化を映し出す鏡である。商業は、資本の多寡により存立が大きく規定されるものの、長い間規制によって小さな商店が保護されてきた。米穀、酒類、医薬品の取り扱いは、新規参入が長く規制された。だが、米国政府の外交的圧力で、米国資本の大型店舗の日本市場への参入規制が緩和されたのを梃に、国内でも大型量販店の出店規制が緩和された。戦後ながく「食料管理法」の保護下にあった米穀小売業は、「食糧法」によって変容を迫られた。米穀流通は政府の管理から外れ、米穀取扱事業は許可制から登録制となった。量販店でも米の取り扱いが可能となった。いまでは米を量販店で買い求めることに、特に若い世代には違和感がない。経済産業省『商業統計』や農林水産省『農林水産年報』でみても、米穀小売業（販売）者数は、平成になってから急減した。

酒類小売業でも同様の動きがみられた。酒類の販売は戦時体制下で配給制となり、戦後も昭和二四［一九四九］年まで継続された。昭和二八［一九五三］年の「酒税法」では、酒類の販売を人口比による地区ごとの許可制とした。販売免許をもつ業者のみが販売を許され、新規参入が抑制された。これに対して、コンビニエンス業界は酒類の取り扱いを求めてきた。だが、規制の撤廃は認められず、酒店がコンビニへ転換することで、実質的な緩和が進んだ。以降、それまでの店舗間の距離基準や人口基準も順次緩和された。結局、規制は平成一五［二〇〇三］年に撤廃され、量販店や新規参入のコンビニも酒類を扱えるようになった。この四年後の平成一九［二〇〇七］年の酒小売商の数は、一五年前の半分以下へと激減した。

中小企業の転換と経営史

中小企業経営者を父にもつ米国の経営史家マンセル・ブラックフォードは、『アメリカ中小企業経営史』に取り組んだ動機をつぎのように述べる。

「アメリカは、他の国よりも経営文化を備えた国であるが、経営文化とこれら経営制度の研究は、それらのほんの一部が行われてきたにすぎない。経営史家や他の研究者は、彼らのエネルギーを主にアメリカにおける大企業の発展を解明することに費やし、中小企業を無視してきた。私は、本書がこのような不均衡を是正し、それによってアメリカにおける経営制度と文化と政治の問題についての理解に役立つことを望んでいる。」（川辺信雄訳）

事情は日本でも同様である。日本企業史は財閥史に象徴されるように、もっぱら大企業について書かれてきた。経営史といえば大企業経営史であり、地方企業についても中堅企業など一定規模以上の企業の経営史である。大多数の中小零細企業の個別史はきわめて少ない。中小企業は好不況のサイクルの下で、つねに転換を遂げてきた。一〇〇社いれば、一〇〇の個別経営史がある。

ブラックフォードは、米国の建国以来の二〇〇年間を通して、「植民地時代および建国の初期の時期、実際には一八八〇年頃まで、アメリカでは大企業はほとんど存在せず、中小企業が国家の経済的な発展の方向を決定した」とまえおきしたうえで、その後の一〇〇年の間の米国中小企業をめぐる変化をつぎのように要約する。

「長い間中小企業の砦であった小売業は、チェーン・ストアその他の小売制度からの競争に直面した。……大部分の種類の中小企業は、一九七〇年代に入っていくにつれてビッグ・ビジネスに対して経済的重要性が減少した。……これらすべての変化を通して、中小企業の経験において連続性をもつ諸要素も存在した。とくに製造業においてではあったが、同じように他の分野においても、最も成功を収めた中小企業は、市場ニッチに向けた専門化したサービスを創造することによって成功を収めたのである。このようにして、中小企業所有者は、ビッグ・ビジネスとの直接的な競争から自らの企業を守ったのである。」

ブラックフォードは、このように米国中小企業史を締めくくる。ブラックフォードの中小企業への歴史的アプローチは、「機能的アプローチ」である。米国社会に対する中小企業の果たす役割への着目である。中小企業の機能について、ブラックフォードはつぎのように整理する。

（一）「自分たちの社会経済的上昇の手段」—「中小企業所有者は、急速な個人の経済的上昇を求めるのと同様に、自分の家族のための快適な経済生活とともに、独立を求めてきた」、「金銭的動機以外に、個人の独立、家族の安定、地域社会との強烈な結びつきの達成・維持」。とはいえ、「一九八〇年代に、独立企業として活動している企業は相対的に少なくなった。……下請企業あるいはフランチャイズ店としてビッグ・ビジネスに従属するようになった。」

（二）「女性やマイノリティにおける企業の経営や所有の機会の創出」―「ビッグ・ビジネスにおいて、女性の中級あるいは上級管理者への昇進は、一九八〇年半ばに緩慢になった……女性は男性よりはるかに急速に新規企業を設立した」、「中小企業はまた大企業に比べて、そのライフスタイルに適合した子育てと職業のバランスをとることのできる柔軟性を女性に与えたと言える。」

（三）イノベーションの促進―「多数の中小企業（従業者五〇〇人以下の企業）からなる産業は、大企業による寡占体制にある産業より多くの革新を生み出している。……柔軟性のある中小企業は、しばしばビッグ・ビジネスに比べて自社の発見（あるいは他社での発見）を迅速に商業化することができた」―とはいえ、ブラックフォードはこの見方を全面的に肯定しているわけではなく、今後もそうであるかどうかには懐疑的なようにも思える。

これらの諸点では、（一）は日本にも共通する。だが、両国の社会的価値観は異なる。（二）については、多人種国家の米国と単純には比較できない。だが、男女機会均等の点で、日本の中小企業が前向きに進めるべき方向である。女性の就業問題への取組みなくして、日本の中小企業の展望はない。（三）は、歴史的にみて首肯できる。小さくても、短期間で急速な成長を遂げるベンチャー企業がなぜ米国で多いのか。今後の日本の中小企業のあり方を展望する上で重要な検討課題である。

ブラックフォードは、製造業分野の大企業と中小企業との関係をもっぱら優勝劣敗競争からとらえ、中小企業の存立分野はつねに大企業に浸食されてきたととらえた。だが、ブラックフォードは、連邦公正委員会の『工業センサス統計』の分析データに言及していない。子細に時系列的変化をみると、大企業への集中度が全般的に高まるなかで、中小企業はつねに新たな分野に活路を見いだしてきた。中小企業性の事業分野が一定市場規模に達すると、大企業や海外企業の参入を必ず引き寄せた。その都度、中小企業は、また新たな事業分野を見いだしてきた。(＊)その担い手が既存企業よりも、むしろ新規企業であることが米国の特徴である。中小企業の新陳代謝が、日本に比べて米国では明らかに活発である。

＊詳細は寺岡寛『アメリカ中小企業論（増補版）』信山社（一九九四年）を参照。

ブラックフォードは、大企業は中小企業と競合するだけでなく、日本の場合と同様に、外注・下請企業として中小企業を活用しているとする。しかし、取引条件については言及されていない。日本との比較では、全体として取引条件の公平さは担保されているとみてよい。ちなみに、日本企業で米国大手製造業者と取引関係にある中小企業の経営者にインタビュー調査をしたことがある。彼らは、契約時に取引条件の交渉の余地が大きく、同一部品の場合、日本企業向けよりも利幅が大きいことを指摘していた。これをどこまで一般化できるかはわからないが、一つの傍証にはなる。

また、ブラックフォードは、中小企業の存立分野は製造業から商業・サービス業へと移行してきたとする。日本でも同様である。とはいえ、米国でもチェイン・ストアや大型量販店、ショッピングモール入居企業の拡大によって、中小小売商が苦境に立つとみる。

日本では、米国とは対照的に、小売商は業種により保護されてきた。前述したが、当初米穀、酒類の取り扱いは許可制であった。量販店の出店も、昭和四八［一九七三］年の「大規模小売店舗における小売業の事業活動の調整に関する法律」（大店舗法）以来、規制された。だが、日本市場の開放をもとめる米国との日米構造協議をへて、平成一二［二〇〇〇］年に同法は廃止となった。結果、大型ショッピングセンターやショッピングモールの建設が相次いだ。規制撤廃後に、中小小売店の衰退は一挙に進んだ。

商業政策には、日米の中小企業政策に対する根本的な相違が反映される。それは、日米の社会・経済的規範の相違でもある。米国の場合、市場競争が企業と消費者に利益をもたらすという米国的な社会・経済的規範がある。必然、企業の自由な活動への規制は最小限にとどめることが求められる。競争制限は既存企業の先行利益を温存させ、新規参入を遅らせ、企業の新陳代謝も遅らせる。

市場での競争制限や規制では、日本の場合、昭和五二［一九七七］年に「中小企業の事業活動の機会の確保のために大企業者の事業活動の調整に関する法律」（分野調整法）が制定された。背景に、大手食品メーカーの豆腐製造への参入をめぐる、豆腐業界からの反発があった。同法第一条（目的）は、つぎのとおりである。

「この法律は、中小企業者の経営の安定に悪影響を及ぼすおそれのある大企業者の事業の開始又は拡大に関し、一般消費者等の利益の保護に配慮しつつ、その事業活動を調整することにより、中小企業の事業活動の機会を適正に確保し、もって国民経済の健全な発展に寄与することを目的とする。」

第三条には「大企業の責務」として、「大企業者、事業の開始又は拡大に際しては、当該事業と同種の事業を営んでいる中小企業者の利益を不当に侵害することのないように配慮しなければならない」とある。つまり、多数の中小企業が営む同種の事業への進出あるいは拡大の際には、大企業は中小企業の利益を「不当」に侵害することがないよう配慮する必要がある。この法律に、日米の政策の背景にある社会的・経済的規範の違いが明確にあらわれている。

なにをもって、「国民経済の健全な発展」とみなすのだろうか。「健全」とはなにを意味するのか。「国民経済の健全な発展」という表現は、きわめて米国立法的なものだ。米国占領下で制定された「中小企業庁設置法」の第一条（目的）には、米国的政策理念が色濃く残る。

「この法律は、健全な独立の中小企業が、国民経済を健全にし、及び発達させ、経済力の集中を防止し、且つ、企業を営もうとする者に対し、公平な企業活動の機会を確保するものである……」

米国の占領が続いた昭和二三［一九四八］年に、日本では「国民経済を健全にし、及び発達させ、経済力の集中を防止し、……公平な事業活動の機会を確保する」ための官庁として、中小企業庁が発足する。(*) 他方で、米国の中小企業庁は、日本より遅れること五年、臨時立法の「米国中小企業法」で設置され、その五年後の改定で恒久設置となる。(**) 同法には、まずは米国の「経済制度」の規定がある。基本は「自由企業」であり、自由企業の役割は「自由競争」の保持にある。

＊詳細はつぎの拙著を参照のこと。寺岡寛『日本の中小企業政策』有斐閣（一九九七年）、同『中小企業政策の日本的構図―日本の戦前・戦中・戦後―』有斐閣（二〇〇〇年）、同『中小企業と政策構想―日本の政策論理をめぐって―』信山社（二〇〇一年）。

＊＊詳細は寺岡寛『アメリカの中小企業政策』信山社（一九九〇年）を参照。

「米国中小企業法（U. S. Small Business Act）」冒頭の立法目的はつぎのようなものだ。

「私企業による米国経済システムの本質は、自由競争である。完全かつ自由な競争を通じてのみ、自由な市場、自由な事業参入、個人の自発性と判断力の発現と成長の機会が保証される。このような競争を維持し拡大することは、経済的な幸福（ウェルビーイング）だけでなく、この国の安全保障にとっても基本的なことである。このような安全保障と福祉（ウェルビーイング）は、中小企業の実際の能力および潜在的能力が奨励され発展されない限り、実現することはできない。自由な競争企業を維持し、政府の財産およびサービス（保守、修理、建設の契約または下請契約を含むこと等々）の購入および契約または下請総額の公正な割合を中小企業に発注することを保証し、政府財産の販売総額の公正な割合をこのような企業に発注することを保証し、国家経済全体を維持し、強化するために、政府は、可能な限り、中小企業の利益を援助し、助言し、支援し、保護すべきは、連邦議会の宣言方針である。」

米国では、法律は議員立法であり、政府が実行すべき中小企業への支援策は、議会の方針であることが明言される。米国の経済体制では、「完全かつ自由な競争」こそが求められ、「自由市場」、「自由参入」、個人の創意工夫による事業の拡張と成長の機会が確保される。中小企業の利益のためになすこととは、自由競争の確保である。また、中小企業は、米国社会の安全にとっても重視されるべきとされる。各地に中小企業が散在することは、国防上にとってのリスク分散とされた。他方、日本の「分野調整法」では、むしろ逆に、大企業の自由な参入が消費者の利益を損ねるとされる。

米国の政策理念では、自由な参入こそが消費者利益を含め国民経済の健全な発展を促す。これは、事前的かつ予防的措置＝調整を講ずることが政府の役割とされてきた日本の政策理念とは大いに異なる。典型は、行政指導的な政府の関与であった。政府の関与は、既存利益の一層のレント化を促し固定化させる。それは既存企業や新たな参入企業との間の競争を通じたイノベーションを阻害する。それに対し、米国では、自由競争の下で問題が起きた場合、事後の立法措置が前提となっている。

こうした政策理念の相違は、のちに日米貿易摩擦の外交交渉の下で顕在化し、企業の自由な参入を問題視する「大規模小売店舗における小売業の事業活動の調整に関する法律（大店舗法）」を廃止に追い込んだ。「大店法」は、戦前の「百貨店法」の流れの下で、昭和四八［一九七三］年に制定された。四年後に「分野調整法」も制定されている。これらは、日本の政策思想を考えるうえで興味深い。

米国側が競争制限立法の「分野調整法」を問題視したのは、豆腐やラムネなど米国資本に馴染まない業界ではなく、直接的には米国の大規模玩具店舗の日本進出が困難であったからだ。日本の玩具業界はそれまで町の小さな玩具店が主流であった。当然、国内の反発はあったが、外交が優先された。

「競争は企業の市場退出を促し、失業問題と社会不安を醸成させる。」この連鎖思考が、日本の政策思想の根本にある。比ゆ的に言えば、日米の相違は、農耕民と牧畜民の相違のようでもある。耕作地は、短期間で開発・拡大させることができない。牧畜はつぎつぎと新しい牧草地を求めて移動することで成立する。これはブラックフォードの中小企業史観の背景にもある。彼は、米国中小企業の経営史を、新たな産業での中小企業の興隆に期待を寄せて、とらえようとする。ブラックフォードの中小企業史観では、競争が既存産業での優勝劣敗競争を促し、中小企業は大企業優位となった産業分野から退出を迫られるが、他方で、中小企業が大企業優位ではないフロンティアの分野で開拓者となる可能性があると示唆される。この意味では、中小企業はつねに転換を求められる存在であり、それが米国経済の健全な発展を促すとみられている。問題は、このフロンティアが、つねに中小企業に開かれているかどうかである。

日本は中小企業の転換を、ソフトランディング的に緩やかにさせようとしてきた。米国はハードランディング的な優勝劣敗競争によって促そうとしてきた。そこに彼我の大きな相違があった。

改めて中小企業史をふりかえって、日本は米国からなにを学ぶべきか。一つめは、「自分たちの社会経済的上昇」のために起業し、その事業を成長させる意欲をもつ社会層の育成である。これを起業家精神というならば、以前と比べ萎えてきた。安定を求めて、大企業や役所への就職が優先される状況はその表れともいえよう。二つめは中小企業の担い手の問題である。ブラックフォードの指摘にもあるように、米国中小企業庁は女性経営者の資金調達面での差別問題に取り組み、女性が経営する企業に対する公的資金助成制度を設けた経緯がある。この点は、日本の中小企業が今後一層熱心に取り組むべき経営課題であり、政府の支援策も重要となる。三つめの点は、イノベーションに関わる。これについては、米国中小企業庁が一九七〇年代から強調してきた。従来の重厚長大的産業分野で大企業が優位に立つなかで、情報通信産業や新しいライフスタイルに呼応したサービス業分野では、多くのイノベーションが新たな企業によって生み出された。しかし、日本では、イノベーションの担い手としてベンチャー企業の存在が強調されすぎてきた。既存の多くの中小企業のなかにも、イノベーションを生み出す潜在性をもつ企業も多い。

米国にも、特定企業への依存度の高い下請型中小企業は存在するが、「卵をすべて一つのバスケットに入れる」リスクから、受注先の多様化をはかってきた独立型中小企業は多い。一方、日本の下請型中小企業の数は多く、それには専属下請型と浮動下請型があった。そうした下請型中小企業からの脱皮を目指して、独自技術を開発し、多様な受注先を確保して独立型中小企業となったところもあるが、その数は決して多くはない。

日本での中小企業のイメージは、大企業との関係で固定化されてきた。大企業がつねにイノベーションを生み出すわけではないし、長期間にわたって市場支配を継続できるわけでもない。しかし、大企業と中小企業の資本力の差は歴然であって、海外事業展開や規模の経済性は、資本力をもつ大企業において可能である。中小企業は限られた経営資源をやりくりできる分野をつねに探し求め、アイデアを事業化することで独立型となることができる。ブラックフォードが中小企業の展望で、この点を強調したことには共鳴できる。

新しいビジネスを、大企業の優位性が確立していない分野や未開拓の分野でつねに求めることが米国のスモールビジネス・ウェイであった。資本力の差が大企業と中小企業の分水嶺であると指摘したが、これは融資型の資金調達面では首肯できても、ベンチャーキャピタル面では異なる。米国では、一九八〇年代からベンチャーキャピタルの投資型資金調達によって、小さなガレージ創業者が世界的巨大企業へと成長した。アップル、マイクロソフト、アルファベット（旧グーグル）、テスラ、メタ（旧フェイスブック）は、いずれもベンチャーキャピタルの投資を受けて大成長した事例である。日本の中小企業経営者は、大企業との既存取引にこだわりすぎた。

一九八〇年代に、日本の電気・電子機器メーカーが米国市場のみならず、世界の主要市場を席捲し、米国メーカーは国内事業所を縮小し、アジアへ生産シフトした。産業空洞化の懸念が米国連邦議会や政府に広がった。その間、停滞する中西部諸州とは対照的に、情報通信関係の小さな企業がカリフォルニア州を中心に生まれ、やがて新たな産業の創成へとつながった。日本の場合、かつての世界市場を席捲した電気・電子機器メーカーの雄姿はいまや消え失せた。自動車産業を日本製造業の象徴とするが、電気自動車の登場により、世界の自動車産業の構図も大きく変わりつつある。

日本の家電分野の大企業の急落は、翼下の中小部品メーカーや加工メーカーに影響を及ぼしている。電気機器の完成品メーカーには、大別して関東の重電系メーカーと関西の弱電系メーカーがある。いずれも部品調達などで、多くの中小企業と取引関係をもってきた。重電系メーカーは、福島原発事故による原発事業の行き詰まりや、半導体ビジネスなどで不振を続けた。しかし、電力業が公益分野として政府の保護を受け、発電機器が手堅い市場となってきたことで、メーカーは高収益を確保した。この収益の下で、関東の重電系メーカーは半導体や家電部門の赤字部門を維持しえた。だが、その後、台湾メーカーの既存製品・部品分野での追い上げに加えて、新たな製品の投入により大きな苦境に陥ることになった。関西の家電メーカーも、液晶への過大投資による損失で、台湾メーカーの資本出資を受け入れざるを得なかった。新たな分野への進出が遅れた結果である。一般消費市場向けから事業者向けの製品への転換をはかる動きも活発化したが、韓国、台湾、中国、欧州諸国や米国などの競合メーカーとの競争には厳しいものがある。パソコンや半導体のメーカーも苦戦する。こうしたアッセンブリーメーカーの凋落は、取引関係にある中小企業に既存事業の再構築を迫ってきている。

技術革新は、既存製品の下のサプライチェインのあり方を変える。自動車産業でも、従来の内燃機関型のエンジンに代わって非内燃機関型の電気モーターが主流になれば、組み込まれる部品や部品点数も変化する。ピストンリングなどの内燃機関の構成部品、燃料ポンプなどの燃料供給部品、スパークプラグなどの吸気系部品、マフラーなど排気系部品は不要となる。代わって、電気モーター、インバーター、リチウムイオンバッテリー、車載充電器が主要部品となる。電気自動車（ＥＶ）への車載部品点数はエンジン車の六〜七割となると予想される。従来の取引関係―頂点の自動車メーカーの翼下に完成部品の一次部品メーカー、プレス部品などの二次部品メーカー、金型や素形材加工の三次部品メーカーが存在するピラミッド構造―も変容する可能性が高い。これまで自動車部品に関係がなかったような企業の参入も予想される。従来の階層的な供給構造を垂直型ピラミッドとすると、そうした構造が残存しながらも、電気モーター、インバーター、リチウムイオンバッテリー、車載充電器などサプライヤー水平分業型の構造も併存することになるだろう。

アッセンブリーメーカーの垂直的な階層構造に組み込まれた下請型中小企業には、コストダウン型のイノベーションのインセンティブしかない。これは、大企業と中小企業の双方にとって望ましくはない。これまでは、既存産業で価格と品質の競争力が問われ、部品などに特化した中小企業の存在は重要であった。しかし、産業構造が大きく変換し、新たな産業が生まれるときに重視されるべきは、事業の新規性に取り組む経営者の姿勢と意思であり、新規事業を可能にさせる創造力や技術力である。こうしたことに取り組める独立型の中小企業が大きな役割を果たす。イノベーションは、一方的な垂直的関係から生まれにくい。日本の戦後復興期から高度成長期には、こうした独立型中小企業から中堅企業が生れ、中堅企業から大企業が生れた。その時期は、下請取引の拡大期でもあった。中小企業史を振り返れば、中小企業→中堅企業→大企業の成功物語は減った。重視されるべきは小規模でありながら、独自の技術をもち、企業の大小にかかわらず、水平的な関係を維持する企業の存在である。

第三章　地域史としての中小企業

地方に蓄積せられていた財力や文化をつきくずして今日のいわゆる後進地域にしてしまった世の中の変化というものに私はひそかにおどろきの眼を見はるとともに、文化のあり方、政治のありかたなどはたしてこれでよいものであろうかどうかという疑念をもちつづけて来ている。

（宮本常一『日本の中央と地方』未来社）

たった一つの世代の間に、全人類の六分の一がまったく封建的で遅れた段階から、すっかり近代的に進歩した。そら恐ろしいような段階へと完全に移行した。

（C・ライト・ミルズ（伊奈正人・中村好孝訳）『社会学的想像力』筑摩書房）

1　地域資源の枯渇と再生とは

地域史のほかに地方史や郷土史ということばがある。太平洋戦争以前は、「郷土史」ということばがもっぱらであった。それは、どちらかというと国の発展に尽くした人物を輩出した土地のお国自慢であった。当時は、中央から地方をみる視点が濃厚であった。戦後は、郷土史に代わり、「地方史」が増えた。敗戦後の復興期から高度成長期へと差し掛かった時期に、『県史』や『市町村史』が登場する。人は地方から東京へ集まり、同時に東京が地方の経営資源を吸い上げ、地方と中央のアンバランスが加速され始めていたころである。地方では、自らのアイデンティティを確かめるように、地方史が刊行された。ときに、より広い地理的範囲の意味をもたせて「地域史」が使われた。

郷土史には、「上京」して功成り名を遂げた郷土の偉人が登場した。そうした人物の記念館(*)が各地にある。多くは作家、画家などの芸術家、研究者、政治家、外交官、社会運動家、教育家である。実業家の記念館もある。中小企業から大企業へと大きく成長させた人物が目立つ。中小企業家が地方史や地域史に登場することはすくない。中小企業は全国市場や世界市場ではなく、地域という市場にとどまった。しかしながら、中小企業ほど地域と深い関連をもつ存在はない。

＊詳細は寺岡寛「文化の経済社会論―地域と記念館との関係性をめぐって―」中京大学・企業研究所『中京企業研究』第四五号（二〇二三年一二月）。

薩摩藩士の前田正名（一八五〇〜一九二一）は、二一歳から二八歳までをフランスで過ごした。自費留学に近い前田は、日本公使館でアルバイトをし、その後は在仏の二等書記官として、また、フランス農務省でいまでいうインターンシップを通じて、欧州の産業事情を貪欲に吸収した。七年後に帰国した後、内務省勧農局、パリ万国博事務局、三田育種場で働いた。その後、パリ万博の現地事務のため再び渡仏した。万博終了後も内務省勧商局事務官としてフランスにとどまり、大蔵省事務官も兼任した。前田はさらに二年近くフランスに滞在し、帰国後、『直接貿易意見一斑』を政府に提出、意見を具申した。翌明治一三［一八八〇］年早々に、「物産調査」のため精力的に日本の主要地域を調査している。大蔵省勤務のまま、フランス総領事を命ぜられるが、多忙な日々をぬって、物産調査を行った。前田のような人材が少なかった明治初期では、兼任は特別ではなかった。結局、フランス赴任は延期となり、内国勧業博覧会の開催事務に従事することになった。

その後、前田は大蔵省や農商務省の書記官を兼任しながら、「欧州産業経済事情調査」へ向かい、一年をかけて英国、ベルギー、フランス、スイス、オーストリア、ドイツ、イタリアの産業事情を調査し、関連資料を収集して帰国する。明治一六［一八八三］年ころから、日本の産業振興の百年の計とする『興業意見』の準備に取り掛かった。地方の産業調査を行いながら、『興業意見』を取りまとめた。同書は、松方正義（一八三五〜一九二四）によってデフレ政策批判の部分を削除された上で、明治一七［一八八四］年に刊行された。前田のフランスへの興味は生糸や織物業の実態の把握にあり、フランス政府の保護育成政策、実業学校、商業会議所、輸出振興策の日本への適用可能性を探った。この点は『興業意見』で具体化される。『興業意見』の粗稿（未定稿）がまとめられた時期は、大隈重信（一八三八〜一九二二）の積極財政から松方正義の均衡財政への転換のころでもあった。農村は松方デフレの下で苦境に陥っていた。とりわけ、米価の下落はすさまじかった。他方で、農民への課税は厳しかった。

松方デフレは、成長し始めていた商工業に打撃を与えた。政府は地方産業へのテコ入れよりは、上からの近代産業育成に熱心であった。前田は、政府にあって、政府の中央集権化重視と地方軽視の近代化に真っ向から異を唱えた。『興業意見』の刊行に先立って、前田は「緒言」（明治一七〔一八八四〕年一月起草）で、「熟々（つらつら）思フニ我国ノ土地・人口ハ敢テ欧州ノ強国ニ遜（おと）ラザルナリ。而シテ維新前ヨリ幾千万金ヲ費シテ開明国ノ精度・文物ノ輸入ヲ務ムルモ、海外諸強国ト対等ノ地位ニ立ツコトヲ得ザルモノハ何ゾヤ」と問題を提起する。まずは、関税自主権の獲得、不平等を象徴する治外法権の撤廃が焦眉の急であるが、外国がこれに応じないのは「是レ対等ノ実力ヲ有セザルガ為メナリ」とした。そのための、前田の方策はいかにして日本の農工商を振興して、その地位を高めるかにあった。政策立案には、まずはもって、実態調査を通じて現状を知悉することである。前田のことばで紹介しておこう。

「日本ノ日本タルベキ目的ヲ達スルハ我ガ農工商ヲシテ強国ノ農工商ノ地位ニ進マシムルニ在リ。之ヲ為スハ如何。先ヅ我ガ農工商ノ地位ヲ詳細ニ知了シ、次ニ其将来ノ進歩ヲ図ルヲ要ス。是ヲ以テ余ハ案ヲ立テ草ヲ起シ、首（はじ）メニ我ガ農工商ノ現況ヲ延ベ其ノ原因ヲ究メ、次ニ内外ノ参考ヲ附シ、中ゴロ殖産興業ニ要スル精神ヲ論ジ、国力ノ現在ヲ察シ其将来ヲ考ヘ、終リニ興業方針ノ大意ヲ叙ス。」

具体的に何を立案・実行すべきなのか。『興業意見』で問題視されたのは、農村の疲弊である。いずれの地域でも農工商は「衰頽」し、「疲弊」が深刻であると報告している。農家は借金に苦しみ、抵当に入れていた土地を失いつつあった。地方の「人民ノ活計ヲ饒（ゆた）カナラシムルノ策ヲ立テサルヘカラス、活計饒（ゆた）カナレハ負債償却ノ道立ツテ貯蓄ノ饒裕生スヘシ」とした。前田は政策の順序を重視した。人民の活計を盛んにして負債を返済させ、貯蓄を促すのが先決であって、経済が活性化してから増税すべきことを主張した。経済が活性化すれば、歳入は自然に増えるものであり、そのあとに、「兵備ノ拡張」、「教育ノ普及」、「土木ノ工事」を行えばよい。それが、前田の基本的な政策優先順序観である。前田はいう。

「此順序ヲ考ヘス国ノ度合イ察セス、是モ急務ナリ彼レモ急務ナリトシ民力ノ養成ヲ後ニシ政務ト工事ニ力ヲ盡ス時ハ、人民ノ活計ハ益々困迫ニ陥ルヘシ、負債ハ益々カサムヘシ、何ノ饒裕アリテカ貯蓄ヲ為サンヤ、一旦非常ノ事起ルニ会ヘハ国益々困窮ニ陥ラン、将タ凶荒ニ逢ハヽ民能ク飢餓ヲ免レンヤ。」

明治新政府の富国強兵政策に対して、前田は農商工振興による富民強兵政策を打ち出したのである。『興業意見』の前半部分は具体的な政策の提示であって、後半には統計による検証が続く。地方の経済振興には、まずは生糸や茶など在来産業を政府の金融支援によって保護育成して、順次、他の在来産業の振興へと対象を拡大させていくのが前田構想であった。もし、前田の政策が実行に移されていたら、日本経済の姿は異なっていたであろう。

前田正名と同様に地方産業重視の姿勢をとったのは、民俗学者の宮本常一（一九〇七〜八一）である。宮本は中央重視の政策はやがて地方を衰微させるとし、生涯を通じて地方重視の重要性と必要性を説いた。宮本は、日本各地のいまの姿、人びとの仕事や生活、家族や地域共同体などをつねに歴史的な視点から捉えなおし、いまにどう生かすかを念頭に置いた民俗経済学者であった。昭和三〇年代後半から昭和四〇年にかけての高度成長の下で急速に変化する日本各地を歩き、写真に残し、多くの論稿を発表した。それらの論稿はのちに一冊の著作となった。『日本の中央と地方』（昭和四二［一九六七］年）である。著書には昭和三〇年代末の記述として「ここ二三年来は時間の許す限り、地方の小都会を見ようとしている。それも昔は栄えたけれども、今うらぶれている町に重点をおいている。さびれた町に古い俤（おもかげ）をもとめてなつかしがろうとするだけでなく、昔はいかに栄えていたか、それがいまなぜ衰えてしまったかということについて見極めたいと思ってのことである」とある。そう前置きしたうえで、地方が衰えた理由について、自身の分析結果を示している。

一つには、海上や陸上交通の要衝地が交通路の変更によって寂れたこと、がある。僻地の島の港町は、かつて「生産と物資の流通がみられ、かつ資本の集積のあったことは今一度反省検討して見てよい……はるかに進んだ文化が地方に存在している場合が多かった。」宮本は、地域の衰微は、人や物が交通路を外れ、地域に資本が蓄積されなくなったことに起因するとみた。とりわけ、離島については、交通路の変更だけではなく、「巨大な資本のために食いあらされることも多かったから」であり、離島にも、中央の文化と比較的容易につながるルートがあることで栄えることが可能であり、「いきなり後進地と規定するには多くの問題がある」とみた。このとらえ方は、中央集権化の弊害と解釈されがちであるが、宮本によれば、中央集権化とは東京と地方が直接結びつくのではない。それは中継地の県の行政力が強くなるのであると、説く。

「藩政が止んで府県政が実施せられると県の行政力が次第に増して来て、県単位に清算や経済の統制をはかるようになる。とくに第二次大戦を動機とする統制経済政策がこの傾向を助長した。そして僻地と中央都市との直接交易のルートをずたずたに切ってしまった。

離島などで消費する物資の大半はその県内の主要都市から供給せられることになり、離島は文化のうえからもまた経済のうえからも、中央からの末端に置かれることになった。後進性はこうして生れ出て来たものであった。……とにかく中央と地方の問題はもう一度正しく見直さなければならない段階にきている。」

丹念に、それぞれの地方史を掘り起こすと、いずれの地域にも活気があった時期があった。もちろん、すべての地方というわけではない。だが、活況を呈した地方には、宮本のいうように、人と物が集まり、あるいは通過することで、情報が集積されていた。そのルートこそが重要であった。江戸期、離島は大阪や江戸と海上交通で直接結びつき、大阪や江戸から商品とともに情報や文化が集積した。その刺激が地方文化と経済の発展を促した。人や物、そして情報は多くの中継地を経由することで、時間の鮮度が劣化するものである。宮本の見方は、今日的な意味では、地域が東京などの日本の主要大都市だけでなく、世界の地域と直接結びつくことで、経済や文化の活性化が促進される可能性が高められることを示唆する。管見でも、不況時に大企業との取引悪化から、思い切って欧米企業との直接取引の道を切り開いた中小企業が、その後、大きな発展をみせた例がある。そうした中小企業が増えることが、地方経済の活性化につながる可能性は高い。宮本の指摘は、現在も、地域の今後を考えるうえで、その重要性が失われていない。

前田正名と宮本常一の関係はどのようなものであろうか。前田は地方を重視した産業振興の先駆者であり、地方を疲弊・衰微させれば、中央集権化を政策的に推し進めても、国全体をやがて疲弊・衰微させることになると警鐘を鳴らした。前田の見方の是非を、半世紀後に宮本は日本各地を隈なく歩いて検証した。

日本を地勢的に振り返っておくと、まず日本は欧州各国のような大陸国家ではない。欧州には、長い間の戦乱によって外交的に決定された国境がある。その国境もしばしば変更され、人々が移動を強いられてきた歴史がある。他方、日本は島国のゆえに、海という自然が隣国とを隔て国境を形成してきた。陸続きの国境をもたない日本は、宮本のいうように、「僻地性を生じやすい国柄」であった。ただし、陸続きでなくとも、西南地方に住む者は海の向こうに隣国を意識できた。宮本は、この点にふれ、つぎのように指摘する。

「ただ西南日本の人たちだけが、海の彼方の世界を夢みていた。対馬の彼方にはるかに朝鮮の山々が見えるのである。……鹿児島の南の島々をたどっていくと大陸に達することも早くから知られていた。……第二次世界大戦に敗れるまで、長崎の人たちは東京よりも上海の方にはるかに親しみを持っていた。東京よりも上海の方がずっと近かったのである。同様に下関は東京よりも朝鮮との接触が大きかったし、門司には台湾の色と匂いが反映した。……そういうところにはさいはての感じはなく、さらにその向こうにひろがる世界のことが想像された。」

明治以降の近代化＝中央集権化の下では、外国文化伝搬の地方経由の道は細くなった。東京が総代理店化することで、それまでの地方のあり方が大きく変わる。宮本はつぎのように示唆する。

「高度な文化は一応中央に入り、中央を経由して全国に分布を見ざるを得ないような地理的条件におかれ……一方ではそのことが僻地をつくりあげていったのである。中央から遠ざかるにつれて中央の文化は行きわたりにくくなる。そして最も遠いところがもっともおくれてくることになる。中央政府が強化せられれば強化されるほどこの傾向がつよくなっていくものであり、民衆の眼の大半も中央に向いてくることになる。」

日本の場合、外国文化は陸続き国家のように、周辺を取り囲む隣国群を通して徐々に伝搬するものではなかった。外国文化は船で中央にもたらされ、東京や大阪を配電盤として、電力が分配されるように地方に伝搬した。

宮本の地方振興論の基本は、資本が中央に流出せず、地方に蓄積されることで地方の産業が起こされ、経済活動が活発化する「内発論」であった。そのためには、地方発展を担う人材をどのように地方にとどめるかが肝要となる。重要なのは地方の農商工業の発達なのである。宮本は日本の祭礼を調査してわかったこととして、「武士の行方と明治の政治―過大な教育投資の風は士族から始まった―」で、「城下町には祭礼らしい祭礼のあることがきわめて少ないことである。民衆を興奮のるつぼにするような祭礼は多くは城下町以外で行われている。……武家政治は民衆のエネルギーを極度に押える努力はしたが、これを爆発させることはしなかった。……武家文化が地方への定着性を持っていなかったことは明治以降の城下町の解体にうかがうことができる」と指摘する。明治新政府の要人の多くを輩出した諸藩のその後の姿を思い浮かべれば、なぜ、その後の停滞・衰微が起こったのかがわかろう。

人材の流出にその要因があった。これは、現在の東京と地方との関係に相似する。地方の若者が東京の大学へ進学し、勉学期間中は地方で活かされるべき資本は学資として東京へ流出する。学生たちは、卒業後、東京に滞留し、人材として地方へは還流されない。東北の地方銀行が、十数年前に、一八歳人口の流出入を検討した結果、自県の大学への流入人口よりも他地域―主として東京都―への流出人口が圧倒的に多く、学費と生活費の送金による他地域への流出額は、年間一〇〇億円ちかくと推計された。

宮本によれば、人材の流出傾向は当初、武士階級の子弟にみられたが、やがて「明治中期になると一般農民のうち比較的財産のある地主層や商人たちも見習うようになる。このようにして地方における経済的蓄財は子弟勉学の資として東京へ吸収せられて」いった。わたしの調査では、フィンランドでも同様に、ヘルシンキへの人材流出が起ったが、地方に特色ある大学が立地することで、日本のように極端な流出にはならなかった。日本は東京一極集中が際立つ。いまもむかしも、東京は政治、経済、勉学の中心として地位を高めてきた。これは地方から人・物・資金を吸い上げることで可能であった。地方から人が消え去り、資金など地域資源も枯渇し、やがて東京の発展にも制約がもたらされる。まさに、「一将功成りて万骨枯れる」である。正確には、「東京功成りて地方枯れる」である。日本でも国土総合開発政策が立案され、東京への一極集中是正の試みは行われた。だが、これが有効な政策効果を生んだのかどうかは疑問だ。集中是正の政策が行われていなければ、さらに過度の集中がおこなわれたという見方もある。

若者は地方を後にして東京へ向かい続けた。若者を東京へ引き付けたのは大学だけではなく、働く場としての企業の圧倒的な多さである。わたしは英国の地域政策史を思い浮かべてしまう。英国の場合、不況期にも拘わらず、人が職を求めて移動することが少なく、地域間の失業率の平準化が起こらなかった。日本の場合、大企業では、地域移動が社内移動（転勤）のかたちで起こりやすい。人の移動に関する日英比較は興味深い。英国政府は、職のあるロンドンなどへ失業者が移動しないことから、人でなく資本の移動で地方の失業対策をしようとして、企業に地方への再立地を促す税軽減や補助金などのインセンティブを与えた。日本の政策担当者もこの政策に気づいた。企業の再立地を促す企業分散政策である。しかし、効果はどうであったかというと、加速度がついた東京や関東圏への集中・集積効果を押しとどめることできなかった。日本では、中央集権化政策が成功しすぎてしまったのだ。加速を急に減速することは容易ではない。

さて、明治三〇年代以降に東京での勉学がどの地方にも広まった。親たちは息子たちの立身出世を期待して仕送りをし続けた。宮本は、日本各地の仕送り貧乏になった地域の実態を掘り起こしながら、この点をつぎのように指摘する。

「これらの金は地方に回収されるものであろうか。地方にとってはほとんど利潤を生まない投資なのである。……大学だけでなく、地方の高校を出たものも郷里にとどまる者はすくない。教育投資はそれぞれの家にとっては子孫の生活を安定させるものとして有利であろうが、地方にとっては決して有利な投資ではない。しかもそれを明治初年から今日まで繰り返してきた。

そうした端緒をつくったのが士族たちで、新しい時代に適応して生きるための社会的位置づけの努力の中から生まれてきた。そして農村や地方小都市における教育投資はそれ自体が農村の衰微に拍車をかけることになっている。」

地域資源といえば、人材、天然資源や物産などを思い浮かべる。しかし、重要な地域資源とは、人びとの感性や想像力など無形のものなのである。地方の発展を担うべき人材の流出は、地方にボクシングのボディーブローのように効いてきた。前述のように、前田は地方の在来産業をまずは発展させ、輸出を通じて資本蓄積を進め、そこから日本の近代化を促す二段階産業振興論を提案した。この順序が不可欠であった。前田構想は産業組合制度や金融支援制度など異なるかたちで実現したが、結果的には、地方産業の発展潜在性は低下し、それを蘇らせるには倍旧の支援を要することになった。それこそが、前田が忌避したかったことであった。明治政府が近代化を焦った一方で、農民は近代化のための課税で窮乏化し、農村工業を起こし発展させる気力を失った。自作農は小作農へと没落し、農村工業の資本蓄積の途を失った。そして、宮本もこの点を重視した。

「農民は別に地方税の負担もしなければならなかった。そうした税金によって経営せられた官営産業のうち造船所、セメント工場、ガラス製造所、諸鉱山などは次々に極めて低い代価によって民間へ払い下げられていったのである。それが日本の鉱工業の発達を促す動力になったことは認められるが、一方犠牲を強いられた農民たちに対して酬いるところはほとんどなかったと言っていい。」

前田が危惧していた通りになった。二段階論が優先されなかった最大の理由は、当時の日本を取り巻く国際情勢の厳しさであった。富国強兵の考え方の根本に、それがあった。

前田の指摘は、百年以上前だという古さを感じさせない。多くの指摘は、現在の問題点でもある。農民を中小企業に置き換えれば、それらはまさに現在の問題である。戦後の高度成長期は、一方で過密、他方で過疎の日本列島の姿が形成され、地域間の格差が見え隠れし始めた時期でもあった。地域間格差の是正は、「国土総合開発法」による「全国総合開発計画（全総）」の下で意図された。それは、昭和三七［一九六二］年の第一次計画から第五次計画までにわたった。第六次計画では「国土形成計画」へと名称変更された。全総の政策理念はいろいろな用語、たとえば「均衡ある発展」、「多極分散」、「地域の自立の促進」などで語られた。課題は東京一極集中の抑制であった。政府も計画にあたって、上からの画一的な実施に限界を感じ、「地域自らの相違工夫」による取り組みに期待した。だが、それを担う地域人材層はますます薄いものとなった。

2　離島問題にも深くかかわり、離島振興協議会の事務局長を務めた宮本常一は、離島の現状に日本の地方問題の集約をみていた。宮本は、当時、地方自治体の過熱化する工場誘致合戦にも疑問を呈し、地方を「国内植民地」にしてはならないと説いた。宮本は、「国内植民地―不利を承知で工場誘致に狂奔する地方政治家―」で、「地方のすべての人の眼が中央を向いている。……それが地方をして貧しからしめたのである」として、つぎのように当時の状況を伝える。長くなるが、引用しておく。

「依然として問題は外にそれてしまわれている。都市地域に工業をおこし、そこに地方に蓄積せられたエネルギーを吸収しさえすれば事足りるように考えてきた。それは戦前における政策―余剰人口を国外に送り出しさえすればよいと考えた態度と何ら変るところはない。

地方在住人口を、地方においたままでその地において生産エネルギーを爆発させるような政策はとれないものかどうか。現実には地方在住の民衆は自己の資本力にたよりつつ自己の資本力を興隆させるほどの力をほとんど失ってしまっている。（中略）……

工場誘致は戦後の税制改革からおこって来た現象である。工場誘致によって地方にも有利な就労の機会の生ずることは地方を活気あらしめるものとして喜ぶべきものであるかも知れない。また固定資産税がその町の財政を支えることになる。だが割安な労賃で労働者を雇い入れそれによって得た高い利潤は地元におちつくのではなく他へ持ち去られてしまうのである。そういうことを承知で地方政治家たちは工場誘致に狂奔するほど地方の資本力は枯渇しているのである。（中略）……

工場誘致だけではない。最近は観光設備に血道を挙げていることが少なくない。観光客が来さえすればその土地が発展するように考えてのことであるが、しかし観光施設ができて、地元の人でそこを利用し得るものは何人あるのであろうか。……観光客のおとす金は外部観光資本がもっていってしまう。

これらの現象は戦前に見られた植民地風景とどれほどの差があるのであろうか。……こうした国内植民地に対する検討や批判はほとんどおこなわれていない。同じ同胞ということによって力なきものの泣寝入以外に方法がないのである。……明治以来の政府の政策はまったく地方衰微のためのものであったと言っていい。」

現在の地域間の観光競争の現状も、宮本が危惧した時期の状況からさほど隔たっていない。経営ノウハウを欠いた地元資本のリゾート開発は頓挫し、全国展開する旅行業者などの大手資本へ開発利益は還流されてきた。工場誘致の終焉で、脱製造業の産業振興を模索した地方都市のロードサイドには、他地域と同じ全国チェイン店が展開し、中央へと利益は還流する。雇用面では、子育て中の主婦向けのパート職やバイト職が生れたものの、賃金は学資として中央へと還流される。地元のために利用できる資本をいかに蓄積するのかは、古くて新しい問題なのである。資金の還流システムが地方に形成されないかぎり、地元中小零細企業―自営業を含む―の発展経路は不鮮明のままである。

宮本の危惧は、洪水のような中央からの情報の流れが地方文化の芽を刈り取ることであった。また、地方から中央への人口流出が地方経済や文化のポテンシャルを低下させることを問題視した。宮本のことばでみておこう。

「今地方がもっとも必要としているのは人材であり、知識であり技能である。にもかかわらずその欠乏がもっとも甚だしい。仮に地方に工場が分散して低廉な労力は地元から吸収するとしても、会社の幹部になるような人材は地元から仰ぐことはほとんどない。この人間関係が是正されない限り、真の地方興隆、ひいては地方文化の発展をまつことはむずかしいのである。」

この指摘は、現在の地方の状況についても首肯できる。地域資源とは、まずは「人」なのである。人が地元に定着できるには、地元に資本―宮本のことばでは「地場資本」―が蓄積される必要がある。宮本は「国家投資の地方的な中心がいくつかつくられてよい筈である」として、「道州制」と政治の地方分権によって、「地方の自主的な力によって発展する対策のとられない限り、僻地性の解消はあり得ない」と強く主張した。慧眼であった。わたしもつよくそう思ってきた。地域を豊かにするシステムが形成されない限り、地域に密着してきた中小企業が一方的に地方経済を活性化できる保証などはない。

地域資源と中小企業の動態

1　農作物や動植物、鉱物など地域資源を活用して発展してきたのは、地場産業であった。日本の農漁村を広く歩いた宮本常一は、地域を豊かにしてきた産業の発展ルートを探り、地方の人たちの求めに応じ、いくつかの産業史論を残している。産業調査について、宮本は、『産業史三篇』（昭和五一〔一九七六〕年）でつぎのように語っている。

「私の調査はあまり計画的ではない。その初めは古老たちからの聞取りが主で、そのうちにそれをもう少したしかめるために古文書を見る。さらにその中に出ている記事をもとにして、そこに出ている遠隔の地をたずねていってみる。それもわざわざいくのではなくて、旅のついでにそこに寄って見るというような方法をとるので時間もかかり、時にいつの間にか調査の中絶することもある。」

宮本の足で稼いだ記録には、産業振興のヒントがいくつもある。宮本には、歴史と現状を踏まえた豊かな着眼がある。宮本の産業史論には、多くの地域を歩き、古老のはなしやその家に眠る古文書の解読を通じて、産業のルーツを探りあてた途方もない時間が投影されている。

長い歴史のなかでかたちづくられた地場産業は、地方産業の総称でもある。地場産業は、地方に集中立地する企業群の産業である。とはいえ、愛知県豊田市のトヨタ自動車や関連企業の自動車産業を、通常、愛知県の地場産業とは呼ばない。実際のところ、地場産業は、中小企業性業種であることが暗黙の了解概念となっている。

地方銀行員から中小企業研究者に転じた山崎充（一九三四〜九三）は、『日本の地場産業』（昭和五二［一九七七］年）で、地場産業の定義を試みている。

（一）特定地域に歴史的に形成されてきたこと（歴史性）。
（二）特定地区に同一業種の中小零細企業が集中立地してきたこと（産地性）。
（三）生産・販売が社会的分業体制を構築していること（社会的分業性）。
（四）地域独自のいわゆる製品であること（特産性）。
（五）製品市場が地域だけでなく、全国・海外市場向けであること（市場性）。

地場産業は、明治以前に産地形成され、原材料や気候など地域性へ依拠してきた。そこには、専門職人や農閑期の副業で、その地に伝承されてきた技術・技能がある。また、加工面などの社会分業体制も、地域内で形成されてきた。流通過程は、他地域の問屋との分業体制である。もう一つ特性を付け加えるとすれば、それは資本の地場性である。地元の問屋が前貸し的に資本を提供し、庄屋（名主）など豪農層も資本の提供者であった。宮本はこうした地方への資本蓄積を重視した。原材料にも地域性がある。和紙・同製品、竹細工、木製品、漆器、陶磁器、織物、筵、清酒などはこの範疇に属する。いずれの地場産業も、地域から採取される自然素材を利用し、加工技術は時間をかけて蓄積されてきた。

たとえば、和紙については、飛鳥・奈良時代には紙と並んで木簡が利用されていたことが埋蔵物からわかる。紙が高価であったからである。紙は中国から伝わってきた。多くは仏教の経典であり、それが写経され、やがて版木（板木）で紙に印刷された。その後、紙は国産化され、八世紀には日本各地で生産されるようになった。和紙の材料は、麻（ヘンプ）や楮（こうぞ）、カジ、雁皮（ガンピ）、三椏（ミツマタ）、竹、稲藁などであり、自然採取あるいは栽培できれば、どこでも紙を漉くことができた。紙は、当初は宮廷や寺院の文書に使用されたが、やがて庶民にも普及した。窓ガラスがない時代には明かり障子に利用され、貴族宅へ広がった。また、衣服としても利用された。油を塗布すれば傘にもなった。早くから美濃が主要生産地となったが、その他の地域でも紙は生産された。

紙の大量生産は近世になってからである。人や物が活発に移動すると、情報の移動も活発となる。情報は紙に記され行き来した。書物の普及もまた紙の生産を促した。商業の発達は、大福帳など帳簿類の需要を拡大させた。江戸期、各地で生産された紙が大阪や江戸の紙問屋へと集まった。各藩は紙需要の増大に目をつけ、藩の専売品にすべく楮栽培に乗り出した。

和紙の大きな転機は、明治維新後、洋紙が輸入され、それが国産化され、工場生産体制で大量生産されるようになってからである。和紙はすぐには衰微しなかった。だが、帳簿類が大福帳に墨書（毛筆）からノート型の帳簿にインクのペン書きになり、学校でも洋紙ノートと鉛筆が使用されるようになり、和紙の生産は衰微する。和紙は、現在では伝統工芸品となった。その担い手は大きく減った。

「和紙―日本の手漉和紙技術―」は、ユネスコの無形文化遺産に登録された。これは和紙産業の危機の裏返しでもある。担い手の高齢化と後継者の不足、国産原材料の枯渇は大きな課題となった。ちなみに、岐阜県の美濃和紙の生産者は、大正七［一九一八］年には約四八〇戸、約一八〇〇人を数えた。現在、その戸数は当時の一％をはるかに割り込み、担い手も〇・三％程度になった。

元来、原材料の楮や三椏が日本に自生することで、東北などでは農家の冬季副業として和紙を生産していた。いまでは原材料はタイからの輸入が目立つ。とりわけ、機械漉和紙では、タイ産楮が大きな割合を占める。日本産の材料と外国産の材料との価格競争は、栽培農家に厳しい経営を強いる。日本の紙消費量は、洋紙を中心に世界の上位を占める。日本の製紙産業は、海外からの原料輸入に依存し、木材の大量伐採を促している。他方、和紙は環境負荷の低い製品である。和紙の需要をどのように拡大させるかが問われている。学校現場で使用される書道用半紙は、中国からの輸入品が主流となった。和紙と環境を結びつける教育の普及が重要である。

和紙製造業の問題点と課題は、多くの地場産業に共通する。まずはもって需要の掘り起こしが必要である。兵庫県小野市の草刈鎌の工房を調査したことがある。江戸期から、草刈鎌工房の鎌の切れ味はよく知られてきた。だが、需要の低迷に苦しんだ。使い捨ての安価な鎌が売られ、研ぎ直し使える鎌の需要が縮小した。生産額は低迷し、後継者を育てる余裕がなくなった。ある工学部の教授が、工房を訪れ、伝統技術の断絶に危惧を抱き、後継者を育成するための最低年間生産量を訊ねた。経営者は年間一〇〇〇丁の数字を挙げた。教授は、行政などの金融支援ではなく、各地を訊ね、一〇〇〇丁の会を発足させた。経営にとって必要なのは一時的な金融支援ではなく、その市場を支える需要の確保である。このエピソードは、伝統技術の現代的な活用、たとえば、デザインや使用用途の多様化・多彩化だけでなく、市場の確保が重要であることを物語る。

2

東京一極集中については、これまでも是正・解消がはかられてきた。地方への工場誘致策はその一環であった。しかし、是正は進展しなかった。それが一層はっきりするのが、昭和四〇年代後半に経済成長率が鈍化し始めてからであった。成長率の鈍化は企業や人の移動のポテンシャルを低下させたからだ。企業や人の動きが鈍化した地方に何が残っているのか。そこで、地域の「地場産業」が注目され始めた。地場産業は、農村工業から発展してきた経緯をもつが、その農村自体が大きな変容を遂げると、地場産業はこれまでとは異なる概念で語られる必要があった。地場産業の新たな役割に、「地域主義」、のちには「町おこし」や「村おこし」が付け加わった。

先に山崎充の挙げる地場産業の定義を紹介した。それは地場産業に共通する属性へ着目したものであった。だが、その属性は、普遍的なものではない。地域の中小零細企業が担う産業という、緩い意味での共通項にすぎない。地場産業には、それぞれの産地の小零細企業のあり方が投影されていた。

「地」場産業と産「地」企業との違いは、当時、中小企業庁が実施した「全国地場産業調査」の結果にも現れていた。この調査に参加したわたしの経験では、地場産業には大別して、二つのルーツによる型認識があった。一つめは、〈農村産業→在来産業→地場産業〉の型、二つめは明治以降に輸入された洋風の日常生活品の国産化型、であった。後者は、生産は都市で行われ、都市型地場産業となった。

研究者の地場産業への論考は、昭和四〇年代半ば以降になり変化した。農村産業の衰退とともに地場産業が都市型地場産業に等値された。地場産業論は、都市型産業論や産地企業論となり、小零細企業論となった。地域が「都市」と「地方」に分けられ、地場産業は地域中小企業論として論じられようになった。昭和五〇年代には、そのような中小企業論の論稿が多く発表された。前述の山崎の地場産業論もこの流れに沿ったものであった。山崎の論稿では、立地特性から、地場産業は「都市型」と「地方型」に分類された。これは大雑把すぎる分類であった。大都市と地方小都市とを同一視はできない。ベンチャー企業論を展開した清成忠男（一九三三〜二〇二四）たちは、「大都市型」と「地方都市・農村型」の類型化を行った。ジャーナリスト出身で地域主義を唱えた杉岡碩夫（一九二三〜二〇一二）は都市型を「巨大都市型」、「地方中都市型」に分類した。しかし、これで、地場産業の地域性が十分に分析されたとは言い難い。

他方、地場産業の歴史的経緯について、山崎は「伝統型」と「現代型」に二分割した。清成は「伝統的在来型」、「在来化した外来型」、「変化した在来型」、「新興型」に細分化した。地場産業調査に長く従事した管見でも、現実の産業形態や企業形態を明確に区分するのは容易ではなかった。しかし、地場産業を製品市場から、「輸出型」と「内需型」に区分することは可能であった。実態的には、輸出環境の厳しさから、「輸出型」から「内需型」へと転換するケースもみられた。

こうした類型化の試みは、地場産業の実態の正確な把握のためであったが、途上国の追い上げへの政策対応が強く意識された。それは通産省や中小企業庁の推し進めた「地方の時代」の掛け声の下での、産地対策＝中小企業対策のためでもあった。

昭和五四［一九七九］年、「産地中小企業対策臨時措置法」が制定された。山崎の地場産業論の刊行は、その二年ほどまえであった。法律の制定は、多くの問題を抱えていた地域経済の活性化の、新たな担い手が求められたからである。結果として、政策的に地場産業へ期待が寄せられた。だが、そのころには地場産業の存立基盤が揺らぎ始めていた。山崎は、地場産業を「産地内完結型」と「非産地完結型」に分類していたが、この二つの類型間に変化が生じていた。地場産業でも、高度経済成長の終焉とともに、新たな製品開発や新しい素材の活用に取り組みはじめ、地域内での対応に限界を感じ、地域外へと飛び出す先駆的な企業も出始めていた。産地内完結型の分業体制へのこだわりを捨てた企業が生き残り、その対応が遅れた企業が停滞の兆しを見せ始めていた。

昭和六〇［一九八五］年のプラザ合意以降、日本の対外直接資本輸出と相まって、原材料の海外への依存度は一層深まり、国内外の市場で外国製品との競合が激化した。繊維、雑貨、金属など輸出比率の高い製品の産地の場合、輸出市場でのアジア製品との競合激化から内需転換をはかる動きもでてきた。他方、内需型のなかでも、先に取り上げた和紙、西陣織や加賀友禅、結城紬などの和装品に加え、漆器、タンスなどの家具、銅器、竹細工、陶磁器などの産地は、日本人の一層の「洋風化」によって需要の縮小に直面した。変化する経済環境の下、皮肉にも、脱地場産業の企業が「地場産業」として残った。産地の中心企業のなかには、海外事業を拡大させる企業もでてきた。「産地型」の前提であった地域内完結型の社会的分業が崩れてきた。また、地場産業といえば、製造業を前提にとらえがちであるが、流通に関わる様々な企業もそこには存立した。そうした問屋や商社の軸足が産地外、とりわけ、中国など海外諸国からの輸入へと変化した。

既述の「産地中小企業対策臨時措置法」における対象業種の指定基準としては、①中小企業性業種であること、②産地性をもつ業種であること、つまり、事業活動の特定地域への集中、③円高など経済情勢の激変の影響が大きいこと、が挙げられた。制定年に全国で七七業種、翌年に八六業種、翌々年には三五業種が指定を受けた。年間総生産額五億円以上―これ以下の伝統工芸型産業は指定外―の産地数が五五〇前後―業種別産地数は、「雑貨・その他」、「繊維」、「食料品」、「木工・家具」、「窯業・土石」、「機械・金属」、「衣服・その他繊維製品」の順―であることを考慮すると、三年間で全体の三分の一強の地場産業が産地指定を受けたことになる。地方自治体は、「産地中小企業対策臨時措置法」の下で産地対策を行うことになり、その基本計画が発表された。それら計画案は各産地横並び、画一的であったことは否めない。対策の概要は、①地元大学など研究機関との連携強化、②中小企業間の技術交流、③組合を中心とする新製品開発やデザイン能力の向上、④人材育成、⑤地場産品の展示、⑥情報収集などの強化、であった。地場産業振興センターが各地に建設されたが、平成になるころには、産地の停滞、衰微が一層目立ち始めた。産地の衰退とともに、産地というとらえ方も見なおされはじめた。

研究開発力などは個別企業の中核的競争力を為すものであって、経営力の異なる企業が加入する組合事業に元来馴染めない。わたしの調査でも、うまくいったケースを思い浮かべることはできない。その後、従来の産地に代って、「産業集積（産業クラスター）」が登場する。とりわけ、機械・金属製品、電子部品などは従来の地場産業概念の下ではとらえ難く、むしろ、産業集積型としてとらえられた。なかには、産業集積＝「企業城下町」型の産業もみられた。産業集積論では、産官学連携が重視された。実際、大学との連携強化は産地対策としてもとらえられた。

従来型の産地では、地場産業の概念とあいまって、同一産業の中小零細工業が工程間分業の下で、企業とはいえない内職層も含んで地域集団として存立してきた。刃物産地はこの典型であった。兵庫県の三木刃物、岐阜県の関刃物、大阪府の堺刃物の業界では、問屋、製品ごとの鍛造、プレス、研磨・水研、柄台類―柄鞘類―、溶接、メッキなどの業者が同一地域内に集中立地してきた。刃物には在来製品としての打刃物、明治以降に移植された抜刃物がある。この二つの刃物は、製造方法が異なることで製品種類も異なる。打刃物では、鍛造材料を下請加工する加工業者の数が多い。抜刃物では、プレス加工、鉄処理、研磨、仕組などの下請加工業者がいる。

三木産地では、製品によって鍛造技術も異なれば、目切や水研のやり方も異なり、多種多様な加工業者が存立する。製品ごとの問屋の数も多い。打刃物から抜刃物へと移行した関産地や堺産地では、鍛造工程に代ってプレス工程や研磨に関わる業者が増加した。いずれにせよ、工場内の各工程に相当する作業が異なる業者によって担われることで、地域が一つの加工工場のようである。堺はもっぱら包丁に特化したが、三木は多様な大工道具や作業工具などへ、関はそれまでの包丁からはさみ、ナイフ類や爪切り、缶切り、洋食器など多様な製品へと対応してきた。だが、どの産地も輸出環境の悪化、海外製品との競合などから、事業所数・従業者数ともに縮小傾向にある。

地場産業の栄枯盛衰史は、地域の活性化政策に再考を促す。そこには、今後に向けて学ぶべき多くの教訓と実践テーマがある。地場産業の各産地でも、個別企業や組合単位で、官民の協力の下にさまざまな産地振興が講じられてきた。大阪府の地場産業の一つであった服装（紳士服・婦人服）縫製業を事例としてみておく。わたしは、この産地診断調査に、平成四［一九九二］年に同僚二人と外部の中小企業診断士二名と参加した（大阪商工部『大阪服装縫製工業組合・産地診断報告書』）。組合の大半は「服装縫製問屋」（二次メーカーや商社からの委託により縫製を専門に行う下請け企業であり、縫製作業を賃加工で行っているために、加工単価決定の主導権が委託先にある場合が多い）であった。組合員二一〇社―紳士服・婦人子供服ともに大阪府下の事業所数は一〇〇〇を超えていた―を対象に、アンケート調査と個別聞き取り調査を行った。当時、大阪府服装縫製産地は事業所数、出荷額ともに全国第一位であった。その後、事業所数は東京都がトップになったが、都内での従業員確保が困難となり、栃木県や埼玉県などへの縫製発注が増加した。大阪府も同様の問題を抱えながら、調査時点ではその地位を保持していた。

安価な輸入品が増加するなか、発注先からの単価引き下げ要求が強く、それに対して生産性を上げ、適正な加工単価を確保するのが経営者の最大関心事であった。調査後の勧告では、①製品企画やデザイン力を向上させて、「委託加工形態から製造卸業形態への脱皮を検討」すること、②「付加価値向上の経営目標を明確にすること」、③「生産体制の効率化をはかること」が提案された。これに対して、経営者の経営問題認識は、①「従業員の高齢化」（全体の七八％）、②「人件費の上昇」（六九％）、③「縫製内容の高度化」（五六％）、④「機械設備の高度化」（五六％）、⑤「生産ロットの少量化」（四九％）、⑥「工場の狭小化」（三七％）、⑦「後継者の不在」（三六％）、⑧「管理者の不足」（三四％）となっていた。つまり、製品企画力やデザイン力を向上させるにしても、従業員の高齢化で勧告内容を担える新規人材の確保が困難であったのだ。「機械設備の高度化」のためには、高速度特殊ミシンや自動プレス機の導入、CADやCAMの活用が勧告された。そこでも、機械を使いこなせる人材の確保がネックであった。結局、課題は従業員の確保問題に収束する。

小規模になるほど、パート従業員への依存率が高く、従業員の平均年齢も高かった。主婦中心の臨時・パート従業員の定着率の低さも問題視され、正規従業員の採用と育成、そのための「労働条件の改善」が勧告された。しかし、そもそも勧告案を実行できない状況に、問題があった。それは、大阪の縫製産地だけの問題ではなく、各地の地場産業（産地型業種）に共通した課題であった。その後、従業員の高齢化のみならず、経営者自身の高齢化と後継者不足で産地の存続はますます困難となった。設立当初、八〇〇社ほどの組合員がいた大阪服装縫製工業組合も、産地診断調査時の平成四［一九九二］年には二一〇社、現在は四〇社ほどへと縮小した。

産地の国際比較を若干しておく。たとえば、欧州の造船産地の衰退史では、産地企業から、造船・関連業の集中立地が消え去り、専門型の企業が残った。残った企業は技術力や技術開発力の高さゆえに、世界各国の造船所と取引関係をもつ。単独あるいは合弁を通じての海外での生産や、自社設計の海外生産委託品を通じて、小さいけれども世界的な企業へと脱皮した企業群がある。こうした企業の誕生は、他の企業の脱産地の動きを加速し、それらと取引関係にあった零細企業層の廃業や転業を引き起こす。その結果、特徴ある競争力を維持・強化した企業だけが残った。

「産地」の意味も大きく変容した。業界によっては、業種別組合の存立意義と意味も変わってしまった。わたしがよく知る事例として、雑貨関係の組合のケースがある。組合理事長には売上規模の大きな企業の経営者が就任するのが通例である。そうした企業は多様な事業の展開を行うことで生き残り、雑貨関係の製品は、実際には、事業全体の一部に過ぎない。皮肉にも、理事長の経営企業は脱雑貨業の事業展開をすることで組合にとどまった。

製品にはライフサイクルがある。従来型の製品に代る新たな製品が生み出されるか否かで、産地の栄枯盛衰が一層はっきりする。注視すべきは、同一産業分野の企業が集中立地することで派生する外部効果が、何を生み出すかである。この視点の下で、一九九〇年代と二〇〇〇年代に、フィンランドの一〇カ所近いサイエンスパークに立地する「産業クラスター」を調査した。明らかになったのは、同一分野の同じような企業の産業クラスターと、同一分野でも多彩な技術力をもつ企業の産業クラスターの差異である。多様な企業の存在こそが、産地を活性化させていたのである。電子機器・電子部品、自動車・自動車部品といった製品別ではなく、エネルギー、環境保全、医療・保健、バイオ等々というやや大きな範疇からみて、多種多様な企業が集積しているかどうか、がカギを握っていた。たとえば、バイオ関連企業の集積産地である、フィンランド西南部のトゥルク市では、医療・薬学から食品加工、関連検査・分析機器、システム開発等々の企業が集積し、基礎研究から、事業開発、生産、流通、法務まで多彩な企業とその人材の地域内ネットワークが組まれていた。その範囲は、生産だけに関わる分業体制とは大いに異なる。地域内人材ネットワークによって、企業が新たな起業を生み出すメカニズムが形成されている。新しい産地という概念があるならば、こうしたネットワークが形成されているのかどうかが、今後の産地の活性化を運命づける。

第一章で多摩川精機を紹介した。同社は戦時中に、気流の変化が激しく空襲の被害が少ない長野県飯田市に疎開した。農家の副業である、凍り豆腐、味噌、漬物などの在来産業が主であった飯田市への移転は、戦時疎開とはいえ先駆的な動きであった。その後、高度成長期の昭和四〇年代に、労働集約的な電気機器製造業が長野県へ立地し始めた。下伊那の飯田市は、中央自動車道の開通により愛知県や神奈川県などへのアクセスが便利になったこともあり、企業を引き寄せた。工業立地論の原料、市場、労働力へのアクセス面で、交通の利便性が有力な立地要因となったのである。また、多摩川精機が下請・外注の積極的活用をはかったことで、飯田市周辺に独立開業した工場も増えた。飯田市の積極的な企業誘致策によって、光学、時計、精密機器関連の企業が、東京や長野県内の諏訪市、岡谷市から再立地した。飯田市を中心とする企業間のネットワーク形成が、新たな産業を生み出す可能性を高めたのである。

他地域で、戦中に大都市からの工場疎開で産地が形成され、戦後、過密化した首都圏や南関東や南東北からの再立地によって工場進出がすすんだのは山形県である。長野県と同様に地価が安く、労働力の確保が容易な山形へ、労働集約的な電子部品、ラジオやテレビの組立工場が進出した。戦前からの鋳物産地であった山形市には、戦後、ミシン工業が起る。

ミシン産業の歴史をふりかえると、大正期に輸入ミシンに代る国産ミシンの製造が始まった。戦後は、家庭洋裁の普及によって家庭用ミシンが製造されるようになり、縫製品の輸出拡大により工業用ミシンの需要も高まる。その後、ミシンは日本の重要な輸出製品となり、米国市場を中心に大きく伸びる。山形以外にも各地でミシン製造業者が増えた。大阪府では組立専門の中小企業もあった。伝統的な鋳物産地の山形市では、部品製造も含め関連企業が集積した。しかし、その後、山形の代表的なミシンメーカーが、台湾での現地生産を拡大させるなど、国内での発展に陰りが出てきた。ミシン関連企業も、電気機器、産業機器などへの転換を迫られた。

山形県の戦前来の工業蓄積では、鋳物のほかに工作機械や発動機、繊維機械を手掛ける工場があった。戦中の工場疎開は長野県への疎開がもっとも多かったが、福島県や山形県へ工場を疎開させた企業も多かった。光学機器、通信機、航空計器の工場が移転したことで、これらに関連する下請工場も生まれた。疎開工場のなかには戦後も山形県内にとどまった事業所もあった。こうした工場が山形の機械・金属工業の地場化に大きく貢献する。

ただし、疎開工場のすべてが山形に残ったわけでなかった。理由は、大都市圏からの交通事情にあった。原材料や部品の搬入、最終製品の自動車輸送では、高速道路網などインフラ整備が大きなカギを握る。山形県は工業団地の整備によって工場誘致に力を注ぐが、産業インフラの整備の遅れが大きなボトルネックとなった。とはいえ、関東圏では過密化で新設工場の建設や既存工場の拡張が困難となり、昭和四〇年代後半から電気・電子機器メーカーが山形市のほか、天童市、東根市、上山市、鶴岡市、酒田市に工場を新設した。

外注・下請工場が長期間にわたって集積した関東圏と異なり、東北地方での工業集積度は低く、当初は新設工場はいずれも内製化率が高く、地元の中小企業への波及効果は必ずしも高くはなかった。とはいえ、統計からみれば、中小工場の数は増加した。この数字は、県外からの中小企業の進出も反映したものだ。

昭和六〇［一九八五］年のプラザ合意以降、日本の電機・電子工業は海外展開を加速化させた。親工場の分工場的な色彩がつよかった事業所は撤退・縮小を余儀なくされた。そうした動きは、山形県でも同様であり、電機・電子関連の中小企業の発展のポテンシャルは低下した。

山形では、中国産の安価な鋳物に押され始めた鋳物企業が、新たな需要先として自動車関連産業に活路を見いだした。首都圏・関東圏の大企業の分工場である事業所が、地元に深く根を下ろすには一定の時間が必要であった。だが、その前にグローバル化の波にさらわれた。安価な人件費を求めての工場立地は、「鉢植え（プランター）」の草木が根が浅く土植えへ移すまえに立ち枯れてしまうのと同じで、定着しない。これに対して、地場産業の鋳物の中核企業の存在は、その企業自体の蓄積技術の深化・応用による分野の開拓に加えて、従業員のスピンアウト創業などを通じて地域への影響は大きい。歴史的に発展してきた地場産業の場合、中核企業や中小企業がしっかりと地元に根を下ろし、技術・技能や経営ノウハウを蓄積してきたのかが、同一地場産業の下でも階層分化が進んできた地域経済の今後の展開の鍵を握る。

3　ところで、産業クラスターと、企業城下町型の集積地とはどのように異なるのか。企業城下町は特定企業を中心に地域経済が発展した都市の総称である。通常、特定企業といった場合、大企業が多い。大企業の単独立地の場合もあれば、複数立地の場合もある。住民はその企業に働く人たちである。病院や文化・体育施設が企業グループによって運営されている地域もある。企業グループには、直接的に資本関係をもつ子会社・関連会社のほかに、間接的に関係する生産・流通・サービスの取引先企業までを含む。自治体の税収はその企業に大きく依存する。こうしたカンパニー・タウンは、日本だけではなく、米国や欧州、アジア諸国にもある。

企業城下町に立地する中小零細企業は中核企業への依存度が大きい。中核企業の経営動向が立地企業の生殺与奪を握る。月並みな物言いであるが、良い時は良いが悪い時は悪い。モノカルチャー的な農業の危険度は語られることが多いが、モノカルチャー的な単一工業の危険度も同様である。

日立製作所発祥の地の日立市は企業城下町の典型である。同じ電気機器では、パナソニック（旧松下電器産業）創業の地は、大阪市内十三地区であった。パナソニックは、その後、門真市に移り大きく発展した。門真市に隣接する守口市には旧三洋電機が立地し、その隣接都市にもさまざまな企業が立地する。そのため、門真市の企業城下町的な色彩は薄い。他方、日立市は日立製作所との一体感が強い。自動車では、トヨタ自動車の豊田市がある。隣接する刈谷市にはトヨタ自動車の母体となった豊田自動織機、デンソー、アイシン、トヨタ紡織、トヨタ車体が立地し、田原市にはトヨタ自動車の主力工場が立地する。豊田市はトヨタ自動車を象徴する企業城下町であるとされるが、刈谷市もまた同じである。自動車業界には企業城下町が多い。日野自動車の東京都日野市、ホンダの三重県鈴鹿市や埼玉県の狭山市、和光市、朝霞市、スバルの群馬県太田市や大泉町、マツダの広島県府中市や山口県防府市、ダイハツ工業の大阪府池田市があげられる。ただ、同じ自動車メーカーの企業城下町でも、その性格は必ずしも同一ではない。大都市圏から離れた地域に大規模工場が単独で立地する場合は、「城」である企業が孤高に立っている性格を帯びる。

単一企業・単一産業の単独立地か、複数企業・複数産業の多様な立地かによって、地域経済のあり方は異なる。かつての企業城下町のその後をみると、それがよくわかる。たとえば、夕張炭鉱の閉鎖に象徴される北海道の産炭地、新日本製鉄の岩手県釜石市、古河工業の栃木県日光市、日産自動車の東京都武蔵村山市や神奈川県座間市、新日本石油の新潟県柏崎市、富士通の長野県須坂市等々がその例である。歴史的背景には、石炭から石油へのエネルギー転換、石油ショックや円高による構造転換があった。経済・経営環境はつねに変化する。個別産業の個別企業でも、経済・経営環境の変化に対して、決して無策であったわけではない。むしろ、さまざまな対応がなされた。しかし、その変化が短期間で急激な場合、企業の製品や業態を急転換させることは容易ではない。

昭和五〇年代に造船不況の影響を受けた大阪府の造船関連下請の実態を調査した経験がある。大手や中手の造船所は、余剰人員や機械を活用するために、それまで外部発注していた部品製品や加工を内製に切り替えた。下請工場はその影響を受けた。受注減少に苦しんだ町工場は、造船業以外の分野、たとえば、電気機器や産業機器の部品受注の新規開拓などをはかった。だが、経営者に販路開拓の経験はなく、受注先の多角化などもあって一筋縄でいかない実態があった。造船業向けの機械加工を専業的に展開した町工場といえども、すぐに他分野向けの部品へと転換することは容易ではなかった。

重要なのは、特定産業の存在以上に、それを核として多種多様な産業が内発的に新たに地域に生まれているか、あるいは外発的に異なる産業が立地することになったかどうか、である。特定産業、たとえば、造船業のようなアッセンブリー型の輸送機器の場合、鍛造など素形材の成型、金型、塗装、切削、熱処理の中小零細企業が地域に集積する。そうした零細企業には、中小零細工場からのスピンアウト創業が一定数見受けられる。そうした中小零細企業のなかから、新しい産業へ積極的に進出したり、他分野へ果敢に挑戦する企業家マインドが形成されない理由は、取引が地域内の少数企業へ依存し、その関係が長期にわたるほど大企業の終身（長期）雇用の関係がそのまま下請・外注企業にまで擬制化されるからであろう。それは大企業を中心とするメンバーシップ型社会となる。しかし、これを地域社会という面からみれば、大企業や関連企業は、地域での新規採用よりも全国からの採用者の配置を優先し、正規社員と地元住民との関係性は薄い。

民俗学者の宮本常一は、大企業を江戸期の藩主にたとえ、上からの地域文化形成力の弱さを指摘した。「城下町には祭礼らしい祭礼のあるところがきわめて少ない……むしろ武家文化が地方への定着性を持っていなかったことは明治以降の地方への解体にうかがうことができる。」（『日本の地方と中央』）つまりは、その土地から離れることができない町民や農民こそが地方の祭礼のすなわち、地域の担い手であった。

平成以降、企業城下町的性格をもった地方都市で、大企業の事業所の縮小や閉鎖・撤退が続き、あらためて地域中小企業の動向が注目される。

他方、大企業を中心とする城下町型の産業集積と比較される、中小零細企業型の産業集積でも、たとえば、東大阪では昭和五八［一九八三］年には、製造事業所数―従業員数四人以上―は一万を超えていた。以後、事業所数は漸減し始め、現在は二四〇〇程度へと大幅に縮小した。東京大田区の製造事業所数も、昭和五八［一九八三］年の九一七七から、現在は半分程度にまで減った。今後も後継者の減少と新規参入者の少なさからこの傾向に拍車がかかる。

日本社会全体で少子高齢化が進展しているがその傾向には地域差がある。企業城下町型の地方都市では、少子高齢化は一層顕著である。それゆえ、企業城下町型の地方都市で、製造事業所が増加することは難しい。製造業が衰退するなかで、流通業・サービス業だけが拡大するはずはない。

さまざまな企業が立地する大都市圏も、企業城下町型の地方都市も、既存の産業集積が新たな産業の創出や既存企業の事業転換など質的な発展をもたらすポテンシャルをどのように高めるかが、今後の課題である。

インキュベーションの地域

1

中小企業の存立形態を市場条件から分類すると、つぎの二つの範疇がある。(一) 一般消費者にアクセスする中小企業―「B to C」型と、(二) 事業者にアクセスする中小企業―「B to B」型である。(一) の範疇では、卸売など地域内の流通業者を通じて商品を販売する。現在では、インターネットの普及でみずからサイトを開設して、消費者と直接結び付くことも可能になった。(二) の範疇は、部品を不特定多数あるいは特定の企業に提供する企業である。いわゆる親企業からの受注が主である。一部加工から、完成部品を受注する企業まである。こうした下請取引の地域展開では、他地域と取引関係を結ぶ中小企業もある。特定地域の事業所との取引関係だけの企業も一定数ある。この場合を「企業城下町型」と呼んできた。

企業城下町である日立市の中小企業の動向を研究する平沢照雄は、「企業城下町日立における独立系中小企業の製品開発と事業展開―TMP社の取り組みを事例として―」(筑波大学『経済学論集』六九巻、二〇一七年) で、「企業城下町日立にありながら中核企業との取引にはほとんど依存せず、創業当初から今日に至るまで一貫して独立した経営スタンスを保持しつつ企業成長を実現してきた地域中小企業が存在することを看過できない。こうした中小企業は、企業城下町型の地域発展が右肩上がりで推移している時期には、ほとんど注目されることはなかった」として、昭和五七 [一九八二] 年に創業した中小企業 (従業員数四〇名) のケースを紹介する。

戦後、日立市内で創業された製造企業のほとんどは下請型であった。独立系企業は同社も含めて少ない。

創業者は常陸太田市の工業高校を卒業後に、タイプライターや自動車部品の企業、日立製作所のグループ企業に勤務して、開発・設計の技術を身に着けた。当初から「下請加工は一切やらない」という経営理念の下で、常陸太田市で設計会社を一人で立ち上げ、自動はんだ装置や、製品ラインに組込み部品を同一方向に配列させるパーツフィーダーを中心に生産し、九年後に日立市に新社屋を建設し移転する。直接取引中心でユーザーを開拓して、自動車、セラミックス、工作機械、電気・電子機器の国内大手企業への製品納入実績を積み上げた。同社が広く業界に名前が知られるようになった経緯は、ソニーによる製品購入決定にあった。

平沢は、同社の成功の要因について、「研究開発型ベンチャー企業と同様に、市場において同業他社と競争するうえで、同一製品での価格競争力によって競争するというよりも、むしろ顧客の要求・情報を迅速にキャッチし、他者が手がけることの難しい独自の商品を投入しうる製品開発力によって派生した特徴」と分析する。そして、なによりも重要な要因を、「創業当初から日立地域内の中核企業に依存せず、自社製品の創出に取り組むとともに、地域外にビジネスチャンスを求める活動を展開していった」経営方針に見出す。同社はメッキや塗装を除き、製品完成までの内製率を高め技術開発力を蓄積した。それには一定の時間が必要であり、最大受注先の企業動向だけではなく、産業全体の動向をたえず注視し、受注先の多様化が困難であれば、部品や加工の多角化を不断にはかった。同社にとって、一連の対応は一朝一夕で可能であったわけではなかった。多くの失敗を生かしながらの成功であった。同社の活動が企業城下町の中小企業の今後に何を示唆するのか。平沢はつぎのように展望する。

「グローバル競争下における企業城下町経済では、海外生産指向を強める大手中核企業に代わる地域経済活性化あるいは再生の担い手が不可欠となっている。そうしたなかで、当該地域を主要な活動拠点として持続的成長を実現する地域貢献型中小企業の存在が重要性を増しつつある。しかもこれまでの企業城下町型と同様に、一社が突出する形で地域経済を主導するというよりも、むしろ多様な地域貢献型企業群による再生が必要とされている。」

平沢は、独立系中小企業だけではなく、一社への取引依存度が高い下請型企業であっても、「第二創業」を目指すべきと主張する。平沢は、「企業城下町日立における地域中小企業の『第二創業』と生き残り戦略―三友製作所の事例分析―」（『国際日本研究』第一四号、二〇〇二年）で、敗戦の翌年に常陸太田市で創業、ミシンやカメラ部品の製造から日立製作所との取引に転じ、工業計器部品の製造をメインとして伸びてきた、従業員二〇〇名ほどの企業を取り上げる。同社は日立製作所とともに発展してきた。その間、日立製作所の二つの異なる事業で、日立の二つの工場と取引してきた。その後、同社は二度にわたり、主力受注品の落ち込みによって経営危機に陥った。日立の市場からの撤退で、工業計器と自動車向けエアコンが落ち込んだ影響が大きかった。同社は新たな事業部門の構築に迫られた。苦境のなか、開発設計部門で若手新規学卒者を採用するなどして、分析機器関連事業への参入をはかる。電磁顕微鏡マイクロマニピュレータについて、日立との共同開発をすすめるうえで、外部から電子顕微鏡設計の第一人者をアドバイザーとして招き、産官学連携―茨城大学、茨城県、科学技術振興事業団―の下で完成させる。開発から第一号機出荷までに五～六年を要する長い道のりであった。平沢は、この対応を「第二創業」としてつぎのように指摘する。

「グローバル競争時代へと移行する一九八〇年代後半から一九九〇年代初頭の時期になり、……親工場による経営戦略の変化によって……深刻な経営危機に直面することとなった（中略）……『第二創業』以降……一方で親工場からのユニット製品受託製造により下請企業として生き残りをはかるとともに、他方でそこで得た収益を新規開発の資金的基盤にもしながら、開発重視型企業として自社製品の創出にも積極的に取り組むという二つの側面を有するに至った……

こうした経営展開は、縮小を続ける企業城下町のなかにあって、経営革新により中核企業への依存度を低下させて自立化を進める企業とともに、もう一つの地域中小企業の生き残り戦略を示す……」

わたしは、日立市で病院向け機器で同じような対応で生き残って来た企業を、もう一社知っている。平沢が注目した二つの企業の事例は、地域の大企業に依存しない独立系中小企業と、地域の大企業に依拠する専業下請企業、それぞれの経営存続の軌跡を示す。双方に共通するのは、自社開発力と、それを支える技術力の蓄積である。後者の事例で、それまでの主要納入先であった日立製作所と、新分野への参入を見据えた共同開発のパートナーになることができた理由は、将来を見据えた経営戦略であったろう。この二つの事例を通して、経営者が将来ビジョンを持って日々の経営にあたっているかどうか、そのマインドの有無が大きいことを確認できる。

2　日本の中小企業の歩んできた道を振り返る際に、必ず取り上げなければならないのは、下請中小企業の歴史的展開である。企業城下町型であろうと、大都市集積型であろうと、下請企業には良い時もあったし、悪い時もあった。その問題と課題を中小企業史的に振り返れば、企業規模に関わりなく、企業間の生産上の取引関係の成立理由に行きつく。

松下電器産業（パナソニック）の創業者松下幸之助（一八九四～一九八九）は、かつて、松下電器の将来について聞かれたときに、会社の存続は社会が決めると返答している。これは、企業の存立理由の根本を余すところなく明言している。大企業であれ、中小企業であれ、また、下請型であろうと、独立型であろうと、その企業が必要とされている理由がよほど変化しないかぎり、その企業は存続する。存立の理由が変われば、存続は困難となる。資本主義経済の下では、存立の決定は市場による。

企業間の関係は、まずはもって、分業の経済的合理性に依拠する。たとえば、製造業にあっては、生産ラインの関係において、部品などを「購入する」か、「自社でつくる（内製）」か—Make or Buy—の二択が基準である。「購入する」のは、自社よりも他社から購入することが合理性が高いからである。コスト上の理由か、技術上の制約、あるいはその両方である。部品や加工だけでなく、設計やデータ処理などのサービスも同様である。外部から購入する方が合理的であれば、購入される。社内で作る場合も同様で、自社で作るほうがコスト的に有利である場合、あるいは、技術的に自社でしか作れない場合には、自社で作られる。

「下請け」と「外注」という用語は、厳密には異なる。日本的文脈では、発注側と受注側の取引上の平等性が担保されていない場合は、下請取引とされる。平等性が担保されている場合は、外注である。

取引の平等性は市場取引でどのように決定されるのか。買い手と売り手が不特定多数存在する場合、自由競争が行われる。完全競争に近い市場条件の下では、単価などの一方的な決定は、本来は困難である。A社と取引関係にあっても、A社との取引価格よりもB社のそれが有利であれば、取引先を変更すればよい。これは取引関係での平等性を示唆する。他方、売り手が多数存在し、買い手が少ない場合、極端なケースは買い手独占の場合、売り手にとって取引先の確保はむずかしい。独占あるいは寡占的な地位を占める企業が存在せず、競合企業が多数あり、受注側の企業も多数に上る場合は、自由競争が行われ、双方の取引機会は多いことになる。にもかかわらず、特定企業との取引関係はしばしば固定される。なぜか。それは取引期間が長期にわたることにより、価格、品質、納期など相互にとっての暗黙的事項が蓄積され、新規取引の初期費用の節約につながると認識されるからだ。

他方、固定化した取引関係の下では、製造技術や生産ラインが特定企業仕様となりやすい。そのため、自社製品の開発や受注先の多角化への意欲が封じ込められる。子象の例え話がある。子象を生まれたころから杭につないでおく。小象は何度も杭を壊そうとするが、杭をどうすることもできず、やがておとなしくなる。杭につながれた子象は、成長して巨象になっても杭を抜いて逃げ出そうとはしない。

長期的取引は経営の安定につながる一方で、経営の転換には苦汁をともなう。この種の長期取引では、価格交渉力では、受注の安定と引き換えに、自らの価格決定力の獲得意欲が低下する。

わたしの調査事例から紹介しておく。愛知県下で大手自動車関連メーカーに完成部品を長期間にわたって供給してきた中小企業—当時一五〇名前後の従業員規模—のケースである。愛知県の自動車関連メーカー一社への依存から脱却するため、特殊車両の完成車メーカーへ受注活動に取り組み、受注に成功する。受注成功のカギは提示した部品単価にあった。相手側の購買関係者が単価の安さに驚きを示したという。提示単価よりもはるかに高い価格帯でも受注できた可能性が高かった。長期間にわたる取引関係の下で、みずから価格を決定することを忘れた結果でもあったという。この種のエピソードはほかにもある。

ものごとには一長一短がある。固定化した取引関係は、経営の安定をもたらすが、その企業は発注元の企業と運命を共にする。また、長期の固定的な取引関係の下では、資本関係にない納入企業も実質上の子会社や関係会社へと擬制化され、みなし子会社となる。発注元が親企業と呼ばれてきた所以である。自動車や電気・電子機器などアッセンブリー型産業では、このようなメンバーシップ型組織は系列グループあるいは企業集団ともいわれた。そこには、日米の自動車メーカーの発展の違いが反映している。第二次大戦下、米国メーカーは自家用車の生産を停止して、軍事用車両へ全面的に転換した。独占的な兵器事業は自動車メーカーに巨額の利益をもたらした。戦後、関連部品の多くは内製化され、そのような生産体制が継続された。日本では自動車メーカーは資本不足のため、内製化の範囲は限られた。完成車メーカーは、戦前来の協力工場や新たに生まれた零細な工場を積極的に活用せざるをえなかった。それが合理的な経営選択であった。完成車メーカーは企業集団を形成し、部品メーカーはそれぞれのメーカーの下で、グループ化していった。

日米の差異の要因は、しばしば経済外的な文化性の残存と解釈された。実際は、当時の経済合理性に基づくものであった。資本不足の時期、企業は資本節約行動をとる。資本節約的な外注・下請関係は繊維など軽工業品でみられてきた。同様の関係が、機械産業でも採用された。だが、経済条件が変われば、当然ながら企業の経済合理性も変化する。企業城下町型の中小企業の存立基盤は、地域の中核企業の国内他地域への移転、海外生産の拡大で大きく変わった。結果、外注下請関係にあった中小零細企業のなかに脱地域・脱外注・脱下請型の経営スタイルもでてきた。その際、地域に形成されてきた諸関係が、地域経済活性化の新産業を創造する潜在力を保持していたかどうかが問題である。結論からいえば、いまだそのようなポテンシャルが低い地域が多い。

日本の中小企業研究史には、在来産業研究、地場産業研究、繊維から機械金属分野の個別産業研究、中小企業政策研究などの分野がある。最も多いのは下請取引を中心とする研究である。その問題意識は、中小企業がなぜ従属的地位にあり、そこから抜け出し平等的地位を獲得できないのか、にある。多くの論考が積み重ねられてきた。下請研究史を振り返れば、いろいろな理論的接近がなされた。マルクス主義的独占論、日本の前近代史的制度を継承させた文化史的アプローチ、産業組織論での市場条件からのアプローチ等々、である。それが、昭和六〇年代に、日本の下請取引関係について、その後進性よりも、それぞれの産業における国際競争力の強さを支えている先進的合理性があるとの見方が強くなった。そうならば、現在も下請取引関係が日本の国際競争力を支えているはずだ。だが、実際には、下請取引関係が見られる諸産業で、その縮小・衰退が起こってきた。自動車や電機・電子機器など加工組立産業の大企業や中堅企業が、海外生産体制を拡大させたのが理由である。

垂直的階層構造の下請取引関係も、別の用語で表現されるようになった。従来、発注元と直接の受注関係をもつ企業群は一次下請と呼ばれてきた。一次下請と受注関係にある企業群は二次下請、さらには三次下請や四次下請と表現された。このような階層的ピラミッドは縮小した。現在は、一次下請企業群は「ティアワン（Tier one）」、二次下請企業群は「ティアツー（Tier two）」と呼ばれる。なぜ、「ティアワン」と言い換えられたのか。下請取引関係の内実が変化したからか、あるいは、単に横文字に代わっただけなのか。内実では、それまでの閉鎖的な企業集団は、発注先企業の海外展開によって縮小した。だが、企業によっては、事業が海外での取引へ外延的に拡大したケースもある。つまり、「ティアワン」企業は発注元の海外展開と同時に海外展開した企業であり、そこでは企業グループごとの境界線も緩んだ。産地企業でも、「産地」の境界線が緩み、産地を超えた企業が増えた。

ティア（Tier）の原義は、古代フランス語の「線引き」から転じたものだ。「境界線」の意味で、「ティア」という概念が持ち込まれたのだろう。この言い換えはさほど意味をもっているとも思えないが、企業の存立基盤や存立条件の変化、集団化されたグループや同一地域の集積企業による外部経済効果の低下を告げた表現ではないだろうか。

戦前来、そして戦後の高度成長期に論じられた下請取引の論議は、あるべき中小企業の存立論を生んだ。一つは、中村秀一郎（一九二三〜二〇〇七）たちの中堅企業論である。これは、それまでの下請型の中小企業から独立型へと脱皮する中小企業への期待論である。中村たちにとっては、下請取引関係からの出口が独立部品メーカーなど「中堅企業」であった。他には清成忠男（一九三三〜二〇二四）の「ベンチャー企業」期待論の登場もあった。とはいえ、米国と比べて、中村や清成が期待した中堅企業やベンチャー企業が数多く生まれたかと問えば、それほどでもなかった。背景に、彼我の社会構造や歴史的固有性の違いがある。日本の下請取引関係には歴史的な文脈がある。封建的伝統と無縁で、欧州移民によって建国された米国とは歴史的差異がある。かつての「藤田・小宮山論争」では、小宮山が旧来の問屋制下請に代わって、工場制下請に平等的取引関係の潜在性を見いだそうとした。他方、藤田は系列化などに旧来の封建的な関係性の継続をみた。この論争の現代的意義は、なぜ、日本では横断的・平等な関係が形成されず、縦列的・不平等な関係が大きな位置を占めるかに帰着する。

それは日本のメンバーシップ型社会の原理の強さに関係する。社会人類学者の中根千枝（一九二六〜二〇二一）は、『タテ社会の人間関係―単一社会の理論―』で、日本のメンバーシップ型社会を「タテ社会」ととらえた。同書は昭和四二［一九六七］年の初版以来、現在まで、多くの国で広く読み続けられている。日本社会の分析概念がいまも有効性を失っていないからだ。社会人類学者の中根は脱亜入欧の学問観の強い日本で、インドやチベットなど南アジアをフィールドとした。「社会学などが『西欧社会』から出てくる理論を常に基準として、他の社会に適用して行くのに対して、社会人類学においては『西欧社会』というものを比較の基準」とした。中根はつぎのような基本的スタンスで「社会構造」をとらえた。

「一定の方法論に基づいた実態調査によるデータを解釈、総合することによってその社会の基本的と思われる原理を抽出して、理論化し―このようにしてとらえられるものを、『社会構造』という基準用語(key-term)によって表現している―そのレベルにおいて他の社会との比較を行なう、という研究方法をとる。」

中根のいう「社会構造」は、社会学、経済学、歴史学での「社会構造」とは異なる。それは「ずっと抽象化された概念であって、一定の社会に内在する基本原理ともいうべきものである。たとえば、社会組織(social organization)は変わっても、社会構造(structural organization)は変わらない、という場合が出てくる。」中根は、社会を構成する基本原理を、「個人と個人」、「個人と集団」、「集団と集団」の関係性においた。関係性が社会の基盤であり、「社会(あるいは文化)を構成する諸要素の中で最も変わりにくい部分であり、また経験的にもそうしたことが立証された」と指摘する。さらに、中根は、「『ソーシャル・ストラクチャー』の持続性・固執性の度合いは、その社会の歴史が古いほど、また、その社会の歴史が古いほど、またその社会の人口が大量で密度が高いほど強い。これは社会それ自体高度に統合されており、社会としての質が高く厚いために、一層根強い力をもつものである。近代化に伴うすべての変化現象も、これを前提として考えるべきである」と説く。そして、社会構造の理論的当否は、「実際の日本社会にみられる諸現象、日本人のもつさまざまな行動様式、考え方、価値観などに対する妥当性・有効性(validity)の存否によってもテストされるものである」と指摘する。

中根の社会構造理論を下請取引関係に適用する前に、中根のいう日本の社会原理である「タテ」の構造について、簡単に紹介しておく。中根の基本概念は、いずれも「対」概念で構成される。たとえば、「資格」と「場」である。

「資格」―「普段使われている意味より、ずっと広く、社会的個人の一定の質をあらわす」（生まれながらにそなわった氏・素性、学歴・地位・職業といった生後獲得したもの、資本家・労働者、地主・小作人、男女・老若など）。つまり、一定の個人を他から区別し得る、いずれかの質的な基準によって、集団が構成されている場合。

「場」―一定の地域、所属機関などのように、資格の相違を問わず、一定の枠によって、一定の個人が集団を構成している場合。

どの社会も、中根のいう「資格」と「場」によって構成される。中根によれば、「日本人の集団意識は非常に場におかれており、インドでは反対に資格……におかれている。日本とインドほど理論的アンチテーゼを示す例は、ちょっと世界にない……シナやヨーロッパの諸社会などは、いずれも、これほど極端なものではなく、その中間（どちらかといえば、インドよりの）に位するように思われる。」「場」を「家」に置き換えれば、経営学者の三戸公の「家の論理」による経営論に通ずる。わたし自身は、「場」を「クラブ（グループ）」と言い換えている。クラブのメンバーシップカードを持つかどうか、つまり、その場への参加「資格」を得ているかどうかが、枠になる。これを下請取引関係に引きつければ、発注元企業を頂点とする企業クラブ（グループ）のメンバーシップカードを手に入れるのは、最初は一般入札に近いかたちで始まり、ＱＣＤ（品質、価格、納期）で安定したところが残っていく。

メンバーシップ意識は、長期取引関係で「『われわれ』というグループ意識が醸成され、それは外にある同様なグループに対する対抗意識」でもある。それは「内部的には『同じグループ成員』という情的な結びつき」をもつ。そして、相互―発注元と受注側―のたえざる接触―技術や経営についての発注元からの「指導」や「助言」―によって、相互の関係性が深まる。中根は、そのような関係の典型例を、「終身雇用によって、仕事を中心とした従業員による封鎖的な社会集団が構成される」大企業に見出した。同様の関係は、同一企業グループの翼下に属する中小企業との間にも拡大された。そうした関係性が排他性をもつほど、集団の一体感が醸成される。新製品の発注の場合、欧米企業では、それまでの取引企業だけではなく、新規参入したい企業にも入札の機会が与えられる。対照的に、日本の場合は、そのような機会は限られてきた。

中根は、「場」による組織形態を「前近代的」とみたわけではない。また、「資格」による組織形態を「近代的」と一方的にみてもいない。いずれも、その時の環境条件によって歴史的に形成されたのであって、一方を「前近代的」≒「守旧的」、他方を「近代的」≒「進歩的」と決めることなどできない。なぜなら、判断基準が必ずしも明確でないからである。

中根が「場」の組織原理を「タテ社会」として、「資格」による組織原理を「ヨコ社会」と解釈したのは、日本の労働組合の組織状況をみればわかる。日本では企業内組合が中心である。欧米社会では職種組合あるいは産業ごとの組合が主流である。また、個人の自己紹介でも、日本では「○○会社の○○です」が一般的だ。その会社の人であっても、どのような職種の人かはわからない。管見では、欧米社会では、「技術者」や「マーケター」という職種が来て、○○の会社で働いているという順序が多いように思う。

この違いは、欧米などでは横断的就業が多いからである。日本の場合、たとえば、当初は技術職であっても、退職までその職にとどまるのは一般的ではない。欧米企業では、自社でポジションがなければ、同業他社へのポジションを求めて転職する人が多い。背景に、給与は機会費用という考え方がある。より高い給与の機会があれば、他社に移ることはよく見られる。日本の労務管理史でも、戦前にはそのような傾向があったと指摘される。

タテ型のメンバーシップ組織は、民間企業にとどまらない。官僚組織もまた、タテ型のメンバーシップ組織に他ならない。たとえば、戦争や災害などの非常時では、国家を頂点とするタテ型の組織原理が大きく作用する。

日本では、戦時体制下で兵器生産への拡大要請が、軍工廠や民間の軍需工場の下に中小工場の組織化を促した。中小工場は軍需生産の協力工場となり、大工場を頂点とするメンバーシップ組織に組み込まれた。その関係は、戦後も繊維や雑貨などの分野から、加工組立型の機械産業や金属産業にまで広く普及した。それが大企業には資本節約的であり、下請側には長期安定的な取引の有利性が担保できたからであった。

その後、下請取引条件も大きく変わる。受注先企業の海外生産や、輸入品との競合により国内事業の縮小・再編がすすんだ。長期安定的な取引が困難となる状況もでてきた。後継者不足からの廃業も相次いだ。自営業的零細企業は、経営者のライフサイクルとともに廃業した。一定規模以上の中小企業でも、国内受注が先細るなか、他分野への転換時期を逸した企業も多い。

「場」と「資格」は対立する関係ではない。「資格」が「場」を生み出し、「場」が「資格」を生み出す関係でもある。「場」と「資格」の相互作用が失われたことによって、中小企業のイノベーションへの対応力が低下した。

イノベーションは企業規模にかかわりなく、単独企業からではなく、専門企業との平等な関係から生まれる。大企業であろうと、中小企業であろうと、企業間関係はタテ系列にこだわらず、ヨコ展開の協働経営がイノベーションのカギをにぎる。日本の大企業にとって、そのような関係をもつ中小企業が少ないことは、機会損失となってきた。下請取引関係を「場」に基づく企業間のタテ関係とすれば、「資格」に基づく企業間関係はヨコ関係であり、新たな産業やイノベーションを生み出す可能性を高める。従来型の下請取引関係には、「資格」の論理をとり込み進化することが必要である。そうでなければ、旧来の問屋制下請取引のような不平等で時に不公正な関係が、サービス業や流通業で容易に再生する。たとえば、高齢化社会に呼応した介護サービス、運輸など流通サービス業でも、市場独占力をもつ上位企業による下位企業の利用・再利用が容易に成立した。ネット技術など革新性の背後に、従来の不平等・不公正な取引関係が入り込んでいる。このような関係の再生が、日本経済にとって活性化の可能性を高めるのかを、真摯に問う必要がある。時として、「場」の論理が経営資源の自由な移動を歪め、その有効な配分を妨げてはいないだろうか。そこにあるのは、賃金などの企業階層別格差の利用であり、平等・公正でない取引関係は日本社会全体の均衡をもたらさない。

「場」は、その時期の経済社会環境下の最適解の作用した結果として成立する。それが固定化され、閉鎖化されることで、メンバーシップ組織の構成員の新たな対応は困難になる。新たな場の形成を促すには、「資格」による経営資源の自由な移動が必要となる。そのためには、場と資格の互恵的な論理が必要である。

今後、下請取引関係が広範に形成された自動車産業で、グローバル化以上に大きな影響を及ぼすのは電動化である。内燃機関のパワーユニットは電動機器に置き換わる。それは部品点数の削減につながり、中小零細の部品産業の縮小を迫る。新たな技術体系への移行は、それまでの技術蓄積の有効性を減じ、新たな技術の取得を促す。金属製品を前提とした金型による大量プレス生産の体系も変化する。３Ｄプリンター技術の発達、それに応じた材料の開発・応用によって金属加工のあり方も変わる。多様な材料の加工技術の開発なしには、対応は困難となる。さらには、自動運転にともなう技術開発などつぎつぎと課題が出てくる。これを機会に成長を遂げる中小企業もあれば、事業縮小を迫られる中小企業も出てくる。結果、それまでの重層的な下請取引関係を維持しながら、他方で脱下請取引の新たな関係の構築が促される。対応できない中小零細企業は転廃業を迫られる。

地域史から中小企業の歩みを振り返ってきて、改めて中小企業の定義と実態をどのようにとらえるのか。地域社会で、視覚的に中小企業の存在を見回すと、企業という言い方は遠のく。あるのは、商店であり、理美容院のようなサービス業の小さな事業所であり、歯科や内科などのクリニックである。いずれも企業という事業体よりは自営業、企業というよりも生業（なりわい）である。一定規模の事業組織体＝企業と言ったとき、地方銀行や信用金庫の支店や営業店が身近である。いまではＡＴＭ（Automatic Teller Machine）の整備が進み、銀行窓口業務は一つの自動機器で済まされる。かつて何十人もいた支店もわずか数人で運営される。全国チェインの大規模スーパーなど量販店にも自動機器が導入され、商品の発注や在庫管理、メーカーや卸からの出荷も電子処理される。バックヤードにパート従事者が多く働く光景はなくなった。商店も、いまでは、大規模流通業者のコンビニにとって代わられた。わずか一世代で商業の風景は変わった。コンビニは、いわば商店街を狭いスペースに押し込んだ店舗である。コンビニの品揃えは、ＥＣ（Electric Commerce）に支えられている。マーケティング情報も収集・管理され、メーカーに対して圧倒的な交渉力を持つ。商業は、いまではデータ分析産業となった。コンビニの興隆は、ＥＣ技術の普及なしには成立しない。

大規模流通業者は、翼下にコンビニをもつことでその存立を固めている。

こうした商業・サービス業に比べて、町のなかに工場を見る機会は、工業地帯や準工業地帯を別として減った。準工業地帯でも工場が減り、跡地にマンションなどが建つ。住工混在地域の工場も減り、ましてや、住宅地で町工場を見ることはない。町工場の多くは都市の外縁部の工場団地や工場アパートのなかに立地する。かつては紡績や繊維関係の大工場が市内にもあったが、いまではショッピングセンターやレジャー施設へと変わった。

都市の住民にとって、町工場に象徴される中小企業のイメージはない。製造事業所は、どの地域でも小規模工場を中心に漸減した。事業所数でこそ、現在も東京都や首都圏の埼玉県、愛知県を中心とする中部圏、大阪府を中心とする関西圏、福岡県を中心とする北九州圏には多いものの、いずれの地域でも減少傾向にある。製造業中心で進んできた経済は、今後どのように展開するのか。発展か停滞が、あるいは衰退なのか。

地域の中から町工場の姿が消え、地域の典型的産業は流通・サービス業となった。次世代の商業像は、全国どこでも同じ商品が手に入るコンビニであり、さらにはインターネットの普及により無店舗のネットショッピングサイトとなった。スマートフォンの普及は、人びとの消費行動を変え、生活意識も変えた。人口減少は進み、地域内の生活をどのように支えるのかが、切実な問題となっている地域もある。だからこそ、地域を支える新たなサービスをより細かく、対面で行う顔の見える関係が中小零細企業の新たな存立基盤となるという見方もある。全国どこでも同じようなサービスや商品の提供を望む人たちもいる。他方で、家族経営の商店やサービス業者には、多様性がある。そうした豊かな時空の提供を望む人たちもいる。多様性は豊饒性でもある。

今後、情報機器やネット技術の一層の進展で、地域の中小規模事業が不必要となる見方もある。しかし、技術は決して社会に対して中立的な存在ではない。技術をどのように活用するかにより、わたしたちの地域社会像は変わる。わたしたちのビジネスも社会も変わるのである。そうであるとすれば、多くの課題を抱えながらも、わたしたちはより明るい未来を描く必要があろう。中小企業に必要なのは、新技術を拒否しないこと、多様性を取り込むこと、である。この二つの課題へ挑戦する先にこそ未来があろう。

第四章　社会史としての中小企業

日本民衆の社会における今一つ目立つ習俗は年齢階梯制である。一方には家柄を尊ぶ風習もつよく見られたのであるが、一般民衆社会ではむしろ年齢階梯制の方が比重が重かったように思われる。……が、それはそれで人と人との関係にゆとりのある社会ではそれでよいのであるが、すべて規定でしばられた世界へもちこまれると、人の本当の才能はみとめられなくて年功序列のみが尊ばれ、才能によるのではなく、年をとれば自然に地位があがるような世の中をつくりだす。

（宮本常一『風土と文化』未来社）

1　中小企業と社会構造

社会史には、総合的に社会の動きをみる視点が求められ、学際的なアプローチが必要となる。さまざまな専門分野の人たちが集まってその時期の歴史を分析する必要性がある。理想は、一人がさまざまな観点から総合的な歴史を書き記すことである。しかし、むずかしい。

経済史や経営史では、歴史的な史料を渉猟してまとめることが多いが、多くの場合、大きな規模の企業が対象となる。経営史は、一部の大企業の足跡を辿ったものがほとんどだ。多数を占める中小零細企業について、文章化された資料は少ない。絶対多数の中小零細企業の歩んだ道はわからない。

上からの歴史だけでなく、民衆史など下からの歴史を振り返らない限り、全体史は完成しない。日本全国をくまなく歩いた民俗学者の宮本常一（一九〇七～八一）の民衆史としての地域史は、経済史としても産業史としても卓越する。宮本は、つねに全体をとらえる社会史を意識した。宮本の視点を意識すれば、中小企業史は地域史であり、産業史であり、経営史であり、政策に関わる政治史であり、そして、社会史である。

中小企業史には「停滞史観」が付随する。中小企業の阻害要因は、経営資源の劣位性、すなわち、資金不足と人材不足である。なぜ人材が集まらないのか。人はイメージに強く影響される。新聞、雑誌、テレビ、ネット記事やネット動画などで、中小企業はどのように描かれてきたのか。日本社会では、中小企業をどのように描き出してきたのか。その経済的劣位性を強調してはこなかったか。

本来、人は経済活動をするだけの資源ではない。個人であり、家族の一員であり、地域社会の一員である。学生であれば学校の一員、勤め人であれば企業や役所の一員であり、自営業者でも、その組織団体があればその一員であり、さまざまな側面をもつ人間である。換言すれば、人は社会的存在である。

中小企業も社会的存在である。中小企業のイメージはだれにとっても同一というわけではない。住宅地で育った人と、準工業地帯にある住工混在地区で育った人とでは、中小企業への心理的距離感は異なる。学生であれば、中小企業への就職比率の高い大学の学生と、大企業などへの就職比率の高い学生とで、就職活動のときの中小企業への就職意識は異なる。親戚縁者に中小企業の経営者、従業員、自営業者がいるといないとでは、中小企業への見方も同一ではない。ただし、人は社会事象について直接的に知覚・認知しても、その後にいろいろな情報を集め、他の人たちとの比較を通して学習し、最終的に行動する。重要なのは、その学習の場である。

先に、人は家族の一員であるとのべた。家族＝家のあり方そのものが、わずか一世代で大きく変容した。農村人口の減少と都市人口の増加で核家族化した家は、かつての農村社会にみられた、三世代もが同居する家とは全く異質のものとなった。

宮本常一は、「日本と中央と地方」（『宮本常一著作集』第二巻）で、家によって伝承されてきた文化は浮動化したととらえる。宮本は「地方における農家も商家も世襲せられていくものであった。……それが中央に押し出されても何らひけをとるものではなかった。……今日では農家産業の持続年数が一一年半になり、他の産業と変わらなくなっているという。この不安定性がまた伝統的な文化をもつきくずしていくことになる」としたうえで、都市における文化伝承の「はかなさ」をつぎのように指摘する。

「家という形でなしに親、子、孫と伝わっていくそれぞれの世代がそれぞれ生活を立てていく場合は少なくないでしょうが、親、子、孫でそれぞれ職業が違い、また、住所がちがうとなると、家によって伝承される文化はなくなる。……定型を持ちがたい不動性のつよいものになる。……われわれの生活そのものが自主性も計画性も乏しいものだからである。……多くの人が今都会で家を求めるのはまったく便宜的である。……

狭い家に住み、もまれる電車にのり、終日机に向って事務をとり、夕方になれば帰っていく。家庭自体が甚だ不安定なものであり、日々の生活が枠にはめられたものであるとすれば、これから三〇年五〇年のあとにでき上っていく人間像というものははたしてどういうものであろうか。」

かつての地域社会では、農業が大きな位置を占め、農業を担う農家がその地域の日常生活と経済、地元政治に大きくかかわった。子供たちにとって価値形成の学習の場であった農村は、学校以上に大きな役割を果たした。生活の中心には農家があった。働くこととは農作業であり、その最小単位は生活の場でもある家であった。宮本も「人間に生命力があるように家にも生命力があった。いわゆる永続農家には数百年も続いたものが少なくなかった。その永続の中に文化は蓄積され発展していった」と指摘する。永続性をもつべき地方文化の現状はどうであろうか。現在、地方人口の減少だけが強調される。今後、ネット社会の下で、固有の地方文化は形成されるのだろうか。

地方都市の町工場や町のそこかしこにあった小さな商店などは、農村における農家のように、住商工混在の地域での人びとが働く場であり、生活する場であり、地域の一つの文化を形成した。たとえば大阪では、問屋や卸売業者こそ、かつての船場のように都市中心部に立地したが、実際の生産は、繊維や雑貨の場合は東成区、生野区など、機械金属加工の場合は城東区や大正区、大阪市の外縁部として発展した東大阪市、八尾市などで行われてきた。

わたしは、東成区や生野区の住工混在地域へ、地場産業調査や機械金属加工の町工場の調査でよく出かけた。事前にアポイントメントをとって訪れることは皆無であった。住宅地図で大体の目星をつけて調査に出かける。雑貨業では、住宅は作業場を兼ねる。作業場に看板がないケースも多い。先輩からのノウハウ伝授で役立ったのは、近くに酒屋があれば、その主人に尋ねることであった。彼らは、交番よりも情報通であった。現在では、酒類などはスーパーで購入することが多いが、当時は、重いビンの酒類は、近くの酒屋から配達してもらうのが普通であった。酒屋は実に近隣の注文主のことを熟知していた。雑貨や縫製業などの零細事業所は、事業というよりも、家業というのに相応しい存在であった。簡便な機械があっても、ほとんどの作業は手作業である。業界の景況は、発注元の船場の製造卸業者に聞けば、大体の様子はわかる。調査項目は、景況、取引先の状況、主人の出自、開業に至った動機や経緯、従業者の構成－ほとんどが配偶者や祖父母で、近隣の主婦パートが多い－など、経済調査というよりも、社会調査に近かった。

わたしが大阪府下で零細企業の社会調査に取り組んでいたのは、昭和五〇年代のころである。戦前来の家業は繊維や雑貨でみられた。多くの業者は、復員後に、かつて丁稚奉公を経験した大阪の賃貸住宅の一角で創業している。受注先の確保は、戦前からの知り合いネットワークをうまく活用していた。船場の製造卸業者から受注し、また、その下請け業者から受注して再下請としてスタートしたところも多かった。創業者には大阪府近隣だけでなく、九州や四国の出身者もいた。二〇歳代半ばで創業した人たちも、昭和五〇年代には還暦を迎えていた。わたしたちは、創業者の経歴のほかに家族構成をよく聞き取った。家族構成は、事業承継のメルクマールであった。事業の次世代への承継の是非は、彼らの子供たちの学歴に依拠した。それは調査従事者の暗黙知であったように思う。親世代と子ども世代との間には、明確に学歴格差があった（＊）。

＊文部科学省『学校基本調査』によれば、日本の高校進学率が中学卒業生の九〇％を超えるのが昭和四九［一九七四］年であり、その後微増を続けている。大学・短大進学率も、不況期には微減したものの、現在に至るまで伸び続けている。高校卒業生の六五％近くが大学・短大へ進学する時代となっている。進学率が増加傾向をみせるなかで、高校の学科別生徒

数では商業科、家庭科、工業科や農業科への進学者は減少してきた。大学等への進学は、普通科卒業生だけではなく、現在では商業科など専門学科卒業生の進学率も五〇％近くになっている。

昭和四〇年代以降、高校進学が当たり前になり、大学へ進学する子供をもつ家庭もめずらしくなくなった。高校卒業前の子供がいる事業主の人たちに、卒業後の進路などを聞くと、親の事業を継承するケースは少なく、大学生の子供を持つ場合には「勤め人」を望む親たちが多かった。

中小企業調査では、零細事業者を、一括して中小企業ととらえるには無理がある。事業規模が小さくなるほど、事業は家業であり、自営業である。事業としてのサイクルは、事業者のライフ・サイクルと同じであり、一代で終業を迎える。わたしの調査感では、時代が昭和から平成へと向かうころには、それまでの町工場は姿を消し、町の商店も少なくなり、その集合体の商店街も衰退にむかっていた。社会学者の小熊英二は、『平成史（増補新版）』の「総説―『先延ばし』と『漏れ落ちた人々』―」で、日本社会の変化の時期を①「一九五五年前後」、②「一九七三年前後」、③「一九九一年前後」に区分する。①の時期は、戦後のベビーブーム＝「人口ボーナス」時期の後、高度経済成長の始まりであった。②の時期は、石油ショックの下、経済成長率鈍化の始まりであった。③の時期は、平成の始まりである。先に紹介した住工混在地区の零細事業者の状況は、②の時期のころである。

わたしの調査対象であった地区には、いまでは集合住宅が建っている。新しく移り住んだ人が多く、町工場の歴史は跡形もなく消え去り、高齢者だけに記憶として残る。町の歴史は、若い世代へは受け継がれなくなった。文化には、集団的継承が不可決なのである。町工場などの心象風景は、地域の変貌とともに消失する。

小熊は平成の時期を情報技術が大きな存在を示す、「ポスト工業化社会」と位置づける。工場が国内にある必要も、また、作り手が熟練工である必要もなくなった。熟練工を長期雇用する必要はなくなり、企画を行う中心的な社員を除き、デザインも外注化される。現場の単純かつ定型的な作業は、短期雇用の非正規労働者で充当される。こうした労働状況をは、ハンバーガーショップの非正規販売職＝低賃金不安定雇用になぞらえて、「マックジョブ化」したという。「マックジョブ化」という言葉は、米国の社会派ジャーナリストや社会学者が使い始め、マスコミ受けする言葉として日本でも広まった。最近は特定企業を指し示すのはよくないと思われたのか、非正規労働者化という固い言葉が使われる。

日本が少子高齢化社会へ加速度的に進むなかで、経済構造上の変化が労働市場に現れ、やがて、福祉のあり方にも大きな変化を及ぼし、政治のあり方も変えてきた。当然ながら、企業のあり方も変わって来た。小熊は、現代国家の福祉制度を「自由主義」、「保守主義」、「社会民主主義」という三類型からとらえるデンマーク人社会学者のエスピン・アンデルセン（一九四七〜）の類型化に依拠して、日本社会には二つの世界が存在するようになったと分析する。

（一）日本の保守主義的レジームに近い世界―「公務員および大企業の正規雇用労働者とその家族、そして農民と自営業者といった、旧来の日本型工業化社会の構成部分は、保守主義レジームに近い世界に住んでいる」

（二）自由主義的レジームに近い世界―「非正規雇用労働者など、ポスト工業化社会への変化に対応させられている部分」

小熊は「産業が硬直化して福祉制度が機能不全になるという保守主義的レジームの特徴と、失業率は低いが格差が増大するという自由主義的レジームの特徴」が日本の中に共存する、とみる。この二分法では、中小企業はどちらに属するのか。自営業者は保守主義的レジームに近い世界に属する。だが、すべての自営業者がその範疇に属するとは思えない。二つめの範疇に属するケースもある。確認すべきは、一口に中小企業といっても、その内実は実に多岐多様にわたることだ。同じ中小企業でも、技術や製品での専門型も存在する。下請型もある。下請型にも浮動型と専属型がある。雇用面では、大企業と同じく、中小企業も正規雇用者のほか、派遣社員やパート社員など非正規雇用者も雇用する。こうしてみると、「中小企業」には、一つめの保守主義的レジームに近い世界に存立する層もあれば、二つめの自由主義的レジームに近い世界に存立する層もある。多いのは、この中間領域に存立する層―一つめに近い中間層、二つめに近い中間層がある―である。これがわたしの中小企業についての実態観である。

小熊の時代区分では、中小企業は高度経済成長期に工業、商業サービス業で増加した。それが、石油ショック後の低成長期に、繊維など軽工業分野で中小企業数は漸減する。他方、国際競争力のある機械系分野では、中小企業は活発な存立をみせた。その後、バブル期に、中小企業は輝きをみせたものの、以降、漸減傾向がみられてきた。

2　中小企業は、日本人にとってどのような存在であるのか。また、米国人にとってスモールビジネスとはどのような存在であるのか。その問いは日本社会とは何であり、米国社会とは何であるのかを問うことでもある。さらに、韓国社会やドイツ社会といった他国について、中小企業という存在を通じて問うことにつながる。いくつかのポイントを整理しておく。

（一）中小企業の存立分野の変遷と産業構造との関連性―大枠の変化でいうと、工業分野での中小企業の存立は縮小してきた。日本もまた脱工業化の流れの下で、中小企業の存立分野は流通サービス業へと移ってきた。しかしながら、その流通サービス業でも、さらに中小企業の存立分野の変化が起きた。人口減少や少子高齢化と同時並行的に、商店主の高齢化と後継者不足が起こり、小さな商店の数は減少を続けた。量販店や郊外の大型ショッピングセンターの興隆によって、人びとの消費行動は変わり、商店街の衰退と商店の廃業が進行した。とはいえ、大型商業施設も人口減少社会の下で、大きな転機を迎えている。その間隙を突いたのはコンビニエンス・ストアである。それを束ねるのは、全国チェイン展開をする大手流通業である。

（二）中小企業をめぐる制度との関係性―中小企業の存立に大きな影響を与えるのは、経済・経営環境としての制度である。すなわち、戦前では「百貨店法」、戦後では「大規模店舗法」である。前者は、当時の小売商運動の末に成立した、百貨店への規制立法である。後者は、日米貿易摩擦から派生した、経済外交上の日本側の譲歩であった。米国流通資本の圧力を背景に、米国製品の日本市場への参入促進を目的とする、米国政府の働きかけの結果であった。当時、日本市場への米国流通資本の参入はきわめて困難であった。この法律により、日本の大手資本の大型店舗の立地も解禁となった。その後、商店街や町の商店をめぐる消費者行動は変わることになる。

（三）地方と中央の関係性―かつては東京への一極集中の是正が強く叫ばれた。是正を大阪の経済的地位の向上によってはかろうという「二眼レフ論」が主張された。東京という一個のレンズだけでなく、大阪という二個めのレンズを持つことの有効性が語られたのである。背景に、大阪所在の大企業の本社機能（中枢機能）が東京へ移転され、その傾向に歯止めがかからなかった状況があった。大企業の本社機能の東京移転がほぼ一巡したころから、中堅企業も移転し始めた。なぜ、本社機能を東京へと移さざるをえないのか。多くの経営者が語るのは、業界組合の理事会の開催が東京中心であり、関係官庁もまた東京ばかりであり、その都度経営トップや役員が上京する非効率性の解消が必要という話であった。そのための、東京本社の開設であった。東京本社と大阪本社の二本社制をとる企業でも、実質は、大阪が支社化していった。

（四）人口減少社会との関連性―東京などの大都市に生活する者にとって、地方の人口減少がやがて東京や地方中核都市にも影響を及ぼすことの現実感は薄い。他方、地方の人口減少は深刻である。地方の支店経済都市での、支社や支店の縮小や撤退が人口減少に与える影響は大きい。結果、地方に存立基盤をもつ中小企業が経済の中心とならざるを得ない現状が明確になっていく。

大阪府下の地方都市の商業計画に関わった経験がわたしにはある。その都市には、大阪の難波駅に通じる私鉄の二つの停車駅があった。一つの駅には大手量販店が立地する。その場所には、戦後の復興期に小さな商店が多く生まれたが、難波への交通の便が良いことで、市内の消費者は難波へと吸引され、商店街は寂れた。洋服や家電製品などの買回り品はともかくとして、食料品や日常雑貨など最寄り品の買い手を地元にとどめるために、駅前の再開発が必要となった。このような駅前再開発の話は、どこの地域にも共通する。大阪府下でも駅前に商業ビルの建設が計画されてきた。しかしながら、どの階にどの店舗が入店するのかをめぐって、店舗ごとの権利調整があり、完成までに長期間を要する。地階や一階に量販店を誘致することも多く、元の商店が店舗として入るころには経済環境も大きく変わる。この都市の場合、さらなる大きな変化は、近隣駅に大手流通業者がショッピングセンターを建設したことであった。これにより消費者の流れが変わった。日本の多くの都市、県庁所在地のような中核都市でも、同じような経緯で近隣の商店街の衰退がすすんだ。

他方、商店街に近い地方都市では、百貨店が閉店するところもでてきた。地方人口の減少と消費者行動の変化が反映されたのだ。人口増加時代の社会システムは、人口減少時代へ移行するなかで変容をせまられている。拡大から縮小へという時代の下、新たな対応が迫られる。しかし、立地移動のポテンシャルが小さい中小企業の選択肢は必ずしも多くはない。選択肢を考える上で、二つの見方がある。

（一）自分たちの生存領域＝市場をどこに求めるか―地域市場、全国市場、世界市場のどれを目指すか。

（二）地域の競争力と自分たちの競争力との関係性―自分たちの存在が地域の競争力に貢献しているか、あるいは、その地域に立地することが自分たちの競争力に貢献しているかどうか。

自由競争市場での企業の基盤は、事業が市場価値を有するかどうかに帰着する。例外があるとすれば、それは伝統工芸品の場合である。伝統工芸品の場合、市場が極端に縮小した。しかし、伝統文化には保護すべきコンセンサスがある。文化継承という社会的価値観の共有がある。公的部門が技術の継承のために、技術継承者への資金＝補助金提供や買い上げを行うことによって、伝統産業は保護される。もちろん、伝統的製品が日常品として利用されていれば、保護政策は必要ではない。また、すべての産業を伝統産業とすることはありえない。

市場価値は、企業規模に関係なく、企業存立の基盤である。大企業はマーケティング力によって市場を創造できる。中小企業には困難である。また、大企業は、地域の市場縮小に対応して、他地域や全国市場、世界市場へと市場を転換させることができる。大企業と中小企業との差異は、そうした対応への資本力の多寡、市場支配力の強弱にある。市場支配力は自然発生的なものではない。それはマーケティング力の強弱に依拠する。独立型の中小企業が多くないのは、大企業のもつ市場支配力に依拠するからである。「米国中小企業法」での大企業の定義は、市場支配力の有無に関連する。したがって、中小企業とは市場支配力をもたない事業体とされる。研究開発、デザイン、販売戦略のカギをにぎるのは大企業であることが多い。中小企業は大企業との取引を通じて間接的に市場にアクセスできても、直接的に市場にアクセスする機会は多くない。中小企業の成長の可能性は、不特定多数の取引関係を通じた市場アクセスの可否にある。

他方で、中小企業は下請型企業として創始しても、技術力を不断に高めることで専門の中堅部品企業へと脱皮しうる。そう考えると、企業城下町で特定企業への依存度が高いのはリスクでもある。たとえば、米国のGMのデトロイト市やイタリアのフィアットのトリノ市の部品企業は工場閉鎖により大きな影響を受けた。デトロイト市はGMの倒産のあと、工場閉鎖などが続き人口も減少した。モノカルチャー都市の脆弱性は産業自体の栄枯盛衰の影響を受けやすい。

デトロイト市の問題は、自動車産業以外の産業が起こる種がまかれていなかったことだ。主要企業を頂点とする企業城下町は、中小企業の集積地であった。大企業の事業所の幹部に地元住人は少なく、外部から一定期間移り住み、転勤で転出する。地元の人たちは、中小企業の関係者、商業サービス業の従事者である。中心産業に代わる産業が地元から生み出されるとは限らない。デトロイト市は財政破綻をへて、なお、個人も中小企業も苦難が続いている。こうした状況は、他山の石ではありえない。地域社会は、主要企業の経営動態と一蓮托生的な運命をもつ。他方、複数企業や複数産業が立地する大都市圏であれば、一つの企業が及ぼす波及的な影響は、モノカルチャー的な企業城下町と比べて緩やかである。

自動車産業の群馬県太田市をみておこう。近くの私立大学の就職データでは、東京や周辺県への転出就職者が多い。大手自動車企業を除き民間企業は少なく、地元での就職組は公務員職などを除き多くない。就職口として製造ラインの作業職はみられるものの、外国人労働者の雇用もある。駅周辺の商店街は衰退している。飲食店も、公共交通機関の利用が不便であるため、数店舗を残すだけである。対照的に、主要幹線道路にある全国チェインの飲食店は、郊外の住宅地との送迎バスサービスがあり、活況を呈している。

この風景は太田市だけではなく、他の企業城下町にも共通する。モータリーゼーションのまえに形成された都市の場合、鉄道駅の周辺に商店街ができ、そこが当初は近隣住民の大事な生活圏であった。その後、市内から離れた場所に工場や関連施設が建設され、多くの人たちが移り住み、人口が増加する。ただし、それらの人たちは市内ではなく、郊外に建設された住宅地に住んでいる。彼らにとっては自動車が必要不可欠の移動手段となり、郊外にショッピングセンターや量販店が立地する。空洞化する旧市街と郊外の住宅地はつながりがない。実質、一つの町に二つの別の町が存在するような風景が展開する。かつての郷土愛を育んだ祭りなどのイベントも、郊外の住宅地で行われれば、ある種人工的なものである。彼らの地域に対する意識は、かつての農村社会や、人口が集中する旧市街とは異なる。

はたして、太田市のような企業城下町型の社会は、どのような基層文化をもつのか。民俗学者の宮本常一は、『風土と文化』(『宮本常一著作集』第三巻)で、農村の基層文化―農耕文化―に言及して、つぎのように述べる。

「このような基層文化の差に基づく物の見方の差は、その後生産や社会に大きな変化がおこったとしても、なお根本的に容易にはあらたまるものではない。それは単なる論理の世界のものでない。情緒の世界のものだからである。情緒は論理を超えて存在するものである。」

基層文化の「基層」とはなにか。宮本は、農村社会から都市社会、農業社会から工業社会となっても、日本社会の基層は「農民的」であるとした。実際は、どうだろうか。

いまでは典型的な企業城下町も減少した。産業構造の変化の下で、国内生産を縮小させた結果である。たとえば、造船業が主要産業であった地域では、造船不況のなか、中手造船企業の翼下に入ることで存続したものの、その後も受注に苦戦し、他産地の中手造船企業の完全子会社となった中小造船所もある。民間向けの新造船は低迷し、海上自衛隊や海上保安庁の官公需で生き延びてきた。

佐世保市は、軍港都市としての歴史を歩んだ地方工業都市である。しかし、造船業の縮小とともに、製造品出荷額は平成後半から横ばいが続き、結果、商業・サービス業の比重が高まった。大規模テーマパーク（ハウステンボス）が観光客を引きつけたが、観光消費額の伸び悩みは否めない。長期的にテーマパークだけで佐世保の経済を支えることは困難だ。長崎県第二の都市ではあるが、人口規模の減少に応じたコンパクト・シティへの転換が迫られる。

人口減少は、日本社会全体の共通傾向である。減少幅には差異があるものの、人口が減少する中、地方都市にとって経済活力もつ健全な社会を維持することが課題である。商業・サービス業は少子高齢化が強まるなか、高齢者世帯の消費行動に対応する必要がある。郊外立地のショッピングセンターも安閑としてはいられない。コンビニエンスストアだけで地域商業を維持するには無理がある。そうしたなか、観光客＝一時滞在者の消費への期待から、さまざまなテーマパークや遊園地が、「総合保養地整備法」（昭和六二［一九八七］

年制定）の助成金を当て込んで日本各地に作られた。佐世保市のハウステンボスもそのうちの一つであった。

理想は、多様な中小企業が活発な存立を見せ、地域経済を多様な側面から支えることである。しかし、中小企業の転廃業が続く。かつては、地域に地域経済の新陳代謝を促す新たな企業が生まれた。そうした新陳代謝メカニズムが地域経済の基層であったが、いまでは作用しなくなった。地域社会の経済発展メカニズムも変化してきた。

社会構造と中小企業

1

農村には地域の農民文化や民衆文化が存在してきた。農村文化は、農民から農民へ、民衆から民衆へと世代をこえて継承されたモノやコトの総称である。農民文化は、農家という場に蓄積されてきた。農家という「家」の成立がなければ、その種の伝統文化は途切れる。各地でお祭りなどの催事の消滅が危惧されているのは、地域の人口減少によって、祝祭を担う人たちが高齢化し、若い人たちへと継承されないからである。地域によっては、地区の人たちだけで催事を開催できず、他地域に移り住んだ子供世代の人たちが一時帰省し、祭りを担うようになっている。孫世代になれば、世代間のつながりも途切れる可能性が高い。なぜ、このような時代となったのか。

伝統文化≒慣習は生活の場で継承する「家」によって、親から子供へ、子供から孫へと継承されてきた。核家族の多い都市では、文化そのものが継承されない傾向がある。他方で、都市では家柄によらない、個人による新たな文化も起こった。実際には、そうした「都市文化」には行政によって生み出された制度的なものが多い。背景に、個人と個人とのつながりが希薄になったことがある。農村文化の経済基盤が農業であったのに対し、都市文化を支えたのは商工業であった。工業は農村から人をひきつけ、人口が都市に集積した。これにより商業・サービス業が派生的に成立した。しかし、製造業と商業・サービス業とは必要なスキルや勤労観は、違う。工業優位であった都市文化は、脱工業化で製造業の比重が低下して、商業・サービス業の人たちの比重が高まることで変容した。都市は生産の場から消費の場へと転じた。都市文化は住民の消費行動を反映するようになった。都市文化の担い手は消費者であり、消費のスタイルは変わりやすい。その分、都市の文化ははかない。

ただし、同じ都市でも昼間人口が集中する中央部と、住民の減少が激しい地区とでは、都市文化は異なる。住民の高齢化と住民数の減少が進む地域では、地域の生活に密着してきた商業・サービス業の衰退が目立つ。米国の都市では主要産業が衰退することで住民が減少し、空き家が増加、治安が悪化した。生活インフラと治安維持のため、コンパクト・シティ論が浮上した。コンパクト・シティ論の登場は都市の衰退を反映したものだ。日本の場合、都市中心部での土地取得が困難な大手流通業は、自動車の普及を背景に、郊外に駐車場をもつショッピングセンターを建設した。やがて周辺道路に自動車販売店、全国チェインの洋服販売店、ゲームセンター、日常雑貨店、家電量販店、ファミリーレストラン、ファストフード店などの店舗が立ち並ぶ全国画一の光景がみられるようになった。

都市中心部の駐車場をもたない商店や商店街は、急速に衰退した。結果、新たな都市再開発ビル（商業店舗）の建設構想が立案された。だが、戦後以来の入り組んだ土地権利の調整に時間を要し、その間に、消費者行動の変化やコンビニエンスストアの普及があり、都市中心部の再形成は遅れた。都市中心部の衰退は「ドーナツ化現象」を呼び起こした。平成のころからである。その後、空き店舗＝「シャッター通り」現象も目立ってくる。都市中心部の衰退と郊外拡大が及ぼした影響は大きかった。衰退の動きに、ネットショッピングの急速な普及がさらに追い討ちをかけた。そうした問題をコンパクトシティ構想だけで解決できる保障などはない。

全国画一的となった地方都市には、独自の魅力の創出が必要である。それをだれが担い推進するのか。観光イベントの恒常的開催で、魅力ある地方都市の復活を期待する声もある。だが、観光客は、一般消費者と同様に「気まぐれ」で「移り気」である。つねに新しい観光資源が投入されなければ、観光客は戻っては来ない。

魅力ある都市は、立派な文化施設の建設だけでは成立しえない。魅力ある都市とは魅力ある文化の担い手によってつくられる。その土地に住み、生活することを楽しむ住民がいること、これが大前提である。他の町とは異なる、住民に寄り添った小さな商店やサービス業のつくりだす無形文化が重要である。しかし、観光客のための地方資源の費消は、皮肉にも住民のまちづくりへの関心を奪った。この現状に気づくべきである。地場産業の担い手として、あるいは地域商業や地域サービス業の担い手として、中小企業が元気であること、これが地域の活性化へとつながる。

現在、日常生活で親の働いている姿をみる子供は、どのぐらいいるのであろうか。いまでは自営業的商店などはずいぶんと少なくなった。民俗学者の宮本は、「民衆と文化」(『宮本常一著作集』第一三巻)で、つぎのように指摘する。

「今日では親のあとを子が継ぐとは、必ずしも限っていない。親のもっている技術が子へと伝わらない場合が多くなっておる。あえて、親の技術をいわなくてもよい。親のもっている精神生活が子供へどう繫がって行くか……（学生へのアンケートで―引用者注）自分の親を尊敬しているというのは、殆どないのである。親父がどこかの会社に勤めている。戻って来ると、すぐテレビを見る。……そういう父親を見ている者が多い。

父親を心から尊敬していると書いたのは、父親が豆腐屋をやっているとか、畳屋をやっているなど、その仕事を目のあたりに見ておる学生です。……親の本当に働いている姿というものを、今子供が見ることができなくなっておる場合が多いのです。断絶というのはそういうものを言うのだと思う……子供が今一番見ている者は、親が本当に真剣に働いている姿なのです……（中略）

われわれが築き上げて来たところのもの、精神的な文化、それをもう一ぺん検討して見て、それを今後どうわれわれの中に生かすかということの中に意味があるのではなかろうかと思うのです。

この精神的な身についた文化は、そう容易に崩されるものではありません。それならば、今日まで持ち伝えて来た、そういうものを、どのようにして価値あらしめるかということが、これからの問題になると思うのです。」

いまでは、町の豆腐屋は少なくなり、子供たちにとって、豆腐とはスーパーで買うものとなった。畳のある部屋がなくなり、畳職人が畳をつくるのを見ることもなくなった。わたしの近辺でも、百年以上続いた老舗がいまの世代を最後に廃業されようとしている。職業を身近に感じて、働く姿を知る文化は、自営業の衰退とともにまわりから消え去りつつある。過去の「働く文化」は伝統産業のように、すべて継承されるべきものでない。だとしても、宮本のいう「精神的な身についた文化」を、わたしたちはどのように継承し、生活文化や都市生活にどのように生かすべきなのだろうか。

農民文化も都市文化も、地域の経済活動に連動して形成されてきた。かつての都市は、ものをつくる場であり、そこに生活する人びとへの日常的な商品の流通の場であり、さまざまなサービスの場であった。多種多様な事業を展開する中小零細企業の場であった。その後、ものをつくる場としての都市の比重は低下した。都市は消費だけの場となってしまった。これは日本の製造業の空洞化の地域展開でもあった。そして、都市は観光消費の場へと進みつつある。結果、そこに住む人の生活文化の比重は下がり、都市文化は歪なものになった。世界各地、日本各地で画一化されがちな都市を個性的で豊饒な文化の場とするには、地方の中小企業の役割が不可欠だ。都市社会史は中小企業の歩んできた道でもあった。地域の資源と事業を結びつけるのは中小企業である。中小企業の活力が、今後の都市文化の重要な担い手である。

2　自営業の輝いていた時代、自営業はわたしたちの日常生活にとって身近な存在であった。自営業には商店をはじめ、理美容業や修理業などさまざまなサービス業の店舗があった。それが、昭和の半ばから減少に転じ、「働く」とはどこかの会社の社員となることという意識が強まった。

総務省『労働力調査』から、時系列推移を概観しておこう。

自営業は、昭和三〇年代前半にはピークアウトした。その後、増減を繰り返しながら、平成に入って減少傾向がはっきりした。このままでは、五〇〇万人を割り込む。主因は、自営業主の高齢化による廃業である。後継者の不在がこの結果となっている。自営業の雇用面での特徴は、家族従業員の比率の高さである。女性の割合が高い。自営業主の数以上に減少が顕著なのは、家族従業者数である。昭和二八［一九五三］年の一二六二万人から令和四［二〇二二］年の一三三万人へと九〇％以上の減少となった（次頁表）。

	自営業主(うち男性)	家族従事者(うち女性)	雇用者(うち女性)	総数
1953年	991（757）	1262（883）	1660（ 467）	3913
1958年	1010（731）	1149（823）	2139（ 666）	4298
1963年	953（685）	970（744）	2672（ 853）	4595
1968年	984（699）	866（669）	3148（1032）	4998
1973年	961（655）	662（528）	3591（1180）	5214
1978年	964（677）	636（512）	3799（1251）	5399
1983年	938（636）	574（471）	4208（1418）	5720
1988年	814（626）	543（448）	4538（1615）	5895
1993年	761（562）	418（343）	5202（2009）	6381
1998年	680（537）	367（301）	5368（2124）	6415
2003年	660（488）	296（238）	5335（2161）	6291
2008年	609（460）	224（183）	5546（2302）	6379
2013年	555（416）	174（142）	5567（2306）	6296
2018年	535（399）	151（120）	5954（2411）	6640
2022年	514（379）	133（107）	6041（2785）	6688

＊単位は万人
＊1973年以前の数字には、返還前のため沖縄は含まれていない。

日本社会は、自らビジネスを展開するよりも就社の社会へ傾倒してきた。国際比較では、同期間に自営業の増加をみたOECD加盟国とは対照的である。OECDデータの自営業比率では、中南米のコロンビア、ブラジル、メキシコ、チリが上位を占める。欧州ではギリシア、トルコ、イタリア、スペインなどが高い。韓国は、日本の二倍以上の自営業比率である。これら諸国の共通点は、失業率の高さである。厳しい雇用情勢を反映して、自営業比率が高まった。

日本の自営業調査を行なった社会学者の仲修平は、『岐路に立つ自営業―専門職の拡大と行方―』で、日本の労働市場の現状のうち、自営業について「自営業という働き方の選択肢は人びとにとって忘れ去られてゆくものなのだろうか」と問題提起する。仲は、一九九七年と二〇〇五年に「自営業か雇用かの選択に対する意識」調査を行い、自営業の希望者の比率はある程度高いものの、実際には起業しなかった事例が多いことを指摘している。そして、その背景について、「この希望と実態の相違は、自営業者として働くことを望みながら被雇用者にとどまっている人びとが多数存在していることを示唆している。ではなぜ、少なからぬ人びとが自営業を選択したいと考えているにもかかわらず、実際には自営業を選択しないのだろうか」と前置きしたうえで、つぎのように分析する。

「その理由の一つには、自営業として働くよりも雇用されて働く方がより暮らしやすいという人びとの判断があると思われる。たしかに、企業が年金や社会保険の一部を負担し、働く人びとの生活を保障してきたことを考えると、雇用されることによってそれを享受することの便益は大きい。とりわけ、その主たる受益者である『正規雇用』と呼ばれる人たちにとってはあえて生活のリスクが高まる自営業を選択することは合理的な判断とはいえないかもしれない。……しかしながら、『雇用されることによって生活の安定が得られる』ということはどこまで『あたりまえ』なのだろうか。もしその前提が崩れるとすれば、人びとはそれでも雇用されて働くことを選択するだろうか。このように考えると、控えめにいっても、社会の中に『雇われない働き方』という選択肢が残されていることは、人びとの活動の場を広げることに寄与するのではないだろうか。……今日の日本社会が抱える社会的な問題や雇用の世界のこれからを考えると、『自営業として働く』という選択は雇用労働と比較してあながち『非合理』とはいいきれないかもしれないのである。」

仲の問題提起は重要である。注視しておくべきは、多くの国で自営業（self-employed）と労働市場は連動していることである。端的には、自営業の増減と失業率との関係である。失業率が高まれば、自営業は増える。

日本の場合、就社が高度経済成長期に普及し、新規学卒一括採用がいまにいたるまで一般化してきた。長期雇用型の正規雇用が大企業や中堅企業を中心に普及したことで、大企業への就社は学校を卒業後の一回だけの機会となり、入社試験は大学入試のように過熱化した。大企業を辞めれば、同一事業分野の大企業への再就職は困難であり、開かれた労働市場は中小企業か、あるいは、自らを雇用する自営業であった。日本の場合、その際に、自営業よりも非正規雇用職が選択されてきた。

その後、大企業の雇用形態も大きく変化する。年功序列賃金制度は、ピラミッド型の年齢別社員構成を前提に成立する。現在、日本の大企業の社員の平均年齢は四〇歳代前半である。高度経済成長期に大量入社した若手社員の採用があって、初めて、年功序列賃金制度は維持できた。それを従来のかたちで維持するには、パートタイマー、派遣社員、有期雇用期間の契約社員の比重を増加させる必要があった。

日本社会の経済活動を企業側の雇用面からみれば、大きな役割を果たし続けるのは中小企業である。しかし、中小企業数は、自営業と同様に減少している。中小企業数の減少は、中小企業の新陳代謝が落ちてきたからだ。倒産や廃業で中小企業数は減少する。だが、新たに中小企業が生まれれば、中小企業の減少を相殺できたはずである。

中小企業は、自営業のかたちで創始されることが多い。どのような創業形態であろうとも、まずは、一人雇用の自営業から事業は創始される。やがて、配偶者や家族が当初は無給従事者として、その後、有給雇用者として加わる。ビジネスが拡張するにしたがい、有給雇用者が増え、自営業は小規模企業へとすすむ。さらに、事業が拡張し、雇用規模を拡大させることで、中小企業となる。このメカニズムが日本で崩れてきた。それが日本の中小企業数の減少となって現れた。

中小企業にとって、まずはじめに自営業ありき、なのである。なぜ、日本人が自営業という「雇われない」働き方を選択しなくなったのか。そこには、労働市場をめぐる構造の変化以上に、日本社会の価値観の変化がある。

社会変化と社会規範

1　中小企業の社会史は、（一）人びとの日常生活からみた中小企業、（二）人びとの日常的価値観（社会的規範）からみた中小企業、（三）人びとの政治感覚からみた中小企業の、総体史でもある。

最初の視点は、人びとが働き・生きることの生活史である。日本の政府統計では、働く人の約七〇%は中小企業で働く。中小企業の数は四〇〇万社ほどで企業全体の九八%を占める。中小企業は数の上では圧倒的である。中小企業といっても、製造業ではほとんどが従業員数二〇人以下の小規模企業である。多くの人はそうした小さな企業の名前を知らない。子供に会社名を言って、すぐに理解されることはあまりない。「〇〇をつくる会社や、〇〇を売っている会社」という言い方が普通である。中小企業のなかでも、もっとも身近なのは製造業よりもサービス業や物品販売の企業であろう。政府統計では、製造業はほんの一部で中小企業全体の一〇%程度を占めるに過ぎない。地方に行けば、建設業の資材置き場が多いことからわかるように、建設業は統計の上で多い。だが、最大多数を占めるのはサービス業である。さまざまなサービス業種を一括してサービス業と総称している。具体的には、「宿泊業、飲食サービス業」、「学術研究、専門・技術サービス業」、「生活関連サービス業、娯楽業」、「教育、学習支援業」、「医療、福祉」、「複合サービス事業」、「他に分類されないサービス業」となっている。

「宿泊業、飲食サービス業」は、ホテルや旅館、ラーメン店、そば・うどん、寿司、焼き肉、喫茶などの店である。「学術研究」はイメージを膨らませにくい。具体的には、理工・医学薬学・農学などの研究所、「専門サービス業」は法律事務所、特許事務所、司法書士事務所、土地家屋調査士事務所、行政書士事務所、公認会計士事務所、税理士事務所、社会保険労務士事務所、デザイン業、著述（作家）業、芸術家、経営コンサルタント、興信所、翻訳業、通訳業である。「技術サービス業」は、獣医業、建築設計業、測量業、土木建築サービス業、機械設計業、商品・非破壊検査業、計量証明業、写真業である。自営業が減少するなか、増加したのは、会計士・税理士や中小企業診断士など一般に士業とよばれる業種である。

「生活関連サービス業」は、洗濯・理美容・公衆浴場業である。いまでは、公衆浴場業はずいぶん減少した。旅行業や家事サービス業、衣服裁縫修理業、冠婚葬祭業、結婚相談業・結婚式紹介業もこの範疇に入る。「娯楽業」は映画館、劇場、競輪・競馬商、フィットネスジム、ゴルフ場・ゴルフ練習場、テニス場、バッティングセンターなどスポーツ施設、遊園地（テーマパークは含まれない）、パチンコホール、囲碁・将棋所、ゲームセンター、カラオケである。「教育・学習支援業」には、幼稚園から大学・専門学校までの学校、公民館、図書館、博物館、美術館、動物園、植物園、水族館、青少年施設など社会教育施設、教育支援施設、学習塾、習い事の音楽教授業、指導教授業、生花・茶道教授、外国語会話教授、スポーツ・健康教授業が含まれる。「医療・福祉」は診療所や病院、歯科診療所、あん摩マッサージ・はり師・きゅう師、柔道整体師、保健所、精神保健相談施設、母子健康相談施設である。教育・学習支援業に含まれる公立学校や、医療・福祉業の公立病院や公立の相談施設は中小企業であると認識されているわけではない。

もっともわかりづらいのは、「複合サービス業」であろう。具体的には、郵便局、簡易郵便局、農業、漁業、水産加工業、森林の協同組合である。「他に分類されないサービス業」は多様で、一般廃棄物処理業、産業廃棄物処理業、自動車整備業、機械等修理業、電気機械器具修理業、家具や時計などの修理業、職業紹介・労働者派遣業、速記・ワープロ入力、複写業、ビルメンテナンス業、警備業、看板、コールセンター業がある。政治・経済・文化団体、宗教団体なども含まれる。公務—国家の司法・行政機関、都道府県・市町村の機関—もこの範疇である。

こうしてみると、多くの人にとって馴染みのあるのは、小規模企業や自営業のサービス業なのである。しかし、多くの人たちは、整骨院や動物病院、幼稚園、歯科医、学習塾、習字教室やお茶・お花教室を中小企業として感じているのだろうか。そうした「事業所」は日常生活の一部であって、それらを「企業」として意識する人は少ない。テレビドラマでも、町中のサービス業が中小企業として描かれることは、まずもってない。中小企業は、いつも大企業との対比で描かれる。大企業のイメージは清潔なオフィスで働くスーツをきたサラリーマンであり、中小企業とは町工場で汗水たらして働く作業服姿の職人たちではないだろうか。しかし、実際は、事業者数からみても、従業者数からみても、サービス業が中小企業のもっとも典型的な存立形態である。そのつぎに、小売業が続くが、これに卸売業を加えても、事業者数や従業者数は中小企業全体の四分の一ほどである。その他、不動産業や物品賃貸業、運輸業なども中小企業の存立分野である。大雑把にいえば、卸小売業、不動産業、サービス業など第三次産業は、建設業・製造業のいわゆる第二次産業をはるかに上回り、中小企業、より正確には小規模企業の最大存立分野である。

次に、前述（二）の視点である。人びとの日常的価値観は、いくつかの日常感覚から形成される。人は家庭や学校での見聞き、体験などを通じて自分自身の認識を得る。この認識の下に、人は学習し行動する。中小企業への認識は、日常生活のなかで形成される。わたしの世代では、近くの商店街や市場で、食品や日常生活品を購入するのが普通であった。いずれも徒歩圏内である。今の世代はスーパーマーケットや近郊のショッピングモール、コンビニエンスストアでの買い物に違和感はない。インターネットの普及で、スマートフォンから簡単に買い物ができるようになり、無店舗販売といわれたカタログショッピングやネットショッピングも広まった。この間、わずか一世代も経ってはいない。いまでは、シニア世代も、タッチパネルの普及で、指一本で画面を操作し、いろいろな情報を瞬時に入手し、値段の比較もする。消費行動は大きく変わった。一言でいえば、動かずとも購買が可能な消費行動が定着してきた。他方で、味気ないパソコンやスマートフォンを通すより、対面販売の復活を望む声も多い。しかし、ある程度、そのような消費スタイルが復活したとしても、従来のかたちへの復帰とはならない。

消費行動の変化で小売業の事業所（商店）は、平成に入ったころには一〇〇万を切り、その後も減り続けている。現在では、半分の五〇万以下となっている。激減したのは従業員一〜二人の零細商店である。経営者の高齢化に伴う廃業が主因である。とりわけ、飲食料品の商店が減った。八百屋、果物屋、乾物屋等である。そのような店舗が軒を並べる商店街、わたしの世代が慣れ親しんだ景色は、今の世代には昔の映画の世界となった。代わって伸長したのは、小さな店舗に商店街を詰め込んだミニ商店街＝コンビニエンスストアである。コンビニエンスストアは、物品販売以外に銀行などの金融サービス、各種催物の入場券の購入などができる、まさに便利な店舗となり、毎年増え続けてきた。店舗数は平成二八［二〇一六］年に横ばいとなったものの、その数は六万店近くある。

コンビニの歴史では、セブンイレブンの第一号店が東京豊洲にオープンしたのが昭和四九［一九七四］年であり、翌年、二四時間営業の店が福島県郡山市にオープンした。以後、店内調理の揚げ物やおでんなどの販売、イートインスペースの設置、コピーサービス、電気料金の支払い、宅配便の取次サービス、コンサートのオンラインチケット販売、さらには店内調理の品目の拡大、規制緩和による市販医薬品販売、ドリップコーヒーの販売、介護相談窓口等々と、取扱商品や提供サービスは拡大してきた。コンビニが行っているのは、商業とサービス業の融合化であり、ワンストップサービス化である。コンビニは、いまではどこにでもある。それは、コンビニが生活インフラの一部となったことの傍証でもある。

コンビニエンスストアのほとんどはフランチャイズ店である。全国展開チェインでは、本部（親会社）はスーパー系、商社系、鉄道会社系であり、ほかに地方系チェインも各地に展開する。一般に、フランチャイズシステムとは、フランチャイザー（本部）に対して、フランチャイジーが対価（加盟料）を支払い、加盟することにより、同じ商号・商標の下に事業運営上のノウハウや商品を受け、個別に事業を展開するシステムである。フランチャイズ加盟店は中小企業なのかどうか。中小企業は独立の経営権をもつことが暗黙の了解である。大企業の子会社や関係会社は、たとえ従業員規模などが中小規模であっても、中小企業とはみなされない。「米国中小企業法」では、大企業の子会社や関係会社は中小企業とみなされないが、日本の法律の場合、この点はあいまいである。だが、常識的にみて、中小企業は独立形態の企業である。

フランチャイズシステムは、コンビニだけではない。いまでは、外食産業系のラーメン店、ファストフード店、弁当店、スクール系では学習塾、健康美容系ではフィットネスクラブ、エステサロン、理美容店があるほか、介護サービス、レンタルショップなどのサービス業まで広く普及した。フランチャイズシステムでは、従来の「他人の飯を食って」というような、同業者の下で商品知識や事業運営ノウハウを蓄積したうえで独立開業するスタイルに代わって、専門知識や経営ノウハウを持っていなくても、加盟料を支払って開業ノウハウと事業運営の知識を短期間に得ることができる。この意味では、開業は容易である。とはいえ、商業やサービス業はつまるところ立地産業である。経営ノウハウや商品の提供を受けられるにしても、どこに立地できるかが大きなカギを握る。フランチャイズシステムの下に開業しても、廃業にいたるケースもある。開業後の立地環境やライバル店の出現など、個人の相違工夫なしには、店舗の維持は難しい。フランチャイズ店は、新たな自営業のかたちともいえるが、今後の人口減少社会の下で、コンビニのすべてが存続できるわけではない。好立地の場所を取得することができなければ、人口減少地域の小さな商店と同じ運命を辿る。

(三)の点は政治感覚からみた中小企業である。政治感覚とは、中小企業支援についてどう考えるかである。中小企業、たとえば、町工場や小さな商店を支援・保護する政策の是非である。

規模に関わりなく、町工場はいまでは消え去りつつある。現在はオフィスビルが立ち並ぶ大阪市内にも、かつては海外向けクリスマス電球の小さな町工場やシャツなど布帛縫製品の工場があった。梅田駅から歩ける距離のところに鋳物工場もあった。そのような風景は、人の記憶からは消え去った。商店街や街角の小さな商店、豆腐屋、駄菓子屋、荒物屋、クリーニング店もいまは数えるほどである。代わって、町を五〇〇メートルも歩けば、数軒のコンビニエンスストアや全国チェイン展開のレストランに行き当たる。中小零細企業を身近に感じる機会は少なくなった。中小企業はテレビドラマ、新聞記事や雑誌・ネット記事、ユーチューブ動画のなかに存在する。

中小企業庁や研究調査機関は、中小企業のイメージ調査を行ってきた。多くの場合、マイナスイメージがプラスイメージを上回ってきた。その後、政府主導のベンチャー企業振興運動もあり、プラスイメージを持つ中小企業像も演出された。中小企業のマイナスイメージは、大企業との対比で形成されるが、実際には七割近くの人が中小企業で働く。この現状の下で、政府は中小企業を積極的に支援すべきどうかと問えば、人びとはどのように思いをめぐらすのか。そもそも、日本人は、政府の政策は大企業寄りであり、中小企業に冷淡だと感じているのだろうか。国政選挙から地方選挙まで、ほとんど例外なく、公約として、大企業優先策が打ち出されることはない。中小企業支援の必要性が訴えられる。選挙とは数の獲得であり、家族を入れると、選挙民の大多数を占める中小企業に働く人たちは、大きな票田である。それゆえ、公約として中小企業重視が打ち出される。

だが、中小企業への金融支援は財政的に制約がある。必然的に、その政治的判断は、どのような中小企業を公的支援すべきなのかに帰着する。大きな物言いでは、国民経済全体にプラス効果をもつ中小企業像とはなにかという問いでもある。

政治とは利益の再配分でもある。そう考えるとき、国民経済全体にプラス効果をもつ中小企業への支援策とは何か。難しい問いである。たとえば、伝統産業分野の中小企業を公的支援の対象とすべきか否か。伝統産業の多くは、江戸期以来の産業である。その後、日本人の生活スタイルの変化で需要が縮小したことで、企業数や従事者が大幅に減少して、市場経済制度の下で生存できない業種が多い。にもかかわらず、政府が需要を創り出し、後継職人の育成のための補助金を出すのは、日本の伝統文化の継承が重視されるからである。

伝統産業衰退の理由には二つある。一つは生活用品としての需要が減ったことである。和装などが典型であるが、洋装の普及は和装製品の需要を縮小させた。市場経済体制の下では、人びとが必要と感じなければ、産業としての存続は困難である。二つめは加工技術である。伝統産業には、伝統技術・技能を引き継ぐ職人が不可欠である。その職人が激減した。職人養成には、政府の支援＝保護が必要とされる。だからといって、すべての伝統産業を政府が保護することに、国民の理解が得られる保証はない。

大企業であろうと、中小企業であろうと、企業の存続は市場が決定する。市場が拡大しているか、縮小しているかによって、産業や企業の栄枯盛衰が決まる。そのなかで、中小企業とはどのような存在であり、その存続をどのように考えるか。それは、国民の社会的価値観や経済的価値観に大いに関係する。

市場経済体制の下では、優勝劣敗競争の結果によって、価格や品質で劣る企業が市場からの退出を迫られる。それは、個別のマネジメント能力の差異によって必然的に生じる。企業の倒産、廃業、転業を通じて、個別企業に内在していた経営資源―人材、資本、技術や知財など―が再配分され、経営資源の有効活用がはかられる。この点は、市場経済制度の機能面でプラスとして評価される。しかしながら、市場経済での競争条件が平等であるのかどうか。競争条件が平等であり、優勝劣敗によって、一方で企業の成長や存続が起こり、他方で企業の衰退や倒産が起こるならば、それ自体は問題視できない。大企業と中小企業の比較でいえば、中小企業の競争条件が、社会的にも経済制度的にも政治的にも不利であるとすれば、平等な競争とはいえない。

経済学では、「レント」という概念がある。レントは、通常、「地代」、「家賃」、「賃借料」と訳されるが、経済学では「超過利潤」も意味する。競争条件が不完全なことで、完全競争の場合よりも多く獲得できた超過の利潤である。たとえば、先行企業が独占的な地位を占め、他企業の参入を困難とさせることで確保できる独占的な利潤である。

自社に有利な規制条件や制度の成立を政治的に求めることを「レントシーキング」という。これは何も大企業に限ったことではない。農業団体や医師会などが典型的であるが、職業団体や中小企業に関わる各種の業界団体などもロビー活動を通じて、自分たちに有利な競争条件や既得権の確保に躍起となる。重要なのは、企業規模に関係のない平等な競争条件や産業への参入条件の確保である。平成一一［一九九九］年の「改正中小企業法」以前の昭和三八［一九六三］年に制定された「中小企業基本法」は、この点を強く意識した法律であった。

2　国政選挙や地方選挙では、中小企業は地域雇用の要であるとの現状認識が示され、ほとんどの候補者は福祉政策の充実とともに、中小企業振興策を公約として掲げる。公約では、どのような中小企業像が示されてきたのか。そもそも、公的支援策がなければ、中小企業は立ち行かないのだろうか。あるいは、公的支援を受ければ、ベンチャー企業のように大きく育つのだろうか。

中小企業政策とは、「上」＝政府が抱くあるべき中小企業像の普及であり、それは「下」＝人びとの思い描く中小企業像とは必ずしも一致しない。では、どこが異なっているのだろうか。たとえば、前述の昭和三八［一九六三］年制定の「中小企業基本法」では、政府は中小企業の現状をどのようにとらえたのか。「基本法」は政府の政策理念や政策目的を示した法律である。具体的な政策内容はその後に制定される個別立法で示される。最初の基本法は、昭和三〇［一九五五］年の「原子力基本法」であった。これには、原子爆弾に対する国民感情への配慮から、原子力の研究・開発はエネルギー確保のためであり、あくまでも平和目的に限り利用すると明示された。昭和三六［一九六一］年には、「農業基本法」と、昭和三四［一九五九］年の伊勢湾台風の被害が甚大であったことから、自然災害への対応策にかかわる「災害対策基本法」が制定された。「農業基本法」では、GHQ（連合国最高司令官総司令部）の農地改革によって生まれた零細規模の自作農に対する農政の基本方針を示す必要性があった。前文には、基本法制定の意義がつぎのように示された。

「わが国の農業は、長い歴史の試練を受けながら、国民食糧その他の農産物の供給、資源の有効利用、国土の保全、国内市場の拡大等国民経済の発展と国民生活の安定に寄与してきた。また、農業従事者は、このような農業のにない手として、幾多の困苦に堪えつつ、その務めを果たし、国家社会及び地域社会の重要な形成者として国民の勤勉な能力と創造的精神の源泉たる使命を全うしてきた。

われらは、このような農業及び農業従事者の使命が今後においても変わることなく、民主的で文化的な国家の建設にとってきわめて重要な意義を持ち続けると確信する。

しかるに、近時、経済の著しい発展に伴なって農業と他産業との間において生産性及び従事者の生活水準の格差が拡大しつつある。他方、農産物の消費構造にも変化が生じ、また、他産業への労働力の移動の現象がみられる。

このような事態に対処して、農業の自然的経済的社会的制約による不利を補正し、農業従事者の自由な意思と創意工夫を尊重しつつ、農業の近代化と合理化を図って、農業従事者が他の国民各層と均衡する健康で文化的な生活を営むことができるようにすることは、農業及び農業従事者の使命にこたえるゆえんのものであるとともに、公共の福祉を念願するわれら国民の責務に属するものである。

ここに、農業の向うべき新たなみちを明らかにし、農業に関する政策の目標を示すため、この法律を制定する。」

この農業政策の前提となる日本農業の現状とあるべき姿は、つぎのように整理された。

（一）農業の役割—農作物（国民食糧）の提供、資源の有効利用、国民経済への寄与、国民の勤勉な能力と創造的精神の担い手

（二）農業の現状—他産業と間の生産性や従事者の生活水準の格差拡大、他産業への労働力流出

（三）政策の方向性—農業の自然的経済的社会的制約による不利を補正、農業の近代化と合理化の促進

敗戦後の混乱期の食料不足は深刻であった。その回復には、農地改革によって小地主となった農家の増産意欲に依るところが大きかった。他方、政府やＧＨＱにとって、戦前来の小作争議の記憶は鮮明であり、戦後の社会主義運動が盛んであった農村の「赤化」—共産主義への傾倒—を避けたかった。そのため、保守政権を支える選挙地盤として農村振興が重視された。農村は、その後現在に至るまで保守政党の主要地盤となってきた。農村の組織化に力を発揮したのは農業協同組合であり、日本政治の最大の圧力団体となる。必然、農業対策や農村対策は、農協という組織の利益に結びついた。他方で、農業人口の減少、生産性格差の拡大は、政府に農業への危機感を生んだ。

「農業基本法」では、農家の農業所得を向上させることで、格差の是正をはかることが目指された。具体的には第三条で「農業経営の規模の拡大、農地の集団化、家畜の導入、機械化その他農地保有の合理化及び

われた。

農業経営の近代化―農業構造の改善―」が示された。要するに、零細農家では生産性の向上に限界があり、農地規模の拡大と機械化による生産性の向上が重視されたのである。しかし、これには零細農家の切り捨て策との批判もあった。実際には農家の統合や集団化は困難であり、米価の値上げで農業所得の引き上げが行われた。

日本の農政は振興・育成を唱えながらも、実際には保護政策へと向かった。農政は食糧管理法の下での米の政府買い入れ価格を中心に展開した。農家の所得が伸び悩むなか、地方工場への就業によって農家の兼業化がすすみ、零細農家は温存された。農業基本法の目指す農地規模の拡大による生産性向上は、達成されないままになった。一方、価格の安定が期待できる米一辺倒の農業によって、米が生産過剰となった。農業生産の拡大を目指した農政は、減反政策へと転じた。皮肉な結果であった。米から他の作物への転換もはかられたが、週末農業の兼業農家には負担が大きく、転換は進まなかった。

その後、「農業基本法」は、平成一一［一九九九］年に「食料・農業・農村基本法」へと継承された。それはかつての「農業基本法」のように農業振興を掲げるのではなく、「国民生活の安定向上及び国民経済の健全な発展を図ることを目的とする」という一般的な理念を掲げたものとなった。

ここで、「農業基本法」の二年後に制定された「中小企業基本法」をみておこう。同法の前文を引用しておく。「農業基本法」の「農業」を「中小企業」に置き換えれば、両者の類似性がわかる。

「わが国の中小企業は、鉱工業生産の拡大、商品の流通の円滑化、海外市場の開拓、雇用の機会の増大等国民経済のあらゆる領域にわたりその発展に寄与するとともに、国民生活の安定に貢献してきた。われらは、このような中小企業の経済的社会的使命が自由かつ公正な競争の原理を基調とする経済社会において、国民経済の成長発展と国民生活の安定向上にとって、今後も変わることなくその重要性を保持していくものと確信する。

しかるに、近時、企業間に存在する生産性、企業所得、労働賃金等の著しい格差は、中小企業の経営の安定とその従事者の生活水準の向上にとって大きな制約となりつつある。他方、貿易の自由化、技術革新の進展、生活様式の変化等による需給構造の変化と経済の著しい成長に伴う労働力の供給の不足は、中小企業の経済的社会的存立基盤を大きく変化させようとしている。

このような事態に対処して、特に小規模企業従事者の生活水準が向上するよう適切な配慮を加えつつ、中小企業の経済的社会的制約による不利を是正するとともに、中小企業者の創意工夫を尊重し、その自主的な努力を助長して、中小企業の成長発展を図ることは、中小企業者の使命にこたえるゆえんのものであるとともに、産業構造を高度化し、産業の国際競争力を強化して国民経済の均衡ある成長発展を達成しようとするわれら国民に課された責務である。

ここに、中小企業の進むべき新たなみちを明らかにし、中小企業に関する政策の目標を示すため、この法律を制定する。」

「中小企業基本法」の背景と内容を整理すると、つぎのようになる。

(一) 貿易の自由化、技術革新の進展、生活様式の変化によって需要構造が変化しているなかで、中小企業の対応の遅れが問題視されたこと

(二) 競争原理を基調とする経済社会で中小企業が、生産、商品流通、輸出面、雇用面において今後もその重要性を保持する必要性

(三) 企業の生産性、企業所得、労働賃金等での大企業との著しい格差の存在が、中小企業の経営安定と従事者の生活水準向上にとって制約となりつつあること

(四) 中小企業の経済社会的存立基盤としての労働力の不足問題

(五) 中小企業政策の目標―中小企業の経済的社会的制約による不利の是正

戦後復興から高度経済成長期に移るにつれ、日本社会の経済環境は大きく変化した。前述の「農業基本法」でも「他産業との間において生産性及び従事者の生活水準の格差が拡大しつつある。他方、農産物の消費構造にも変化が生じ、また、他産業への労働力の移動の現象がみられる」と問題点が示された。同様に、「中小企業基本法」には中小企業の現状について、「企業間に存在する生産性、企業所得、労働賃金等の著しい格差」がみられるとある。格差是正には、農業の場合には「自然的経済的社会的制約による不利を補正すること、中小企業の場合には「経済的社会的制約による不利を是正する」ことが重視された。

その後、「農業基本法」も「中小企業基本法」も大改正された。改正された「食料・農業・農村基本法」では、かつての政策理念法としての色彩は薄れた。第一章第一条（目的）には、「この法律は、食料、農業及び農村に関する施策について、基本理念及びその実現を図るのに基本となる事項を定め、並びに国及び地方公共団体の責務等を明らかにすることにより、食料、農業及び農村に関する施策を総合的かつ計画的に推進し、もって国民生活の安定向上及び国民経済の健全な発展を図ることを目的とする」とある。しかし、基本理念の実現といいつつも、改正前の基本法のようにその理念が前文で明示されていない。同法第二条には、食糧安全保障の意識の高まりの下、「食料の安定供給の確保」が掲げられる。第二章第三節第二一条（望ましい農業構造の確立）には従来の基本法以来の「農業経営の規模拡大」の政策理念が示され、第二二条（専ら

農業を営む者等による農業経営の展開）では「農業経営の法人化」が盛り込まれた。

旧「農業基本法」以来、日本の農業は、農地改革の下で多くの小地主＝自作農を増加させた。小零細農家は農業協同組合員の大多数を占め、圧力団体を組織し、米価引き上げを要求し、日本政治を動かしてきた。「農業基本法」の後継法となった「食料・農業・農村基本法」には明確な理念が示されなかったが、令和二〔二〇二〇〕年三月に農林水産省から示された「食料・農業・農村基本計画―我が国の食と活力ある農業・農村を次の世代につなぐために―」では、食糧自給率を向上させるために認定農業者や法人化による農業が推奨された。また、「中小・家族経営」が地域の下支えとして果たす役割が強調された。こうした点には、農業問題と中小企業問題の類似性が感じられる。

「中小企業基本法」に戻っておけば、改正「基本法」には「食料・農業・農村基本法」と同様、かつてのような長文の前文はない。第一条（目的）には、「この法律は、中小企業に関する施策について、その基本理念、基本方針その他の基本となる事項を定めるとともに、国及び地方公共団体の責務等を明らかにすることにより、中小企業に関する施策を総合的に推進し、もって国民経済の健全な発展及び国民生活の向上を図ることを目的とする」とあるが、ある種無機質な表現となった。「基本理念」は第三条で示された。

「中小企業については、多様な事業の分野において特色ある事業活動を行い、多様な就業の機会を提供し、個人がその能力を発揮しつつ事業を行う機会を提供することにより我が国の経済の基盤を形成しているものであり、特に、多数の中小企業者が創意工夫を生かして経営の向上を図るための事業活動を行うことを通じて、新たな産業を創出し、就業の機会を増大させ、市場における競争を促進し、地域における経済の活性化を促進する等我が国経済の活力の維持及び強化に果たすべき重要な使命を有するものであることにかんがみ、独立した中小企業者の自主的な努力が助長されることを旨とし、その経営の革新及び創業が促進され、その経営基盤が強化され、並びに経済的社会的環境の変化への適応が円滑化されることにより、その多様で活力ある成長発展が図られなければならない。」

旧法の「経済的社会的制約による不利是正」の文言がなくなり、中小企業者の「創意工夫」を助長＝支援することが、新たな産業の創出、就業の機会の増大、市場での競争促進、地域経済の活性化につながることが強調された。従来にはなかった「独立した中小企業者」という用語も登場し、そうした人びとの自主的な努力への支援が重視される。背景にベンチャー企業重視の政府の姿勢がある。第一二・一三・一四条には、「経営の革新の促進」、「創業の促進」、「創造的な事業活動の促進」が登場する。これもまた旧法になかった内容である。他方、旧法にあった「輸出の振興」が新法ではなくなった。

改正法では、旧法の「中小企業の『経済的社会的制約による不利』の是正」という政策視点は消え去った。経営革新やイノベーションを担う中小企業＝独立型中小企業が強く意識される。「食料・農業・農村基本法」で、法人化農家の革新的な取り組みが重視されるのと共通する点である。また、改正「中小企業基本法」では、第八条（小規模企業への配慮）に「国は、小規模企業者に対して中小企業に関する施策を講ずるに当たっては、経営資源の確保が特に困難であることが多い小規模企業者の事情を踏まえ、小規模企業の経営の発達及び改善に努めるとともに、金融、税制その他の事項について、小規模企業の経営の状況に応じ、必要な考慮を払うものとする」とある。小規模企業が活発な存立状況であれば、このような文言が法律に盛り込まれることはない。地域経済の苦境の下で、小規模企業もまた苦しい存立状況にあることの傍証規定でもある。

平成になり、日本の中小企業への支援策は、従来の保護・育成から経営革新の可能性をもつ中小企業への支援・育成へと大きく舵が切られた。しかしながら、旧基本法で中小企業の経済的社会的制約による不利の是正を「国民に課された責務」とまで言い切った現状が、果たして実現されたのかどうか。その責務を負っていたはずの国民には自問してもらいたい。わたしたちは、日本社会において、中小企業の現状をどのように認識して、どのような支援をするのか。それはわたしたちが中小企業に対してどのような意識をもつかどうかに依拠する。

中小企業の現状をみれば、小零細層を中心にその数は大きく減じた。そうしたなかで、新たな創業が期待され、そこからベンチャー企業へと育っていく可能性をもった小規模企業、従来の下請型中小企業から経営革新を通じて独立する中小企業への支援・育成が重視されている。この方向性を、わたしたちはどのようにとらえるべきなのか。かつては「都市と農村」が対比され、今は「大都市と地方都市」が対比される。地方に改正「中小企業基本法」で語られるような成長力をもつ中小企業が存在し、発展しているとは必ずしもいえない。

第五章　中小企業の今昔

戦後になって、庶民資料の蒐集研究が進み、民衆の歴史も明らかにされてきたが、その歴史の多くは支配者への抵抗のかたちで捉えられている。農民や漁民が貧しい生活を余儀なくされた姿が、そこに記録された農民の訴えや、数字のなかから読み取れるからである。しかしそれだけでは、農民・漁民が生きていくための日々の「生活感情」を明らかにすることはできない。農民・漁民の生活のなかに入り込み、同じような感覚をもち、その生活を一度は肯定してみないとわかってこないのだ。

（畑中章宏『今を生きる思想、宮本常一――歴史を庶民がつくる――』講談社）

1

雑誌編集者の畑中章宏は、民俗学者宮本常一（一九〇七〜八一）の調査を振り返って、冒頭の引用文のように評した。宮本は農民や漁民の生活を自分の足で歩き、自分の目で確かめ、彼らに話しかけ調査した。どこか、中小企業調査に通じるものを感じる。

わたしは、二十歳半ばから四十歳前半まで地方自治体で中小企業調査に従事した。昭和五〇年代初頭から平成初期のころであった。地域的に狭い範囲だが、大阪府下をカバーした。大阪府の存立状況が他の地域にも共通するのか、ある産業の実態は他産業にも拡大解釈できるのか、迷う日々であった。中小企業はあまりにも多く、存立分野は多種多彩である。政府統計から中小企業の全体像をとらえる作業も同時並行的に行った。調査機関の報告書や研究論文なども参考にした。こうしたやり方だけで中小企業の実態を明らかにしたことになるのだろうか、とよく自問した。畑中のいうように、調査報告や数字だけでは、実態のすべてを明らかにはできない。しかし、中小企業従事者の生活のなかに入り込んで、生活を総体としてとらえるのはむずかしい。宮本常一の著作に親しんでいたわたしは、そのように感じた。実態は、歴史的な積み重ねの結果でもある。歴史感覚は重要である。

中小企業史をどこから始めるのか。「中小商工業」という言葉が出始める大正期から昭和期が順当であろう。

大正一五［一九二六］年一二月二五日に大正天皇が崩御し、同日に皇太子裕仁親王（昭和天皇）が践祚を受けて昭和に改元された。昭和元年はわずか六日で終わった。この時期に、中小企業の経営に大きな影響を与えた出来事は、昭和二［一九二七］年三月の金融恐慌であった。日銀の市中銀行への非常貸出実施、「震災手形損失補償公債法」と「震災手形前後処理法」の公布、三週間のモラトリアムの緊急勅令、「日銀特別融通及び損失補償法」の公布がなされた。さらに、昭和四〔一九二九〕年一〇月のニューヨーク株式市場の大暴落（世界恐慌へ）、浜口内閣の金解禁声明、「産業合理化に関する答申」と続いた。米国経済の先行き不安は生糸など日本の輸出型産地に大きな不安を与えた。世界経済の混乱により、昭和五〔一九三〇〕年一月には金輸出解禁が実施（金本位制へ復帰）、臨時産業合理化局が設置され、官民挙げて国際競争力の維持が目指された。

昭和六〔一九三一〕年四月に「重要産業統制法」、「工業組合法」の公布と、輸出中小工業の立て直しが続いた。九月には満州事変が勃発、ドル高を見込んだ財閥のドル買いも激化した。一二月には金輸出再禁止決定と高橋財政による景気刺激策の実施があった。国家財政の悪化で昭和七〔一九三二〕年一一月には日本銀行の赤字国債引受けが始まった。背景に、大不況下の農家や中小商工業の苦境があった。昭和八〔一九三三〕年三月に「農家負債整理組合法」が公布され、昭和一一〔一九三六〕年五月には中小商工業の資金繰り改善のため、「商工組合中央金庫法」が公布された。

日中外交が行き詰まり、昭和一二〔一九三七〕年、日中戦争が始まる。日本の戦時体制が本格化した。昭和一三〔一九三八〕年四月に「国家総動員法」の公布、五月に軍需生産体制強化の「工場事業管理令」の公布がなされ、商工省には臨時物資調整局が設置された。六月には商工省は「綿製品の製造制限に関する件」を公布した。その後も、中小商工業者の転廃業推進の「職業紹介所官制」の公布など。軍需優先と民需制限の措置が続いた。

戦局は拡大し、欧州では第二次大戦が始まる。昭和一六〔一九四一〕年一二月八日、真珠湾攻撃により、太平洋戦争が始まった。「物価統制令」や「企業整備令」の公布が相次ぎ、昭和一八〔一九四三〕年四月には軍需生産優先の下で国民生活、とりわけ、日常品の不足・物価高を打開するため「緊急物価対策要綱」が決定、六月に「工場就業時間制限令」が廃止された。そして、政策の効果もないままに、昭和二〇〔一九四五〕年八月の敗戦を迎えた。

昭和二〇〔一九四五〕年九月、日本は降伏文書に調印、一一月には占領軍による持株会社解体の指令、一二月には「農地調整法」の改正公布があった。占領軍による戦後改革の始まりである。昭和二一〔一九四六〕年になると、二月に「金融緊急措置令」（新円発行）、四月に「持株会社整理委員会令」が公布され、財閥解体へと進む。一〇月には「復興金融公庫法」、「農地調整法」の再改正、「自作農創設特別措置法」の公布、一一月に「日本国憲法」の公布、一二月の閣議で「傾斜生産方式」が決定された。

昭和二二〔一九四七〕年四月に「独占禁止法」の公布、七月には独禁法の番人として公正取引委員会が発足、一二月に「過度経済力集中排除法」が公布された。こうして短期間に矢継ぎ早の改革が行われた。

昭和二四〔一九四九〕年二月にGHQの経済顧問であったドッジ立案のインフレ鎮静化政策（ドッジライン）が実施された。ドッジラインに基づき、四月には一ドル＝三六〇円の単一為替レートが実施され、八月にはシャウプ税制使節団のシャウプ勧告が発表された。インフレーションに苦しんだ日本経済は、このシャウプ勧告という急ブレーキで不況に陥る。

景気拡大の転機は、昭和二五〔一九五〇〕年六月の朝鮮戦争勃発による朝鮮特需であった。これを契機として、日本経済はようやく戦前水準から脱け出し、高度経済成長の入り口を通り抜けた。その後、昭和三〇〔一九五五〕年九月のガット加盟により、日本は世界貿易復帰への足掛かりをえた。昭和三一〔一九五六〕年『経済白書』の「もはや戦後ではない」は、当時の日本経済の状況を伝えている。(*)

＊詳細は寺岡寛『日本経済の歩みとかたち―成熟と変革への構図―』信山社（一九九九年）を参照。

昭和三四［一九五九］年一一月には、対ドル地域輸入制限一八〇品目の自由化が決定、昭和三八［一九六三］年二月にはガット一一条国移行の政府決定、七月に「中小企業基本法」が公布された。昭和三九［一九六四］年四月に、日本はＩＭＦ八条国へ移行し、経済協力開発機構への加盟を果たす。そして、一〇月、東京オリンピックが開催され、日本の復興が世界にアピールされた。しかし、昭和四〇［一九六五］年一一月、戦後初の赤字国債発行が決定される。ここにその後の日本の財政問題の構造が形成されることになる。(＊)

＊詳細は寺岡寛『財政危機の経済社会学―もうひとつの政策論―』信山社（二〇二〇年）を参照。

敗戦後の物資不足によるハイパーインフレーションには厳しいものがあった。とりわけ、食料品の不足は深刻で、人びとは高騰する食料品を思うように入手できなかった。戦時中に空襲を避け地方に疎開した人たちが都市へ戻れば、住居を始めとし、日用品の不足は一層深刻化した。さらには、復員兵士の帰国後の問題もあった。個人も、企業も、頼るべき政府もすべてが赤字で、人びとはとにかくその日をやり過ごすことに四苦八苦した。

何もかも不足する混乱期の下、どこから経済生活を立て直すべきなのか。その問題について、経済学者の有沢広巳（一八九六～八八）は、経済復興のための優先的な物資配分の「傾斜生産方式」を提言した。まずは、エネルギー確保、交通インフラ等の整備が必要であり、石炭や鉄鋼の分野への資源優先配分が意図された。輸出の回復なしに、援助物資だけで日本の生活物資を確保することはきわめて困難であり、外貨確保のための輸出拡大が重要であった。そのカギをにぎったのが中小企業であった。

占領軍による「財閥解体」指令の下、大企業は工場に残った資材で鍋・釜の生産は許されたものの、民需転換による事業再開は不透明であった。一方、中小零細企業の事業再開は早かった。大阪府でも、日用雑貨品を中心に生産が再開した。その後、冷戦体制下で、米国政府の対日占領政策は転換する。大企業は、それまでの規制や制限が外され、日本の経済復興への役割を正式に与えられた。しかし、前述のドッジライン―財政均衡主義、補給金の削減、復興金融公庫の新規貸出停止―は日本経済にとって劇薬となった。その後のデフレ下で、金融機関による企業系列化が形成される。戦時下の経済統制のやり方が、物資・資金不足の戦後復興の平和期にも踏襲されたのは、歴史の皮肉である。

戦後の混乱期には、公益分野から民間企業にいたるまで、人員整理が行われた。中小企業の危機がマスコミで盛んに論じられた。当時の池田蔵相（一八九九～一九六五）は、第七回国会衆議院大蔵委員会で、自民党の島村一郎（一八九四～一九七七）の「ただいまの金融梗塞とかあるいは滞納者の続出というようなことにつきましては、……結局の問題は金詰まりが打開できるか、……何らかもう一段金融の面にお力を注いでいただけるかというような点について、大臣の御所見を承っておきたい」という質問に対して、つぎのように発言した（『第七回国会衆議院大蔵委員会議録』昭和二五［一九五〇］年二月二七日）。

「金詰まりの問題は、昨年の夏ごろ以来大きい問題で、われわれもできるだけ金融の緩和をいたすべき努力いたしておるのでありますが、……こういうインフレの状態をとめるということになりますと、そこに一時的の金詰まりの現象が起ることは当然なことである……しかしとにかく片方でインフレをとめながら、なお片方では事業活動を続けて行くのには、ある程度の金融ということはもちろん考えなくてはなりませんので、昨年の八月以来いろいろな手を打って来たのであります。最も困っておられる方は中小企業の方でありますのでいろいろな手を打ち、……勧銀あるいは興業銀行、農林中金、商工中金等を使いまして金融債を発行せしめ、これによりまして主として長期資金を調達する準備をいたしておる……この、一、三月の乗切りは大して心配はいらぬと考えております。」

こうした状況のなか、朝鮮特需が起った。朝鮮特需は、旧軍関係の生産を担った大企業や中小企業にとって好機となった。だが、中小企業庁『中小企業金融実態調査』(昭和二五〔一九五〇〕年一一月)からは、特需ブームが継続せず、中小企業の生産回復が遅れたことがみてとれる。とはいえ、このブームの下で国内消費市場が上向きはじめていた。朝鮮特需後の「消費景気」や「投資景気」が高度経済成長への扉を開いた。昭和三〇年代の経済成長は、既存の中小企業にも、新たに独立開業する自営業層にも成長機会を提供した。

その後、日本経済は貿易自由化の時代を迎える。昭和三八〔一九六三〕年頃には、政府は、貿易自由化や資本自由化の下で、日本市場への米国資本参入に対して危機感を強めた。通産省も産業界、金融業界との協調により欧米諸国に対抗できる規模の企業を成立させようとした。通産省の産業政策について、三木武夫(一九〇七~八八)通産大臣は、参議院商工委員会で政府の問題認識をつぎのように開陳している(『第五一回参議院商工委員会議録』昭和四一〔一九六六〕年三月一七日)。

「やがて日本の場合は、資本の自由化ということも行なわれる。これはいますぐということでもないけれども、あるでしょう。こういう日本経済の持っておるこの現在の状態から考えてみまするると、やはり日本の企業が体質を強くして、国際競争力を持たなければならぬということは御承知のとおりであります。したがって、そのためには全部が全部ではないけれども、自動車工業などは、やっぱり将来において伸ばす戦略産業……ジェネラルモーターなどと日産などを比べてみると、売り上げ高は三十三分の一なんですね。そのくらい悪いのです。だから非常にやっぱりスケールが小さいわけです。そういう点でまあ自動車工業などは、でき得べくんば、もう少し量産のできるような体制に持っていくことが至当であるという考えをもっているわけです。……今度のたとえばプリンスと日産の合併ということも、これは役所はいろいろなあっせんはしましたけれども、はやり企業側が一緒になろうという意思、これに対する、これが円滑に合併ができるようなそういう調整役をしたけれども、やりなさいとこちらが、通産省がそういう形の行政指導はしたことはない。したがって、やはり企業の合併ということは、その合併しようという意思、その最初のイニシアチブはやはり各企業がとらなければならない……」

昭和四〇年代は、貿易自由化、資本自由化への過剰意識ともいうべき状況認識の下で、日本の国際競争力へ関心が高まっていた。やがて日米貿易摩擦が生じる。日米の繊維貿易摩擦(＊)は大きな外交案件となり、昭和四七［一九七二］年早々、日本側の自主規制を盛り込んだ日米繊維協定が調印された。この時期、貿易面への大きな影響は、一ドル＝三六〇円から三〇八円（スミソニアンレート）への変更であった。それでも、貿易不均衡は大きな改善をみせなかった。スミソニアン合意は長くは続かず、昭和四八［一九七三］年二月、米国政府はドルの切り下げを発表する。日本も変動相場制に移行を余儀なくされた。

＊詳細は寺岡寛『田中角栄の政策思想—中小企業と構造改善政策—』信山社（二〇一三年）を参照。

さらに大きな出来事は、昭和四八［一九七三］年一〇月の第四次中東戦争勃発であった。将来の石油不足が危惧された。第一次石油危機である。当時の新聞記事や雑誌記事は、中小企業の苦境を頻繁に報じた。中小企業は、石油危機に端を発した原料高の下で、価格の製品転嫁ができず苦しんだ。対外的には、日米農産物交渉での日本側の譲歩、乗用車対米輸出自主規制、防衛費負担など日米関係の見直しが続いた。

昭和六〇［一九八五］年五月、米国、日本、西ドイツ、英国、フランスの蔵相が秘密裏にニューヨーク市のプラザホテルに集まり、ドル高修正のために為替市場への介入が決定された。プラザ合意である。プラザ合意の発表直後から為替市場は反応し、ドルが二〇〇円近く円高に動き、翌年には最高値で一五〇円台へとすすんだ。

当時、私は、大阪府の輸出比率の高い産地の中小企業調査を頻繁に行った。調査の中心は、輸出採算レートの見極めであった。興味深いことに、調査を重ねるごとに採算為替レートは改善されていった。急激な円高の心理的なショックは、当初、パニックに近かったが、円高を意識した一層の合理化への取り組みが心理的なショックを和らげた。

昭和六〇年代は円高の波乱含みのスタートであった。円高下の内需振興を提言した『前川レポート』が発表された。プラザ合意後の円高不況の下で、昭和六二〔一九八七〕年二月、政府は財政改革を掲げ売上税法案を提出した。この時は廃案となったが、結局、売上税は消費税へと名称を変えて、昭和六三〔一九八八〕年末に「消費税法」が公布され、平成元〔一九八九〕年四月から三%の税率で実施された。中小小売商の反発は強かった。

2

プラザ合意以降の低金利政策は、バブル景気をもたらした。景気過熱に対して、日本銀行は高金利政策をとった。政府もバブルの元凶とみた地価高騰への是正策として、金融機関に対して不動産投資の総量規制を行った。他方、昭和からつづく日米貿易摩擦交渉は、日米構造協議へと名称を変えて引き継がれ、平成二〔一九九〇〕年六月に交渉が決着した。日本側の譲歩であった。内容は、大型公共投資の実行、大店法の規制緩和、独禁法の改正であった。

やがて、バブル景気の終焉となる。財テクブームに踊らされ、投機に熱心であった中小企業の負債が膨らみ、倒産に追い込まれたケースもあった。私の近辺でも、遠縁の繊維卸商が都市銀行の担当者から、ゴルフ会員権の資金の提供を執拗に勧められていたことを思い出す。借り入れていたら、どうなっていたのか。銀行も、企業経営者も、個人もバブルのもうけ話に踊ったが、「山高ければ谷深し」の例え通りであった。日本経済はバブル経済崩壊の後遺症に長く苦しむ。

すこし時をおいた平成二〇［二〇〇八］年、米国リーマンブラザースが経営破綻し、世界の金融機関へ連鎖的な不安（リーマンショック）を引き起こした。米国政府はＧＭとクライスラーへの緊急融資を決定した。にもかかわらず、翌年、両社は経営破綻し、「破産法」適用を申請した。トヨタもこの年に赤字決算を発表する。戦後日本で生まれたベンチャー企業で短期間に世界的企業へと駆け上がったソニーも、赤字決算を発表し、上場以来初の無配を決定する。リーマンショック下の社会不安は日本でも広がった。

その後、日本ではデフレ脱却を目指し、日本銀行が、平成二五［二〇一三］年、「異次元の金融緩和」に踏み切る。他方で、経済格差是正の必要性が論じられた。雇用環境も大きく変化する。平成二七［二〇一五］年九月には、非正規雇用者の増大を決定づけた「労働者派遣法」が成立している。

当時の生活上の大きな変化は携帯電話の普及である。平成二五［二〇一三］年、携帯電話契約数が日本の総世帯数を超えた。アップル社のスマートフォンの登場が平成二〇［二〇〇八］年であるから、普及のスピードはかなり遅い。スマートフォンで、カメラなどいろいろな機能がオールインワンとなった。カメラ、ビデオなど個別電子機器の需要が激変する。日本の家電メーカーは岐路に立たされた。また、スマートフォンでのネットショッピングが可能になったことで、従来の実店舗でのショッピングのあり方が大きく変わった。小売商店の存立が揺さぶられることになる。

産業構造上の顕著な変化は、脱製造業の加速である。総務省「労働力調査」では、第二次産業従事者は平成元［一九八九］年にピークアウトして、平成の終わりには五〇〇万人以上の減少をみた。他方、第三次産業の従事者は増加し続け、同期間に約一二〇〇万人の増加をみた。平成は日本の産業構造の大きな転換期であった。産業構造上の変化は、日本の労働市場の変化でもあった。雇用の場はサービス業など第三次産業の拡大で確保され、失業者数の増加にはつながらなかったが、労働条件は大きく変化した。パート、アルバイトを含む非正規職員・従業員は、平成期に二〇〇〇万人以上の増加となり、外国人労働者数も確実に増えた。

金融業では、銀行間の合併が繰り返された。バブル期の株式市場で大きく伸びた証券業界でも、その後の株価急落の下で、手数料の安いネット証券が急拡大するなか、証券と銀行の垣根を超えた再編が進んだ。生命保険会社や損害保険会社も、「保険業法」の改正で双方が子会社を設立して、互いの業界に参入した。競争が激化し、保険業界でも再編・統合が急速化した。また、ネット社会の到来で通信業界でも、業界再編が起きた。コンビニの急伸を受け、スーパー業界の再編も進んだ。

また、これらの業界では、デジタル化が急速に進展した。デジタル技術の活用で、労働集約的業務がコンピュータ処理できるデータに変換され、人手の削減や業務のスピードアップが図られた。この流れは企業内だけでなく企業間、企業と個人（消費者）の関係も変化させた。

デジタル化の流れを受け、令和二［二〇二〇］年九月発足の菅内閣で政権の目玉としてデジタル庁が発足した。「デジタル庁設置法」（令和三［二〇二一］年）の、第一条（目的）には「その所管する行政事務を能率的に遂行するため必要な組織に関する事項を定める」とあり、「デジタル社会」の形成推進が掲げられ、デジタル庁の長は内閣総理大臣とされた。デジタル社会の形成については、「デジタル社会形成基本法」（令和三〔二〇二一〕年）の第一条（目的）でつぎのように掲げられている。

「デジタル社会の形成が、我が国の国際競争力の強化及び国民の利便性の向上に資するとともに、急速な少子高齢化の進展への対応その他の我が国が直面する課題を解決する上で極めて重要であることに鑑み、デジタル社会の形成に関し、基本理念及び施策の策定に係る基本方針を定め、国、地方公共団体及び事業者の責務を明らかにし、並びにデジタル庁の設置及びデジタル社会の形成に関する重点計画の作成について定めることにより、デジタル社会の形成に関する施策を迅速かつ重点的に推進し、もって我が国経済の持続的かつ健全な発展と国民の幸福な生活の実現に寄与する。」

ここでは「デジタル社会」は理想化され、企業のみならず、一般国民へのデジタル技術の普及を不可欠とする。デジタル化の利点として示されたのは、①日本経済の国際競争力の強化―創造的かつ活力ある発展、②国民生活の利便性の向上―インターネットを通じて多様な情報や知識の世界的規模での入手、③少子高齢化など日本の抱える課題解決への寄与、などである。

しかし、何事にもプラス面とマイナス面があるように、これらの利点には作用と副作用がある。たとえば、国民生活の利便性の向上についてはどうだろうか。デフレ経済での賃金引き上げ抑制は、従来の「動く消費」ではなく、自宅でのインターネットを通じた物品購入、無料や定額の娯楽や動画サービスなどの「動かない消費」を促した。それは、「消費者余剰」をもたらす。消費者余剰は、平たくいえば、消費者には「お買い得」感を与える。だが、それが貨幣換算されて、GDPなどの経済指標に反映されているわけではない。他方、デジタル化の進展によって、在宅勤務も可能となった。デジタル化による移動しない働き方や動かない消費生活は、それまでのビジネスモデルを変えた。従来の職業分類も変わりつつある。情報通信技術の普及がユーチューバーやデイトレーダーを生み、新たな個人事業や自営業を成立させている。今後、ネット関連の新しい職業の分類も必要となった。

中小企業は生き残れるか

1　中小企業は生き残れるか。これは「中小企業論」の中心テーマである。

現在の大企業も、元をただせば、中小企業であった。これは「中小企業強者論」に帰着する。強者か弱者かの二項対立論は、「中小企業多様論」に帰着する。「中小企業多様論」のうち、強者論に片足をおけば、「ベンチャー企業論」が登場する。弱者論に片足をおけば、大企業の「独占論」と中小企業の「衰退論」となる。強者論でもなく、弱者論でもない、「中立論」では、それぞれの業種の「適正規模論」が存在する。結論は、現在にいたるまで出ていない。理由は簡単である。つぶれる中小企業もあれば、新しい中小企業も生まれているからだ。中小企業が絶滅していれば、「中小企業弱者論」は容易に成立する。結局、中小企業にもいろいろあるという結論でいまにいたる。いつの時代にも、この問いは繰り返されてきた。

大正期には、製造業で機械化を進めた企業が大きな成長を遂げた。一方で、手工業生産の零細事業者展望論が、「小工業」の存続問題として提起された。金融恐慌から昭和恐慌にかけて、大企業との対比で、小零細事業者の倒産が著増した。このときは、「中小商工業」の存続問題が提起された。戦後も円高不況などの時に、「中小企業は生き残れるか」という悲観論がつねに提起された。大企業の場合、事業縮小あるいは事業転換の際には、従業員の配置転換が行われる。中小企業の場合、事業の縮小で従業者数を削減すれば、事業自体の継続が困難となる。大企業と中小企業の違いは、資本力だけではなく、従業員数の違いでもある。長い目でみれば、中小企業は明治、大正、昭和と不況期などで苦境に立ちつつも増加してきた。問題視されたのは、規模の小さな事業体が多すぎること、「過小過多」である。これが激しい過当競争を生み、資本蓄積が阻害されてきたと解釈された。

平成になり、中小企業数は減少を続けた。今度は、中小企業数の減少が問題視され、「過小過多」問題は「過小過少」問題となった。事業承継や新規創業策が中小企業政策となった。背景に、日本の産業構造や経済構造の変化がある。産業分野ごとに問題があるとしても、その根本には少子高齢化と人口減少がある。年齢別人口構成は、市場の動向に大きな影響を与える。今日、幼児・子供向け製品の製造・販売分野の中小企業は事業転換を迫られ、廃業も増えた。他方で、高齢者向けの医療・保健の分野は確実に拡大した。これは、大企業とて同じである。問題は企業の転換能力の有無である。国内市場に依拠する中小企業は、新たな存立分野を見いだす必要がある。

他方で、人口減少は、労働力不足をもたらす。労働力不足は労働節約的な対応を不可欠とし、新たな資本の投下を必然化させる。それは、製造業では労働節約的な設備の導入であり、商業・サービス業では情報関連機器の導入である。いずれも設備や機器を導入すれば事足りることではなく、それらを運用できる人材が不可欠となる。この課題に対処できない中小零細企業が苦境に立つ。

中小企業存立史では、衰退、停滞する企業がある一方で、成長可能性を秘めた企業もある。成長潜在力をもつ企業とそれを生かせない企業が同時に存在する。両者を隔てるのは何か。成功要因と失敗要因は、経営者の能力と運かもしれない。運であれば、経営者の能力や努力は用をなさない。運は経営者の能力と努力の先にある。

わたしは、地方自治体で中小企業の実態調査に二〇年近くに従事した。ほとんどは中小企業の経営実態調査であったが、経営実態以上に、経営者の人物像に興味を抱くことが多かった。創業者は創業者なりに、後継者は後継者なりに、多くの困難を乗り越えてきた。それだけに経営者には魅力があり、実践的な人生訓は興味深かった。聞き取った個々のエピソードなどは、調査報告書に記されることはない。だが、わたしの脳裏にしっかりと刻まれてきた。

その経営者像を一般化し、普遍化することは困難である。彼らの行動規範は一様ではない。また、ビジネススクールの教科書のように一律的ではない。まるで、即興演奏のようでもあった。中小企業の経営者たちは、大企業経営とは異なる方法で日本経済を支えてきた。その事例は、財閥史や大企業の社史の世界とは同一ではありえない。経営手法も歴史的に限られた条件の下で実践されたものであり、現在まで継承されはしない。そのような中小企業の経営者の特異性やバイタリティが、どのような社会的条件によって生み出されてきたのか。その解明に興味は尽きない。地域的なものであるのか、時代なのか。いずれにせよ、中小企業はどのようにして生き残ってきたのか。それをたどるのが中小企業経営史であり、中小企業経営者史でもある。残念ながら、それは日本の産業史一般や経営史一般のなかに埋もれてきた。中小企業の今後の展望は、その忘れられた歴史のなかにある。中小企業は社会や経済の新陳代謝そのものを反映してきたのである。中小企業には大企業に近い企業もあれば、企業といえないような生業層もある。経営者のライフサイクルと一致する事業体もあれば、成長する事業体もある。

2　週刊『エコノミスト』は、平成四［一九九二］年、臨時増刊号で「二一世紀に挑戦するスモールビジネス」特集を組んだ。わたしも、米国中小企業の今後を展望する論稿を依頼された。その際、特集記事のタイトルについて、編集者から相談された。「中小企業」は手あかがつきすぎている。なにか新たな今後の展開を予期させる表現がないか。そこで、米国でいう「スモールビジネス」を提案した。それがそのまま特集タイトルとなった。編集者が手あかといったのは、その意識に、中小企業＝下請企業のマイナスイメージがあったからであろう。

特集号では、平成四年版『中小企業白書』をベースに、中小企業経営者、中小企業庁長官、中小企業金融公庫総裁、大学教授による座談会が行われた。その際、当時の白書が示した中小企業の課題が整理されている。

（一）産業構造の高度化、ソフト化、業際化の下での開業率の低下
（二）地域中小企業集積の機能低下、物流問題の深刻化、人材問題の深刻化
（三）新中小企業像への期待―①国民生活実現への寄与、②地域経済発展への貢献、③勤労者に対する自己実現の場の提供、④技術革新、情報化の担い手としての役割、⑤国際経済社会発展への貢献

当時、バブル期の過大投資のツケが、企業規模に関わりなく企業経営に重くのしかかっていた。なかでも、貸し渋りや貸し剥しで、中小企業の行き詰まりは深刻であった。慶応大学の鳥居泰彦教授（一九三六～二〇一九）は、当時の状況をつぎの四つの「行き詰まり」で表現した。

（一）「次の新しいリーディング・インダストリーが見つからない」行き詰まり

（二）「技術開発、製品開発」の行き詰まり
（三）「産業調整」の行き詰まり
（四）「周辺途上国の追い上げ」による行き詰まり

この「行き詰まり」の影響を最も被ったのが中小企業であるというのが、鳥居の現状認識であった。鳥居のことばで紹介しておこう。

「その影響を最も受けているのが中小企業だ。新陳代謝、新事業の開業、フレキシブルな業種転換、あるいは製品開発の試作部分の仕事など、中小企業は主要産業のリーダー役として経済発展のいちばんの核心部分だ。その中小企業の開業率の低下はまさにインダストリアリズムの行き詰まりをあらわしている。中小企業の行き詰まりは一国の全体の経済発展が行き詰まりにきているという問題であることを理解すべきだ。」

座談会から三〇年以上が経過した。開業率の低下は現在も続く。

中小企業の行き詰まりは、日本経済の行き詰まりを反映する。だが、中小企業の歩みを振り返ったときに、社会の混乱が新たな中小企業を生み出す場合もある。誤解を恐れずにいえば、社会の混乱は中小企業にとってビジネスチャンスでもあった。実際、敗戦後の混乱期に、ソニーやホンダに代表される小さな事業が創始され、その後、小企業から中小企業をへて、世界的な大企業へと成長を遂げている。敗戦後の混乱と改革の下で、既得権益が取り除かれ、新しい企業や中小企業に飛躍のチャンスが開かれたのだ。鳥居の指摘のように、既存の枠組みの存在によって、経済の新たな発展が阻害されることも多い。この意味では、中小企業政策は個別中小企業への支援策や保護策ではない。実際、中小企業をすべて支援することは財政的にも不可能

だ。中小企業の自助努力に呼応して、それを妨げている経済構造を改善することこそが、真の意味での中小企業政策である。この考え方が中小企業振興に関わる基本精神でなければならない。

先にもふれたが、昭和三八［一九六三］年制定の「中小企業基本法」の「前文」には、中小企業政策の方向が明示された。①中小企業の活動を支えるための、「自由かつ公正な競争の原理を基調とする経済社会」の維持、②当時の中小企業に大きな影響を与えた経営環境―「貿易の自由化、技術革新の進展、生活様式の変化等による需給構造の変化と経済の著しい成長に伴う労働力の供給の不足」―への対応支援、③「中小企業の経済的社会的制約による不利を是正するとともに、中小企業者の創意工夫を尊重し、その自主的な努力を助長して、中小企業の成長発展を図ること」、である。重要な点は、「中小企業者の創意工夫を尊重し、その自主的な努力を助長して、中小企業の成長発展を図ること」を阻害する「経済的社会的制約による不利」の是正への取り組みであった。

中小企業の経済的社会的不利は是正されたのかどうか。たとえば、中小企業の人材不足問題は、現在でも指摘される。敗戦後の混乱期は、高度専門人材が軍隊や軍需工場から小さな企業に流出した時期である。そこから多くのベンチャー企業や技術開発系企業が生まれた。その後、大企業優位の労働市場の形成とともに、中小企業は人材不足に苦しんだ。

鳥居は、中小企業の人材不足問題には二つの側面があると指摘する。一つめは労働力不足、二つめは経営者の後継者難である。背景には、「寄らば大樹＝大企業の陰」の日本の文化的風土があるとされた。その改善には、①「中小企業の経営者や労働者に誇りがもてるような生活環境、報酬、プレステージが感じられるような仕組み」、②「大企業と中小企業の賃金格差の改善」が必要とされた。賃金格差について、鳥居は

「中小企業の努力だけではなく、大企業の下請けに対する考え方や税制の総合的な見直しなどの面で本気で考えなければならない」と主張した。

国政であろうと、地方政治であろうと、選挙の際にはかならず中小企業支援策の必要性を、ほぼすべての政治家や候補者が公約として掲げる。しかし、すべての中小企業を支援することなど財政的にも、行政技術的にもできるはずはない。重要なのは中小企業の創意工夫が報われるような環境の整備、中小企業の活力を引き出すことのできるような制度の構築である。それこそが中小企業政策の本質である。

3　中小企業の「存立理論」については、多くの論稿が発表されてきた。中小企業研究史的には、戦前来のマルクス経済学の独占論、産業組織論的なアプローチの適正規模論、マクロ経済学のアプローチがある。最初の流れは、藤田敬三（一八九四～一九八五）や巽信晴（一九二六～二〇一九）たちの論稿に代表される。巽は、『独占段階における中小企業の研究』で、「中小企業問題の理論的・実証的な解明」は、「日本の資本主義経済構造の研究」であると主張する。

「中小企業問題の性格は、中小企業問題が独占資本主義段階における資本主義経済構造の分析に、欠くことのできない課題であると同時に、きわめて広範かつ多岐にわたる研究領域をもつ課題であることに基づいている。すなわち、周知のように中小企業問題は、各産業部門における財政・金融・商業・貿易・労働などの各分野にわたり、その研究は経済学（政策論を含む）、経営経済学、経済学史、経済史などの各研究領域から総合的に究明されるべき性格をもつ問題である。したがって、中小企業問題の研究は全分野・全研究領域にわたって総合的・統一的に展開することは、重要であるにもかかわらず、きわめて困難なことであり、ときにはかえって網羅的傾向におちいり易い欠陥をもつといえる。そこで、かかる欠陥と困難を克服しながら、広汎かつ多岐にわたる各分野、各研究領域を総合的・統一的に把握しながら、中小企業問題の本質的特徴・内容を明確に理解しうるような、中小企業問題の核心的な課題に焦点をあわせて考察することが絶対必要となってくる。」

ここで示される中小企業研究とは中小企業問題の解明・分析である。それは資本主義経済の下での中小企業の存立の困難性を前提とする。かつて資本主義は社会主義への対抗概念としてよく使用された。現在では、市場経済という「主義」＝イデオロギー性のない経済システムが主流となった。

中小企業「問題」へのアプローチは、巽の言うようにさまざまな視点に基づくものである。だが、まずはもって、経済学的なアプローチが強調される。現在もまたその傾向にある。巽は、具体的につぎのように指摘する。

「資本主義の全般的危機の第二段階における中小企業問題の本質的特徴・内容を解明するための核心的課題として、中小企業の階層分化＝階層的企業構造に焦点をしぼり、歴史的に中小企業論の理論的・実証的展開を試みた……中小企業問題を、独占資本主義段階の基本的経済法則にもとづき、日本資本主義の特殊性を考慮しながら、労働者階級の立場にたって解明することが可能となる。」

当時の時代性を感じさせる指摘である。日本の戦後体制は、米ソの冷戦対立が深まるなかで、米国との新安全保障条約の締結をめぐって揺れ動いた。その時期に本書は刊行された。いまでは、「資本主義の全般的危機」はわかりづらいだろう。少しふれておく。

戦前の資本主義体制は、帝国主義の段階で行き詰まり、社会主義体制への移行の条件が成熟すれば、全般的な危機に陥ることがマルクス主義者によって主張された。欧州では、第一次大戦後のソビエト連邦の成立に加え、欧州諸国が経済不況下で政治的・経済的・社会的に不安定な状況に陥るなか、資本主義体制の全般的危機論が叫ばれた。資本の私的所有を改革する社会主義革命をめぐる政治運動も活発化した。これが、「資本主義の全般的危機」の第一段階である。その後は、一九三〇年代の世界恐慌と第二次大戦後の世界秩序の下で、東欧諸国や中国の社会主義体制への移行、植民地の民族解放運動と独立、資本主義国での労働運動の高まりによって、国家主導の経済体制が国家独占資本主義へ移行する段階にあると解釈された。これが、第二段階である。「全般的危機」論は、その後のソ連崩壊、東欧諸国の市場経済体制への移行、中国の社会主義体制の修正によって終焉を迎える。(＊)

＊詳細は寺岡寛『恐慌型経済の時代—成熟経済体制への条件—』信山社（二〇一四年）を参照。

全般的危機論の底流には、カール・マルクス（一八一八〜八三）の『資本論』（第一部発行は一八六七年）やウラジミール・レーニン（一八七〇〜一九二四）の『帝国主義論』（正式名称は『資本主義の最高段階としての帝国主義』一九一七年）の刊行があった。資本主義の命運に関する著作は、その後も多く刊行された。同時期、ルドルフ・ヒルファーディング（一八七七〜一九四一）の『金融資本論』（一九一〇年）、ヨーゼフ・シュンペーター（一八八三〜一九五〇）の『経済発展論』（一九一一年）も刊行されている。資本主義の行く先に対する社会的不安があったのである。レーニンは、資本主義諸国家間の市場獲得競争が戦争へつながることを予想した。レーニンには、「資本主義の全般的危機」感覚があった。ヒルファーディングは資本主義の最高段階としての金融資本主義を問題視し、シュンペーターは資本主義の危機を乗り越えるにはイノベーションが必要であるとし、新たな製品や新規市場の開拓による危機克服の可能性を示した。いずれの立場にも資本主義への危機感、政治経済体制の行き詰まりへの危機感があった。

これらを念頭に置いて、巽の『独占段階における中小企業の研究』を読み解いておこう。巽は「中小企業問題は、たんに国内の独占資本との関係からだけでなく、国際独占資本との関係において、帝国主義の植民地・従属国に対する支配関係、世界の領土再分割のための闘争と帝国主義戦争、そのための軍事化との関係から考察されなければならない」と指摘した。当時の国際情勢では、米国＝資本主義国代表とソ連＝社会主義国代表の全面対立＝「全般的危機の第二段階」が強く意識された。巽は、「独占資本主義段階における競争が、独占資本の追求している独占利潤を具体的に獲得してゆくためのメカニズムとして作用するところから、非独占企業とりわけ中小企業にとって破壊的な作用をもたらす」とみた。そのような状況の下で、中小企業が一般的にどのような形で存立するのか。巽はつぎのように「現象」を整理した。

(一)「中小企業の倒産、休業、事業縮小など」―「中小企業自体が、零細化し、没落してゆく現象」

(二)「中小企業への独占による、強制的な吸収・合併（合同）の現象」

(三)「独占資本の支配がなお不完全で、中小企業がかなり支配的な産業部門に、中小企業が殺到する現象。この現象は、たとえば軽工業のある部門、在来産業部門、商業部門（非生産的部門）、新興産業で中小規模企業に適していると思われるような部門などにみられる。」

(四)「中小企業が独占資本によって、直接吸収・合併あるいは没落・破産することなく、残存しながら、事実上は、その経営面での自立性・独立性を喪失し、独占資本による独占利潤の一源泉として収奪の対象に利用されているような現象」

巽はこれらの現象を踏まえ、「中小企業がしだいに零細化し没落してゆく側面」と、「中小企業が、残存しながらその独立性を剥奪され、独占資本へ従属化してゆく側面」を、「中小企業全体の問題として、統一的に法則的なものとして把握してゆくこと」を重視した。これが巽のいう独占段階における「中小企業研究」論である。つまり、独占資本主義段階の基本的な経済法則からみた中小企業の一般的な存在状態からわかるように、中小企業は一方で零細化し没落しながら、他方では独占資本に従属化を強制され、その経営の自立性を奪われ、独占利潤の一源泉として収奪・利用されている。そこで中小企業が全体として、このような没落と従属という両側面をもちながら、なお不断に再生産され残存している存立条件を解明しようとした。この解明こそが「中小企業研究」の本質であると考えた。巽が重視するのは中小企業と労働力市場との関係であり、中小企業の低賃金構造であった。

「各企業間にみられるような階層別企業格差の形成は、労働力供給源から供給される労働力の質と量に関連して、中小企業の労働力供給源のもつ性格に変化をもたらしてきた。すなわち、一般的にいって元来中小企業労働者は、停滞的過剰人口の一存在形態といわれ、たえず農村、小生産者、大工場、低所得世帯層（生活保護法適用範囲以下）、被救恤的窮民層などから補給されており、かつその存立地域からみて地域的封鎖性のもとにあるといわれている。」

いまでは、情報通信技術の発展で「地域的封鎖性」の意味と範囲も異なる。だが、物理的・地理的な差異は存在する。農村では、兼業化の一層の進展と都市への人口流出で、過剰人口は過小人口へと変化した。また、都市の労働市場については、巽は二点を指摘する。一つめは、「独占・大企業から転出した労働力が、同種労働力群の同一水準にある労働力市場を横断的に移動するというのではなく、階層的な労働力市場を縦断的に移動・転落してゆく」こと、二つめは「階層別中小企業の下層になるにしたがって、そこでの賃労働者が、分化した零細小営業者層から不断に供給され」ること、である。「地域的封鎖性」の面では、大企業と中小企業の労働市場へのアクセスは異なる。大企業の採用範囲は全国である。中小企業はローカルな労働市場からの採用が主である。労働市場の階層性が企業の階層性をもたらす。ローカルな労働市場の存在が中小企業にとり重要である。

巽は、「古い資本主義的」な関係性がたえず小規模生産を生み出し、「この小規模生産の存在が労働市場の形成と相互規定的な関係のもとに再生産されている……かかる事態が、一般に根深い中小企業の残存を維持する基礎的条件をなす」ととらえた。巽はもっぱら製造業を中心として考察を進めたが、この点は流通業やサービス業にも妥当する。なぜ、中小企業は自立的な存立を維持できないのか。なぜ、中小企業は不利な存立条件を余儀なくされるのか。もっとも端的な答えは中小企業への直接的な支配とその派生形態である。つまり、

「(中小企業は―引用者注)独占資本の直接的な支配形態(下請化・系列化)のもとに組み入れられているものと、そうでない残余の企業に区別される。そして、全体としての中小企業にたいする独占資本の直接的な支配形態のもとにある中小企業の存在形態の分析をつうじ残余の中小企業を支配し収奪し、全体としてその経営の正常な発展を阻碍し、停滞化させる傾向をもっているのである。」

この典型は下請制であり、巽はつぎのように総括する。

「資本制的生産における支配的な資本の、生産にたいする外業部的支配といわれる下請制の本質は、端的に表現すれば、資本の労働にたいする間接的・分散的な収奪緩解として、独占資本の支配形態の一つとしてなお残存・維持・利用されるようになった。独占資本は、独占利潤がその独占の地位を強化し拡大再生

産を実現するための不可欠な条件であるところから、独占利潤の一源泉として下請制を利用し、中小企業を通じて労働者を外業部的に支配した。……このような下請制のもとでの中小企業は、原材料・販売の両市場から遮断され、買占人的・高利貸的支配のもとで流通過程から剰余価値を収奪されていたのである。」下請制は、市場支配力で優位を占める独占資本が中小企業に対して、その低賃金構造を外業部的に利用する制度であると分析された。これは、当時のマルクス主義的なアプローチの特徴である。マルクス経済学の独占資本論は、独占資本が中小企業を直接的・間接的に利用することで資本蓄積を進める理論である。巽は、大企業の下請関係を通した利潤確保を「中小企業にたいする従来の単なる低賃金の間接的な利用による収奪から、さらに高度の技術水準のもとでの有機的な生産・技術の連携関係をもつ、企業内分業の組織的な確立を必要としてきたことである。……かくして独占資本のもとに直接従属する企業の規模は拡大し、その範囲も生産過程のみならず流通過程（金融機関を含む）におよぶ、全分野にわたっておこなわれることを必要としてきた」とみた。そして、その結果、中小企業の階層分化が一層進展する。巽の中小企業の階層分化の五分類は、（一）独占企業の子会社、（二）系列企業、（三）専属的下請企業（系列企業）、（四）浮動的下請企業、（五）浮動的再・再々下請零細小企（工）業（問屋制マニュファクチャア・問屋制家内工業を含む）である。中小企業の総数はいずれの範疇でも増加する。それが個別中小企業での「経営『近代化』＝合理化」の成果なのかどうか。巽は「資本主義はかならずしも中小企業の数を減少させはしない（相対数を減少させるのであって、かならずしも絶対数を減少させるとはかぎらない）」と指摘する。それは「むしろ資本主義社会における貧困化の増大をしめす」と解釈した。

巽のマルクス経済学的な「中小企業の存立論」は、「相対的貧困化論」でもある。巽は「中小企業問題」

研究についてふれ、「階層分化」を「基礎範疇」として、「全体としての中小企業を、産業循環の各局面と関連させて動態的に一層詳細に分析すること、および資本主義諸国の関連で比較分析すると同時に、社会主義企業との比較研究をおこない、資本主義中小企業問題の展開・解決の方向を具体的に把握することが、理論的・実践的に必要となる」と結ぶ。

巽の『独占段階における中小企業の研究』から六〇年以上が経過した。当時は東西冷戦下の米ソ対立や中国との緊張関係が背景にあり、米国との軍事同盟＝安保条約をめぐる国民レベルでの政治運動が起こり、三井・三池炭鉱、トヨタ自動車などでストライキが発生し、労使対立が先鋭化した時代であった。その時代状況を理解すれば、巽の現状認識や下請中小企業を中心とした中小企業の現状把握、そこにある問題点がはっきりとする。

資本主義経済体制の全般的危機論は、ソ連の計画経済＝社会主義経済体制への期待論であった。当時、両体制の優劣が強く意識された。その後、ソ連の崩壊と東欧諸国の市場経済への移行のなかで、計画経済体制の非効率性が明らかになる一方で、市場経済の効率性が評価された。独占資本＝大企業の中小企業への収奪関係が指摘されるなかで、日本でも中小企業数は増加した。中小企業が小規模層を中心に減少に転じるのは平成に入ってからである。

また、現在は、労働組合運動が活発であった時期とは様相を異にする。背景に、労働組合の組織率の低下がある。巽の「存立論」は、日本での労働組合組織率がピークに近い時期でもあった。いまでは、正規従業員の減少がすすみ、非正規雇用の割合が高い。労働組合もこうした変化への対応に苦慮する時代にきた。

中小企業問題を、いまも同一次元で論じられるのかどうか。中小企業の存立理論も、過去の何を継承して、何を新たに付け加え再構成することができるのか、再検討する必要がある。とりわけ、巽が重視した労働市場は大きな変化を遂げてきている。つぎにこの点をみておく。

中小企業への再認識とは

1　前節で少しふれたが、敗戦の翌年から労働組合の結成が一挙にすすみ、組合員の増加を背景に、戦後の急激なインフレから賃上げ要求のストライキが続発した。ゼネストは個別組合を超えて起こり、左派組合の運動が先鋭化して、労使関係の激しい対決も起こった。労使対立の緊張感は、巽の中小企業研究にも垣間みられる。いまでは、巽の時代のような労働組合と企業側とが全面対決するといった時代は終わりを告げた。非正規雇用や短期雇用など雇用形態の多様化もすすみ、労働組合運動も転換期にある。労働組合を背景とした労働者政党も低落した。大企業と中小企業の間にあった労働条件の格差を是正する方途は、個別中小企業の経営に委ねられるようになった。

「中小企業」で一括される企業の存立状況も変わってきた。たとえば、経済のサービス化と総称された動きは、現実には製造業の比重の低下であり、製造業関係の事業所や企業の減少がその内実であった。日本の製造企業は、昭和五六［一九七一］年をピークとして漸減を続けた。中小企業に関していえば、そのうち九割近くが「小規模企業」である。商業では、卸売企業数は平成四［一九九二］年をピークに減少傾向にある。小売企業数は昭和五四［一九六九］年をピークとして、以後漸減している。全体でみれば、日本の企業数は、二〇〇〇年代を迎えるころにはピークアウトした。

他方、日本の国内市場規模である総人口数は、平成一六［二〇〇四］年あたりがピークであり、高齢化しながら、ゆるやかに減少している。生産年齢人口も、平成一七［二〇〇五］年あたりをピークに減少している。少子高齢化による年齢別人口構成の変化は、国内市場の規模もさることながら、消費形態や消費内容に変化を促してきた。単身世帯の比重が高まり、その中心は高齢者単身世帯である。

人口動態は、国民経済の動向に大きな影響を及ぼす。日本の総人口数の漸減は日本経済の縮小、さらには企業活動の停滞をもたらす。ただし、人口構成の変化を伴いながら人口が減少するとしても、市場との関係からいえば、縮小する市場分野と拡大する市場分野の相殺関係が必ず存在する。後者が前者を上回れば、経済活動が単純に縮小するわけではない。また、国内市場が縮小しても、それ以上に輸出市場が拡大すれば、経済活動が縮小することはない。この場合、企業の生産性を高める新たな技術や製品の開発、新たな市場開拓を押しすすめる対応力があるかどうかがカギを握る。大企業だけではなく、とりわけ、中小企業の経営には、こうした新たな取り組みが必要である。それにはイノベーションが不可欠であるが、イノベーションには、資本力以上に、それを担う高度専門人材が必要である。中小企業にとって、そうした人材を活用できるかどうかは重要課題である。

経営資源のうち、人材をめぐる課題は、どのように人材を確保するかである。今後、社会保障制度の維持には、給付サービスの内容を変えるか、あるいは、年金などの支給年齢を平均寿命に沿って遅らせるかの選択を迫られる。実際に、退職年齢が引き上げられてきた。日本も欧州諸国も、やがて七〇歳定年となる時代がくるだろう。そうなれば、新卒採用後、一社で退職を迎えるキャリアパスも変わる。複数企業で働くケースが増える。働く人の流動性は高まり、いろいろな分野の企業やいろいろな規模の企業で働く人たちの比重も高まる。年功序列型の給与体系も変わる。中小企業が、こうした労働市場の変化を積極的に活用して、自社の経営向上につなげることができれば、それにより、今後の中小企業の未来が切り開かれる。

働き方はますます多様化する。たとえば、今は、自営業には、「フリーランス」の個人事業主や副業者、士業と呼ばれる経営コンサルタントなども含まれる。個人事業主もかつての商業・サービス業から、さまざまな分野の職種へと多様化した。副業では、被雇用者とフリーランスの個人事業主との兼業、いわゆる「すきま（隙間）」時間を利用した「すきま」ワーカーも増加している。こうした新しい働き方は、受注先紹介のマッチングアプリの運営やプラットフォーム開発にかかわるサービス業を出現させた。いまでは、下請関係には、従来の製造業のみならず、フリーランスと発注側との関係までを包摂する。

すきまワーカーのような「働き方」の比重は、世界中で高まっている。背景に、世界共通の経済構造や社会構造の変化がある。製造業が盛んであった先進諸国は、製造拠点を中国などアジア諸国などに展開させ、産業資本的な企業行動は商業資本的なそれへと変化した。先進諸国の製造業は製造卸的な傾向を強めた。研究・開発や設計を母国で行い、製造は他国で展開し、流通・販売、アフターサービスを行う企業が増えた。こうした経済活動のグローバル化により、国境といった物理的な障壁が取り除かれ、各国制度の共通化や情報通信の普及で世界が一つにつながった。結果、国内では産業の空洞化が進展し、産業の再編も起こっている。

仕事のあり方や働き方も変化した。海外で展開が困難な職種は国内に残存する傾向があるが、いったん海外展開が始まれば、移転のスピードは速い。高付加価値の業種は残り、定型的かつコスト要因の高い職種や作業は容易に海外へと移転する。労働力は、かつて農業から工業へと移ってきたように、工業から流通・サービス業へと移動してきた。製造現場では自動化により従事者が減り、新技術や新製品開発分野の従事者は増えた。全体としてみれば製造業従事者は減少し、商業・サービス業は多くの人に雇用の場を与えてきた。しかし、そこにも人員削減効果をもつ情報通信技術が導入されている。流通・サービス業から人びとの雇用の場はどこへと移っていくのか。今後注視すべき課題だ。

そうした環境下で、「すきまワーカー」や、欧米で注目された「ギグ・ワーカー」が登場した。新たな働き方を示唆するフリーランスやギグ・ワーカーには、「ギグ・エコノミー」が呼応する。これとほぼ同じ意味で、「シェアリング・エコノミー」、「プラットフォーム・エコノミー」、「オンライン・ギグプラットフォーム・エコノミー」、「オンデマンド・エコノミー」、「コラボレーティブ・エコノミー」、「クラウド・ソーシング」といった言葉も使われるようになった。元来、「ギグ」は、ライブハウスでのギタリストなど楽器演奏者の一度限りのセッションを意味した。この語感から、「ギグ・ワーカー」とは単発の仕事を請け負う労働者を意味する。「シェアリング・エコノミー」は、日本でも使われるようになった。自家用車や自宅の空き部屋、あるいはスキルを、副業的に時間貸し（シェアー）することを意味する。ギグは仕事の請負が前提であるが、シェアリングは時間や労働力（スキル）を提供する。「クラウド・ソーシング」はインターネットを活用して他者に業務を発注するやり方である。いずれも、現在の経済システムをうまく言い表わしている。現在は、インターネットの普及、とりわけ、タブレットや携帯（スマートフォン）によって情報通信が容易になった。それに呼応した「（デジタル）プラットフォーム・ワーカー」という表現もある。

スキル面から考えると、食品配送や配車サービスでは技術障壁は低い。すきま時間を利用して、柔軟な働き方が可能である。問題点は、それらの労働が労働者保護法制や社会保障制度のすきまに位置することだ。米国の調査では、ギグ・ワーカーには、ヒスパニック、黒人、アジア系の低所得者層の就業率が高い。若年層従事者の割合も高く、本来の職種の所得を補う目的で従事する場合が多い。彼らや彼女らは、法律上の自営業者であるのか、労働者であるのか。どちらであるかによって、税制や社会保障制度が異なってくる。彼らの数が増加するにしたがって、遅かれ早かれ、法律のあり方が問われるだろう。また、ギグ・エコノミーやデジタルプラットフォーム・エコノミーの従事者が増加すれば、各国のビジネス環境も大きく変わる。従来型のビジネスモデルと競合するのか、あるいは、協働するのかを、見きわめる必要がある。たとえば、米国でのウーバーやリフトの普及が、従来のタクシー業界やレンタカー業界の縮小再編を迫るほどに成長するのかどうか、が注目される。

ギグ・ワーカーは、日本や欧米諸国だけではなく、最近ではインドでも、その普及が注目されている。ギグ・エコノミーの普及拡大は、企業と働く者との関係が「雇用」から「契約」へと転換するかどうかにもよる。ギグ・エコノミーは、「必要」な時間に「必要」な人材を活用するビジネスモデルであり、企業には労働力コストや継続雇用の費用負担軽減になり、労働者には「空いた」時間の労働提供による収入確保になる。それは、ウイン・ウインの関係にみえる。だが、本当に両者の関係が平等であるのかどうか。

こうした働き方の普及は、被雇用者と自営業者との関係性の再考を促す。この点は欧州各国で検討されている。ギグ・ワーカーを労働者ととらえれば、人材不足に悩んできた中小企業にとって、外部人材活用のビジネスモデルとなる。新たなビジネス・パートナーとして、既存事業の改善や新規事業の開発で戦略的な提携が可能にもなる。自営業者ととらえれば、起業への第一歩であり、独立創業への経験の蓄積になる。いずれにしても、単なる外部資源の単発的活用から、より中長期的な活用への展望がなければ、双方にとっての有効かつ有益なビジネス関係の構築はむずかしい。ギグ・ワーカーの活用によって自社に独自の技能、技術、知識が蓄積されるかはやり方次第である。

また、大企業であろうと、中小企業や自営業者であろうと、ギグ・ワーカーの活用は直接的なコストだけではなく、社会保障費や福利厚生費を削減できる点でメリットが大きい。人手不足への対応策として、単発で業務を外部発注することもできよう。ただし、発注する業務の定型化が必要である。自社内で困難な長時間労働や危険な作業を、ギグ・ワーカーに強要することになれば、コンプライアンス問題を浮上させる。労働条件に明確な法的基準が必要なのである。

2　これまで、中小企業の経営力の低位性が繰り返し指摘されてきた。では、中小企業の経営力はどのように改善・強化できるのだろうか。

中小企業政策史からこの課題を取り上げると、「中小企業基本法」の大改正により、平成一一［一九九九］年あたりから、中小企業政策の重点が個別中小企業の経営力向上へと移った。しかし、それが中小企業の社会的経済的不利が是正された結果であるかは疑問であり、また、中小企業の経営問題は個別経営のあり方だけに起因するわけではない。

新旧の基本法の間には、政府の中小企業へのアプローチに大きな変化があった。平成一一［一九九九］年には、「中小企業新事業活動促進法」（「中小企業の新たな事業活動の促進に関する法律」）が制定された。第一条（目的）には次のようにある。

「この法律は、中小企業の創意ある成長発展が経済の活性化に果たす役割の重要性にかんがみ、創業及び新たに設立された企業の事業活動の支援並びに中小企業の経営革新及び異分野の中小企業の連携による新事業分野開拓の支援を行うとともに、地域におけるこれらの活動に資する事業環境を整備すること等により、中小企業の新たな事業活動の促進を図り、もって国民経済の健全な発展に資することを目的とする。」

要するに、中小企業の経営課題は「経営革新」であり、「異分野の中小企業の連携」が「新事業分野開拓」につながり、それに対する政府の支援が明記された。支援策の対象は、単に既存の中小企業だけではなく、創業間もない事業者や、「一月以内に新たに事業を開始する具体的な計画を有するもの」、「二月以内に、新たに会社を設立し、かつ、当該新たに設立される会社が事業を開始する具体的な計画を有するもの」も含むとした（第二条）。なお、この法律では、「新規中小企業」とは設立後五年以内とされる。それら中小企業の経営革新への取り組みに対して、政府は税優遇策や低利融資などのインセンティブを与えるとした。

その後、平成二八［二〇一六］年、同法は「中小企業経営等強化法」（「中小企業の新たな事業活動の促進に関する法律の一部を改正する法律」）へと名称が変更された。経営強化のための具体策として挙げられたのは「生産性向上」の設備、「収益力強化」の設備、「デジタル化」への設備、「経営資源集約化」の設備の導入である。「事業分野別経営力向上」の推進も盛り込まれた。安倍首相（当時）は、平成二八［二〇一六］年一月の「施政方針」演説で、「中小企業経営等強化法」を「中小企業版の『競争力強化法』」であると述べている。

平成一一［一九九九］年には「産業活力の再生及び産業活動の革新に関する特別措置法（産活法）」も制定された。これは、その後、「産業競争力強化法（産競法）」として、「アベノミクスの成長戦略」の産業政策版として登場する（平成二五［二〇一三］年法律第九八号）。背景に、中国や新興国の伸長のなかでの日本経済の停滞感があった。停滞の主因は日本の産業競争力の低下にあったものの、リーマンショック、その後の東日本大震災や原発事故、長引くデフレ経済の下で、民間設備投資の低迷の影響が長引いたことも原因であった。政府の「日本再興戦略」の下、企業の内部留保が巨額に達しながらも、なぜ、活発な投資が行われてこなかったのか。理由は、「過剰投資」による「過当競争」が企業収益を圧縮するとみられたことである。他方で、イノベーションが起これば、将来の市場拡大が予想され、投資が活発になると想定された。「産活法」や「産競法」は、そのためのイノベーション促進法であった。

イノベーション政策としては、まずは個別企業の取り組みを促進させる必要がある。それを阻害する規制に対しては、所管大臣は規制緩和の特例措置を認めることとした。また、ベンチャー型企業への投資を促進する資金調達支援や税制優遇措置が盛り込まれた。先端設備投資の促進のため、リースによる投資促進措置も導入された。さらには、イノベーションの「プレーヤー」を増やすための創業支援策も掲げられた。「産競法」は、その後も何度も改正された。M&Aによる事業承継―会社法の特例措置や税制優遇策を含む―、親族外承継、創業の促進措置も追加された。

こうして矢継ぎ早に、中小企業支援策が導入されてきた。その対象も広がった。「中小企業等経営強化法」では、従来の中小企業政策の対象とは異なり、中小企業を「卒業」した中堅企業や非営利法人も支援対象に加えられた。

令和五［二〇二三］年六月、自民党中小企業・小規模事業者政策調査会は、「新たな価値創造による地域経済の好循環の実現に向けて」（提言）を、岸田文雄首相に提出した。ポストコロナの下での「物価高、賃上げ対策のさらなる強化」、「資金繰り支援」、「グリーン・デジタルや人手不足に対応した事業再構築・生産性向上」のほかに、取組みの柱として、中小企業のなかから地域経済活性化の担い手として「売上高一〇〇〇億円以上」を目指す事業者（ユニコーン企業）との比較で、「社会課題解決（ゼブラ）企業」の創出、中小企業の自己変革の促進と地域経済の好循環の拡大を掲げている。この提言では、日本が「人口成長社会から人口減少社会に転換」し、「地域の中小企業が将来不安から前向きな投資・事業活動に踏み切ることが難しい状況」の下で、つぎの点が掲げられた。

（一）「日本的な価値創造を促進し、地域の資源（モノ）、人材（ヒト）、情報（データ）を最大限活用して、新しい成長のかたちの実現を目指す」政策の必要性

（二）「（グリーン、デジタル分野など）前向きなトレンドを捉えて、地域が新しい成長に向けて好循環を生み出していけるよう、骨太な政策体系」の必要性

（三）「人口成長を前提とした既存の供給構造の中で良品廉価・量的拡大を目指す経営から脱却し、オリジナルな付加価値に見合った価格付け（価格決定・価格転嫁）ができる経営に転換すること」の重要性

また、今後の中小企業・小規模事業者像について、つぎのような類型が示された。

（一）グローバル型―「輸出・海外展開により外需を獲得し、中堅企業に成長」

（二）サプライチェーン型―「独自技術でサプライチェーンの中核企業に成長」

（三）地域資源型―「地域資源を磨き上げ、付加価値の高い商品・サービスを提供」

（四）地域コミュニティ型―「地域の生活・社会を支え、地域の課題解決に貢献」

こうした類型ごとに方向性を整理し、具体的には「外需やインバウンド需要の取り込み」、「グリーン、デジタル分野での新事業への挑戦」、「地域の社会問題など新たな域内需要の掘り起こし」＝「新たな市場獲得」、「地域資源の積極的活用」などこうした取り組みを組み合わせて、「地域経済の好循環を生み出し」、「日本らしい価値創造と地域社会のウェルビーイングを目指す」、と提言にはある。さらには、そのなかから

売上高一〇〇億円以上の企業が登場することが期待される。今後の中小企業政策は、そのような売上高規模をもつ中堅企業へ脱皮しうる中小企業への支援が重要とされた。そのためには、M&Aの促進、輸出・海外展開、イノベーション促進、人材・資金面への政策資源の投入が重視された。

政府は、個別企業を具体的に支援できるのだろうか。潜在的成長力を秘めた企業に必要な経営資源は、資金や優遇税制よりも、高度専門人材や経営人材である。そうした人材が集まるかどうかがカギである。政府の支援よりも、政府の研究機関などからの人材の移動が大きな効果を持つ。支援機関や支援制度の多様化よりも、その時期の経営課題に対処できる人材の実質的な関与が重要である。だが、高度専門人材が既存組織から中小企業へと移動するかどうかは、本人の自由意志に依存する。労働市場での個人の選択意思を、政府の関与によって変えることは困難だ。

提言では、中小企業として、具体的にどのような事業体、あるいは業種業態が想定されているのだろうか。結論からいえば、それはある程度の規模をもつ中小企業かもしれない。だが、中小企業のほとんどは個人が経営する事業体である。平成二四［二〇一二］年『経済センサス・活動調査』によれば、企業の過半数が個人企業であり、従業者数で全体の約一二％、付加価値額で全体の約五％を占める。従業者の男女比では、サービス業では女性経営者の比率が圧倒的であり、医療・福祉や教育・学習支援でも全体の七割を占める。宿泊業、飲食サービス業、生活関連サービス業、娯楽業では六割以上となっている。サービス業では小規模な事業体が大きな役割を果たしている。こうした現状をふまえて、ユニコーン企業はともかくとして、一体、ゼブラ企業の対象にはどのような事業体が想定されたのだろうか。

ゼブラ候補の企業は、中小企業全体のなかではごく一部に過ぎない。ゼブラ企業の対象集団は、現実に拡大しているのだろうか。サービス業や流通業では、フランチャイズ形式のビジネスモデルを構築できる企業を想定するのが現実的であろう。製造業では、完成品分野よりも、部品分野の中小企業のなかに潜在的成長力をもつ企業群が存在する。下請関係のなかで存立している中小企業も多い。そのなかから、より独立的な存立を勝ち取れる企業が生れる可能性がないとはいえない。

下請型中小企業については、昭和四五［一九七〇］年の「下請中小企業振興法」（下請振興法）以来、「下請制を脱した独立性のある企業」への成長＝脱皮の必要性が提起されてきた。同法により、親事業者との公正取引の成立への後押しだけではなく、下請事業者の下請振興計画に対する支援が行われてきた。たとえば、下請事業者同士の有機的連携である。そこでは、新製品開発や新たな生産方式の導入など新事業活動によって、既存の親事業者以外の者との取引を開始・拡大することへ期待が寄せられた。つまり、下請からの脱皮には取引先の多角化がより現実的な選択として推奨された。背景には、親事業者の海外展開の拡大と国内事業所の再編という現実があった。

親事業者との公正取引の成立への後押しといったが、そもそも、公正な取引関係とは何であるのか。昭和三一［一九五六］年の「下請代金支払遅延等防止法」の制定は、不公正な取引条件の存在を前提にしていた。戦後制定の「独占禁止法」の第一九条では、「不公正な取引方法」が禁止されている。その内容には、①不当な差別的取り扱い、②不当対価取引、③不当な顧客誘引・取引強制、④事業活動の不当拘束、⑤取引上の地位の不当利用、⑥競争者に対する不当な取引妨害・内部干渉が挙げられた（第二条）。「優越的地位の濫用」とよく言われるが、これはこのうち取引上の地位の不当利用が典型である。

市場経済の下で、受注価格は市場での需給関係において変動する。需給変動による部分と、発注側の指値による部分を、日々の取引実態から実証するのは容易ではない。では、独禁法で禁止される優越的地位濫用の行為とはどのようなものなのか。それには、①購入などの強制行為、②経済上の利益提供を要請する行為、③相手側に不利益となる取引条件の設定行為、が挙げられる。①は、過去の事例では、百貨店や量販店が納入業者に対して、直接取引に関係のない物品の購入を強制したことがあった。②については、広告費の負担、イベントへの協賛金、従業員の無償での派遣要請、設計図の無償提供要請、産業廃棄物の無償回収などが具体的事例とされる。③については商業分野では、販売計画の一方的変更、納品予定の商品を受領しない行為、在庫調整の名目での商品の返却、商品の販売不振による代金の値引き要求など、である。製造業では、一方的な納期の変更、代金支払いの遅延行為、原材料費の高騰からの値上げ拒否などがある。

これらの行為は、不況期や物価高騰期に発注側の販売不振による資金繰り悪化から行われることが多かった。そうした行為に対して、独禁法は、公正取引委員会による「排除命令措置」や「課徴金納付命令」を下すことができる。措置命令に従わない事業者（代表者、代理人、使用人その他の従業者を含む）に対しては、刑事罰（二年以下の懲役または三〇〇万円以下の罰金）が科される。違反行為の認定は、受注側の申告によって進められ、公正取引委員会の調査─関係者への聞取り、鑑定人の出頭と鑑定、帳簿書類等の提出命令、立ち入り検査─が開始される。実際には、排除命令が出される前に、公正取引委員会と事業者の間で自主的解決（「確約手続」）が行われるのが通常である。申告に関する事前相談は、公正取引委員会（地方事務所など）に加え、商工会議所・商工会にも窓口が設けられた。問題は、その後の取引停止などのリスクを懸念し、受注側が申告をためらうことが多いことだ。

現実には、親事業者の違反行為による不利益を受けていても、下請側から自発的に情報を提供することは

	下請法違反	優越的地位の濫用
2018年度	8518	594
2019年度	9173	1104
2020年度	9619	1219
2021年度	10908	1488
2022年度	14003	2098

困難である。そのために、公正取引委員会は、親事業者と取引関係のある下請事業者を対象に定期調査を実施している。令和四［二〇二二］年度モニター調査では、親事業者が七万―製造委託が三・八万、役務委託が三・二万―、下請事業者が三〇万―製造委託が一・八万、役務委託が一・二万―調査対象となった。モニター調査による違反疑義事件は八一八八件あったが、下請業者からの申告は七九件―勧告は製造業委託に関わった六件―に過ぎない。親事業者からの自発的な申出はわずか二三件であった。

参考までに、下請法違反および優越的地位の濫用に関する公正取引委員会等への相談件数の推移を紹介しておく（上記表）。

下請法違反の事例では、買いたたきが目立つ。エネルギーコスト上昇による取引価格引き上げを認めないケースが最も多い。優越的地位の濫用事例では、親事業者の言い分も記載される。発注先から取引価格見直しの申出がないため価格を据え置いたのであって、従来の価格を強要したわけではないという主張である。しかし、価格改定すれば取引見直しがあると忖度して申入れを行わなかったという見方もある。最近では、フリーランスに関連する書面交付義務違反、支払遅延なども報告されている。

法令違反であるか否かという前に、取引に関し、企業の守るべき行動倫理（商道徳）がまずは問われるべきである。それはその社会のもつ経済行為における社会的規範のあり方でもある。小さな事業者に対して、優越関係を強要する企業規模の大きな事業者には、公平・公正の倫理が求められる。ビジネス上のコンプライアンスに関わる問題以外にも、労働者側の時間外労働やサービス残業、種々のハラスメントなどさまざまの問題が存在する。そのすべてを法律による監督に委ねることは困難である。そうした多くの行為が社会の常識外であるにもかかわらず、日本にはそれがまかり通る社会構造が存在する。

一方で、すべてが企業の社会的責任論に還元されて、企業倫理論だけに着目しておいてよいかどうか。企業の責任遵守には、コーポレート・ガバナンス（企業統治）と企業倫理が重視される。これに関わる財務データの透明性や信頼性もまた必要とされるようになった。

一般に、企業の社会的責任（Corporate Social Responsibility, CSR）は、ステークホルダー（利害関係者）に対して責任を負うことである。ステークホルダーの範囲は、従業員、地域住民に加え、最近では地球環境まで含んだ社会全般へと拡がった。ＣＳＲなどの用語は外国語であり、適切な日本語に置き換えられることなく使用されてきた。それは、日本の社会構造や社会的規範と整合しているのだろうか。企業のグローバル活動が盛んになるにつれて、この種の概念は海の向こうからやってきた。あらためて、日本社会の内発的な価値観や日本企業の従来からの行動倫理との関係性が問われる。

「中小企業の経済的社会的制約による不利」について補っておく。この表現は抽象的でわかりづらい。わたしにはいまでも、思い出す実態調査の経験がある。不況期の下請中小企業の実態調査は気が重かった。不況期には、発注側は厳しい対応を迫る。受注先に大幅なコストダウンを要請し、一方的な指値がまかり通った。支払い代金の決済でも、受注側に大きな負担を強いた。赤字受注を強いられた結果、数年後に経営が行き詰まった工場もあった。赤字受注に企業体力がもたないと判断して、長年の取引を解消して、家電業界から医療機器業界へと転換して生き残った町工場もあった。韓国金型メーカーと相見積もりを強いられ、品質者は、転換には苦労したが、転換したことが幸いしたと語っている。

を無視した一方的な指値受注を拒否して取引が停止、新たな受注先の開拓に取り組んだ工場もあった。経営者は、転換には苦労したが、転換したことが幸いしたと語っている。

支払手形については、意図的に検収期間と手形サイトが引き延ばされた。手形サイトが一〇か月の「お産手形」や一年の「七夕手形」の現物は目にしたことはない。だが、造船メーカーから機械加工業者に振り出された「台風手形」―台風が頻繁にくる九月初旬までの二一〇日にちなんで名づけられた―は、現物を見たことがある。これは、中小企業に課された「経済的社会的制約」以外のなにものでもない。原価を無視した一方的なコストダウン要請は、どこまでが市場取引の変動結果であり、どこまでが社会的経済的制約と解釈されるのか。あるいは、どこまでが取引面での優越的地位の不当な濫用なのか。いまは、そのような現状は改善されてきた。日本でも企業の「社会的責任（CSR, Corporate Social Responsibility）論」以前に、「商道徳（Business Ethics）」が問われるべきだ。

不況期や経営環境の激変期には、地方自治体でも中小企業対策がとられる。緊急の低利融資などである。受注側に必要以上の負担を強いる発注側のマインドには、救済的な公的資金の投入が中小企業の経営行き詰まりのバッファーとなるという思惑があるのでは、と思わないでもない。発注側と受注側が勝者・敗者の一方的な関係では双方の発展性はない。取引では企業規模にかかわりなく、遵守すべき商道徳がある。この関係が互いの発展的パートナーシップを生み出す。健全で創造的な協働関係は、「中小企業者の創意工夫の尊重」と「自主努力の助長」を通してイノベーションを誘発する。農業でも、害虫を駆除してくれる益虫は、害虫をすべて食べつくさないという。食べつくせば、翌年に自分たちが窮することを知っている。そうして、子孫を残してきた。この譬えは、どこか大企業と中小企業との関係を示唆していないだろうか。

中小企業の課題の明確化

1　中小企業が注目される状況には、二つある。一つは中小企業の倒産廃業の著増によって膨大な失業群が生れ、社会的な不安が醸成される場合である。二つめは中小企業が大きく成長する場合、たとえばベンチャー企業といった小さな事業が大きな成長を遂げる、あるいは、新技術や新製品、新市場を開拓して伸びる場合である。要するに、イノベーションが中小企業によって担われる状況である。

中小企業の状況によって中小企業政策は変遷する。中小企業の事業環境の改善や不公正な制度の是正が「中小企業基本法」では強調された。こうした政策課題は、現在では、政府による個別中小企業の経営力強化支援に移り変わった。平成一一［一九九九］年の「中小企業新事業活動促進法」第一条（目的）では、中小企業政策は「中小企業の経営革新及び異分野の中小企業の連携による新事業分野開拓の支援を行う」こと、「地域におけるこれらの活動に資する事業環境を整備すること」、「新たな事業活動の促進を図る」こととされた。経営革新への取り組みもさることながら、新たに重視されるのは「創業促進」や「異分野との連携による新事業開拓」である。創業や新事業展開を政策的に促すことができるのかどうか。重要なのは中小企業経営者やそこで働く人たちの意欲（マインド）である。多少の補助金で人のマインドを変えることは難しい。また、意欲があっても、二つの課題が残される。一つめは資金調達、二つめは人材である。

資金調達の点では、自己資本比率が低く、株式や社債発行による直接金融の手段が限られる中小企業は、金融機関からの間接金融に依存せざるをえない。こうした資金調達体質が一層浮き彫りになったのは、いわゆる「金融ビッグバン」以降であった。中小企業は金融機関からの「貸し渋り」（新規融資や追加融資の抑制）

や「貸し剥がし」（資金回収）に直面した。資金繰りに窮した中小企業へは金融支援策の早急な実施が必要であった。にもかかわらず、対応は遅れた。ミクロ的な支援策の前に、政府の金融政策が適切であったかは問われてよい。

なぜ、「貸し渋り」や「貸し剥がし」問題が生じたのか。当時の状況をみておく。

バブル経済の後始末として、政府は東京の金融証券市場を「国際化」して、日本経済の発展を促そうとした。それまでの大蔵省主導の船団形式の横並び意識と制度を変革させ、日本の金融機関の競争力を高めようとした。これが、金融ビッグバンである。

金融ビッグバン構想の端緒は、平成八［一九九六］年一一月に、橋本首相が主導した「金融システム改革」である。バブル経済後の東京市場を五年間でニューヨークやロンドン並みの国際市場に改革することが掲げられた。具体的には、①日本の金融規制の緩和による金融全般の自由化、②①に関連して、それまでの金融、証券、保険の各業務範囲の見直し、③金融持株会社制度の導入、④手数料、内外取引の規制撤廃＝自由化、⑤自由化に沿った法制度や会計制度の国際標準化であった。

まるで病人にフルマラソンをさせるような無理な展開であった点で、戦前の金解禁と金融ビッグバンは類似した。戦前、浜口首相と井上蔵相は、日本の緊縮財政＝デフレ不況の打開策として、金解禁に踏み切った。だが、円ドル為替は円高にふれ、国内の輸出産業は不振となった。政府は為替を好転させるため、政府支出の一層の削減を行った。これにより、景気はさらに悪化する皮肉な結果となり、金と正貨は海外に流出した。日本経済は輸出産業の不振、輸出企業の行き詰まりで地方中小銀行が破綻する事態となった。歴史は繰り返す。金融ビッグバンでも、政策関係者の現状認識とグローバル感覚のずれが露呈した。

バブル経済の崩壊後、不良債権処理で苦しむ金融機関に、短期間に自由競争を促せばどうなるのか。それも分からない政策関係者の想像力の欠如に驚く。政府は「金融システムの機能回復」を発表し、金融機関の不良債権問題へ取り組む方針を示した。重視されたのは、国民の金融機関への不安感・不信感の払拭であり、銀行預金に対するペイオフの五年間凍結（預金等の全額保護）を発表した。ペイオフ実施は、平成一三［二〇〇一］年四月まで延期された。平成八［一九九六］年六月、いわゆる「金融三法」の「健全性確保法（金融機関等の経営の健全性確保のための関係法律の整備に関する法律）」、「更生特例法（金融機関等の更生手続の特例等に関する法律）」、「改正預金保険法（預金保険法の一部を改正する法律）」が成立した。金融機関の破綻の未然防止、破綻後の処理への早期対応が目的であった。「金融三法」の成立で、自己資本比率の引き上げによる監督当局の早期是正措置が導入されることになった。同年九月、金融債権管理機構が金融機関の不良債権の処理をすすめるため、東京共同銀行が改組され、整理回収銀行となった。

バブル経済の一因であった住専（住宅金融専門会社）に対しては、公的資金が「住専処理法」の成立で投入された。住専処理は住専のかかえる巨額の不良債権、住専と金融機関との癒着を明らかにした。国民は驚き、それを許容した大蔵省の金融行政への批判が一気に高まった。大蔵省の金融行政に対する国民の批判が厳しくなるなかで、平成九［一九九七］年六月、「金融監督庁設置法」と「金融監督庁設置法の施行に伴う関係法律の整備に関する法律」が成立する。これにより、内閣府の外局として金融監督庁が設立され、金融行政を担うことになる。

橋本首相が、その前年に打ち出した金融システム改革（日本版ビッグバン）—①フリー—市場原理による自由な市場、②フェアー—透明で信頼できる市場、③グローバル—国際的市場—は、金融制度調査会の答申にそったものであった。しかし、バブル経済の破綻から立ち直っていない大手金融機関には、行き詰まるところが出てきた。不良債権処理の遅れにより金融システムへの不安が醸成された。不良債権処理の遅れや株価低迷による自己資本比率の低下に苦しむ金融機関の、貸し渋りや貸し剥がし問題が顕在化した。資金繰りが悪化し、倒産を余儀なくされた中小企業が一挙に増えた。

金融ビッグバンは、そもそも、必要であったのか。金融ビッグバンが世界の金融市場への対応に必要不可欠であったとしても、あの時期に性急に実行すべきであったのか。十分な準備がなされていたのか。当時、政府関係者には、製造業を中心とする経済発展が困難であるとの思いが強かったのではなかろうか。それで、製造業に代わり日本経済をけん引する産業としての金融業への期待があったのであろう。米国経済をみれば、「産業の空洞化」で象徴されたように、製造業の地位は低下し、代わって金融業が大きな発展を見せていた。日本もまたその方向に進むべきという考え方があった。預金高で世界トップの日本の都市銀行は、大蔵省の輸送船団政策の下での過保護な存在であり、世界の資本市場ではきわめて特殊な存在と考えられていた。英米のように、証券業務も行い、M&A仲介、デリバティブ（金融派生商品）でも競争力を高めるには、規制の緩和や撤廃などが必要とされた。しかしながら、金融ビッグバン以降の日本の金融機関の対応は不十分であり、不十分であるがゆえに失敗とみなされたのである。参考までに当時の関係者の対談記録―非営利シンクタンク言論NPO「特集一・日本版ビッグバンはまだ成功していない」（二〇〇二年七月一一日）―から、「改革派」の見方を紹介しておく。

当時、金融庁金融審議会委員であった蠟山昌一（一九三九～二〇〇三）は、証券取引審議会の『証券市場の総合的改革に関する報告書』（一九九七年）での議論が、「いつの間にか内閣の方針に含まれ、そこに国際金融局の仕事、あるいは銀行局の仕事も含まれ、それらが全部一括りに『ビッグバン』と名付けられた……ビッグバンの概念がどこか曖昧に、あまりにも広がってしまったようにも思えて、単なる金融界の再編・淘汰がビッグバンだというような理解になったのは非常に残念」と前置きしたうえで、日本版ビッグバンの行き詰まりの理由を、つぎのように指摘している。

「これまでのビッグバンを芝居の舞台装置と役者の関係にたとえると、いかに舞台装置を立派にするかということばかりにかまけていて、役者の演技力や演目の中身などには踏み込んでこなかったのではないか。舞台がどんなに立派でも、役者の芝居が下手なら、顧客をうならせることはできない。」

橋本内閣の下、金融ビッグバンは、バブル後遺症の不良債権処理がすすまない「嵐」の中での船出となった。多くの課題は、小泉内閣へと継承された。小泉は「改革」を訴えたが、何を改革するのかは必ずしも明確ではなかった。「自由化」のスローガンだけが飛び跳ねた。当時、リーマンブラザース東京支店のエコノミストであったポール・シェアード（一九五四～）は、座談会で、金融ビッグバンは「日本の戦後のシステム転換」が重視された文脈の下で出てきたビジョンの一つだったが、新しいシステムの建設とバブルの後始末が「ごちゃごちゃ」になり、まずはもって不良債権処理が優先されるべきであったにもかかわらず、順序が逆になったことが、改革失敗の原因であったと指摘した。

不良債権処理問題に関しては、大蔵官僚で金融行政にかかわった西村吉正（一九四〇～二〇一九）は、住専問題が解決したことで、「不良債権問題は山を越したという気持ちが世の中に強く出て来た。……その時、世の中が割に楽観的なムードになったんですね。日本がG7の中で成長率が一番高くなったり、第二次橋本内閣が総選挙に勝ったりしたことが、その背景にあった」と述べたうえで、金融行政関係者としての見方をつぎのように開陳している。

「そのころの私は大蔵省を辞めていましたが、風呂敷が大きすぎはしないか、前向きの姿勢をとるのは早過ぎはしないかと外から見ていました。もう二、三年の間、不良債権の処理を優先し、それから次の手順に入るべきではないか……」

要するに、時期尚早論である。

日本の金融制度に関しては、以前から銀行は融資中心の間接金融から、資本市場を重視する直接金融へと転換すべきという議論が続いていた。問題は、そうした道筋への明確なビジョンがなかったことにあった。

蠟山はこの点にふれ、つぎのように指摘した。

「順序として金融改革よりも前に不良債権の処理だという単純な議論ではない……金融改革のためのビジョンが必要……六八五〇億円は農協と銀行その他を救済するために使うのではなく、新しいシステムをつくるための投資なんだと、本来なら言うべきなのです。

結局、新しいシステムをどうするかというビジョンがない。いわば金融改革のゴールがみえないわけだから、『公的資金投入は反対』という声が大きくなってしまう。……不良債権処理と金融改革は、両者ともに明確なビジョンを必要とするという意味において私は同根の問題だとおもっていて、順序の問題ではない……」

蠟山は、金融ビッグバンはビジョンなき改革だと断じた。蠟山はさらに議論を進め、「総体的に銀行は小さくなるべきだというのが、私の基本的な認識です。今は個々の銀行も大きいし、システムとしても銀行システムは大き過ぎる。銀行はつぶすべきだ」と主張する。これは学者ならでは極論である。むしろ、実務家のシェアードのつぎの指摘の方が本質をついていた。

「銀行に不良債権の開示をさせ、それを今決算期の中ですべて手当てをさせる。そうするとおそらく自己資本がふっとぶ、それでいいのです。しかし問題は大口預金者の保護をどうするか……極論すれば、銀行をつぶす過程の中で大口預金者をペイアウトすれば、彼らが持っている金融資産が銀行預金からキャッシュに変わるわけで、それをいろんな金融商品に振り向けることができる……そのプロセス全体を早めることがなければ、いつまでたってもそういう金融資産が塩漬けのままになっている。」

つまり、蠟山やシェアードの「金融改革」とは、銀行預金に偏った日本の資金の証券市場＝資本市場への取り込みを推し進めるものであった。蠟山は、不良債権問題は戦後長きにわたって変革されなかった日本の金融構造を不良債権処理という「強制力」によって、変えるチャンスと考えた。蠟山たちは、「証券市場と間接金融というのを補完的な関係に置いて、核に証券市場を置こうという考え方が、ビッグバンの時の基本」とみていた。では、なぜ、そのような方向に進展しなかったのか。

蠟山は、政治家の意識の遅れがその方向を阻害したと指摘する。「定着していないのは、政治家ですよ。やはり彼らはリレーションシップにものすごくこだわるし、中小企業が多い地盤を持つ人だと、今後の中小企業がどんなふうになっていくかなどということについて確たる展望を持てない」と述べ、そのため、間接金融＝銀行融資に依存度の高い中小企業の保護が強く意識されたとみた。蠟山は、中小企業専門金融機関の中小企業金融公庫についても、「官が証券化の仕組みを徹底的に利用し、自ら商売を行い、成功して利益を上げるようになったら民に転ずる、そういうシナリオが可能なのではないか」と指摘する。しかし、中小企業にとって、従来の銀行借入れでなく、株式や社債発行による資金調達へと多様化する必要があるとしても、公的金融機関にその旗振りができるとは思えない。元大蔵官僚の西村の「役人の出身者にマーケットのプレーヤーとして活躍するだけの才覚があるとは思えない」という指摘は、正直なところであろう。

展望なき金融改革の下、地方銀行や信用金庫は、不良債権処理に必要な自己資本比率確保のために、性急な資金回収＝貸し剥がしや追加融資の抑制＝貸し渋りをすすめた。金融ビッグバンは、中小企業の資金調達力の脆弱性を浮かび上がらせた。ベンチャー企業のように、不確実性の高い事業の創始や新たな事業構築のための資金繰りは、担保主義の融資にはそぐわない。他方、株式・社債も、中小企業と家計を直接結び付けるには敷居が高い制度である。容易で敷居の低い資金調達方法はクラウド・ファンディングである。金融ビッグバンは家計の貯蓄から投資への流れを加速化するものであるが、マーケティング力の弱い中小企業や新規企業にとっては、「融資型」や「投資型」よりも、開発製品やサービスの買い上げを意図した「購入型」クラウド・ファンディングが現実的である。

中小企業は、経済環境の急変期に、民間金融市場で資金調達が困難とみなされ、そのため公的支援の金融制度が設けられてきた。しかし、中小企業の資金調達構造を改善するような適切な支援策がとられてきたとは言い難い。中小企業の自己資本比率の低さは、金融機関からの借入金依存の高さと裏表の関係である。その是正が指摘されつつも、大きな改善はすすまなかった。こうした傾向は金融ビックバンが実行される以前の一九八〇年代において、強まっていた。

当時、大企業は増資による「エクイティー・ファイナンス」の動きを強めていた。そこで、それまで中小企業への融資に積極的ではなかった大手金融機関が、大企業向けの融資に代わって、中小企業への融資を増大させ、むしろ中小企業の自己資本比率の低下を招いた。日本銀行のデータでも、大手銀行の中小企業向け融資額は平成期に伸びた。自己資本比率の強化のために、資本市場での資金調達が重要だとわかっていても、中小企業にとって、資本市場へのアクセスは容易なものではなかった。上場基準や登録基準を緩めた店頭特則市場が開設されたものの、ほとんどの中小企業にとっては縁遠いものであった。

直接金融が困難であれば、融資の可否を従来の担保評価から、事業性評価に基づくものへと転換させるべきである。だが、事業評価を担う人材層の薄さや制度の未発達から、中小企業に対して適切かつ合理的な融資のあり方が確立されてきたとは言い難い。バブル後の金融再生の下で、金融検査マニュアルが中小企業にも適用された。数字主義の弊害が明らかになるにつれ、リレーションシップバンキング（地域密着型金融）が見直された。しかし、実際のところ、中小企業への適切な金融支援のあり方は、いまに至るまで試行錯誤が続いている。

2　二〇〇〇年代以降、政府の成長戦略の下で中小企業を規模の大きい事業体へと「脱皮」させる支援策が導入されてきた。この支援策について比喩的にいえば、「立派なスポーツ施設や文化センターを建設したものの、そこでプレーする選手層が薄いことや観客動員数が少ないことで、これらの施設が地方自治体の大きな負担になっている」状況にある。この状況は日本の現在の中小企業政策と中小企業の実態の乖離を物語る。政策を講じる前に、中小企業の実態をきちんと把握し、社会や経済、そして政治の場で中小企業の存在をどのように認識しておくべきか、はっきりさせる必要がある。

平成二二［二〇一〇］年年初、中小企業庁は「中小企業憲章」の検討研究会を設置した。「憲章」とは、国事における基本方針と同義である。「中小企業憲章」は、国の中小企業政策の基本方針である。背景に、二〇〇〇年六月、ポルトガルで開催された欧州連合理事会で「欧州小企業憲章」が制定されたことがあった。同憲章には、冒頭に「小企業は欧州経済の背骨であること」、「雇用やビジネスの創意工夫の源泉であること」が明記され、小企業振興の重要性が強調された。行動指針は、「企業家精神育成のための教育と訓練」、「開業＝新会社設立までの手続きの迅速化」、「税制と金融問題の改善」、「技術的能力の強化」、「小企業の利益の政策への反映」などである。

日本の「中小企業憲章」は、欧州憲章と同様に、国民経済における中小企業の果たす役割の重要性を強調する。「中小企業は、社会の主役として地域社会と住民生活に貢献し、伝統技能や文化の継承に重要な役割を果たす。小規模企業の多くは家族経営形態を採り、地域社会の安定をもたらす。このように中小企業は、国家の財産とも言うべき存在である。」とされた。とはいえ、中小企業の置かれている状況については、つぎのように指摘された。

（一）「中小企業の多くは、資金や人材などに制約があるため、外からの変化に弱く、不公平な取引を強いられるなど数多くの困難に晒されてきた。」

（二）「大企業に重きを置く風潮や価値観が形成されてきた。」

そして、中小企業を取り巻く課題として、少子高齢化や環境の悪化が挙げられる一方、「世界的にもこれまで以上に中小企業への期待が高まっている」としている。今後の中小企業政策については、つぎの原則が示された。

（一）「経済活力の源泉である中小企業が、その力を思う存分に発揮できるよう支援する」

（二）「起業を増やす」

（三）「創意工夫で、新しい市場を切り開く中小企業の挑戦を促す」
（四）「公正な市場環境を整える」―「力の大きい企業との間で実質的に対等な取引や競争ができず、中小企業の自立性が損なわれることのないよう、市場を公正に保つ努力を不断に払う。」
（五）「セーフティネットを整備し、中小企業の安心を確保する」

具体的な取り組みの行動指針もほぼこれに沿っている。従来から、中小企業の経営改善にとって三大課題とされた「人材の確保」、「資金調達」、「公正な市場取引の確保」については、どのような政策が示されたのか、先ほどの原則との重複があるが、紹介しておく。

（一）創意工夫については、産学官連携のようなかたちでの共同研究支援
（二）人材の育成・確保―「人材が大企業信仰にとらわれないよう、各学校段階を通じて健全な勤労観や職業観を形成する教育を充実する。また、女性、高齢者や障害者を含め働く人々にとって質の高い職場環境を目指す。」
（三）「起業・新事業展開のしやすい環境を整える」―「資金調達など……国際的に開かれた先進的な起業環境を目指す。」
（四）海外展開の支援―見本市など情報提供、販路拡大支援、知的財産権トラブル解決支援など
（五）公正な市場の整備
（六）中小企業向けの金融の円滑化―「金融供与に当たっては、中小企業の知的資産を始め事業力や経営者の資質を重視し、不動産担保や保証人への依存を減らす。」
（七）地域・社会貢献への体制整備

（八）政策評価に中小企業の声を生かす

これらは、「中小企業憲章」ではじめて提起されたものではない。こうした諸点が掲げられたのは、中小企業の課題が十分に解決されてこなかったことの傍証である。現在でも中小企業金融については、担保主義や保証人主義に代わる事業性評価が定着してきているとは言えない。人材問題も、政府が中小企業への就職キャンペーンを推し進めても、大企業や役所への就職を優先する人の社会的価値観にさほど大きな変化がないように思える。

中小企業は国民経済の重要な存在であり、雇用面でも大きな役割を果たす。政府統計では、非一次産業の企業総数約三五九万（二〇一六年）のうち、中小企業は約三五八万（九九・七％）である。そのうち、小規模企業は約三〇五万（八四・九％）である。また、従業者数で、中小企業は全体の六八・八％を占める。小規模企業は全体の二二・三％である。つまり、企業のほとんどが自営業を中心とする小さな事業体であり、雇用の中心は中小企業なのである。

現在では、中小企業像も変化している。小さな企業といえども、高性能機器や情報機器の導入をはかっている。従業員規模の大きさだけが、企業の競争力の優劣を示しているとは限らない。

また、高齢者人口の増加で、中小企業にとって人材確保の新しい時代も来ている。人は、前世代よりも長く働くことが当たり前の時代となりつつある。現在の六五歳定年から七〇歳定年へと向かう中で、退職までに数社で働くことも当たり前になるだろう。いろいろな企業で専門性を高めてきた人びとが、中小企業を第二の就職、第三の就職の場とする時代がきている。

「中小企業憲章」では、起業支援策の必要性が強調される。だが、十分な数のプレーヤー（起業者）が存在して、はじめてゲーム（支援制度）が成立するのであって、スタジアム（政策）が整備されれば、自然とプレーヤー（起業者）が多く生まれるという保証はない。政策が実態を生み出すわけではない。実態が政策を必要とするのである。支援よりも起業者が増えることが重要なのである。

起業活動は、なぜ重要なのか。それは企業活動の新陳代謝を促進するからである。事業承継の重要性がいわれるが、小さな事業体は創業者のライフサイクルに連動して役割を終えてよい。他方、被雇用者をかかえていれば、退職があり、新たな人が入ることで、組織の新陳代謝がすすむ。小さな事業体が「マイカンパニー（my company）」だとすると、有給雇用者を抱える企業は「アワーカンパニー（our company）」といってよい。アワーカンパニーなど一定規模以上の企業にとっては、雇用の確保という観点からも、事業承継が重視される。事業承継には親族承継か、非親族承継かの選択がある。非親族承継の場合、所有と経営の分離によって、外部や内部から適切な人材を見付け出すことができるかどうかが大きい。それが困難な場合、企業の売却という選択もある。それもまた困難な場合、廃業も一つの選択肢である。政策的に、何がなんでも企業を存続させる必要性があるとはいえない。

終章　中小企業の未来展望とは

私は今よりも一層淋しい未来の私を我慢する代わりに、淋しい今の私を我慢したいのである。自由と独立と己れとに充ちた現代に生まれた我々は、その犠牲としてみんなこの淋しさを味わわなくてはならないでしょう。

（夏目漱石『こころ』）

人間性はかわるものではありません。わが国将来の一大試練の時にも、今この試練にあっている人々と比べてまったく同じように、弱い者強い者があり、また愚かな者賢い者があり、悪い者善い者がいることでしょう。

（高木八尺・斎藤光訳『リンカーン演説集』岩波書店）

中小企業への未来展望

1

日本の中小企業の歩みを振り返ってきた。その歩みからどのような未来を展望できるだろうか。今後も、中小企業は内外の経営環境変化に適応していかなければならない。いまの段階でいえることは、日本の国内市場が縮小することである。市場規模は基本的に人口規模に対応するから、日本の総人口の減少は、企業規模に関わりなく事業の縮小につながる。大企業であろうと、中小企業であろうと、それは共通の克服すべき課題である。ただし、その対応力に彼我の違いがある。中小企業に限っていえば、限られた人材、限られた資金、限られた経営資源で対応力を高めるしかない。それは過去と同様に、未来においても妥当する。

中小企業像を振り返れば、わずか一世代で大きな変化があった。朝鮮戦争のころに生まれたわたしの世代は、徒歩圏の近隣の商店街や公設市場の小さな個人商店で買い物をすることが当たり前であった。町のあちこちにはいわゆる町工場も多かった。現在では、小さな商店は町から消え去ってしまった。町工場もなくなり、その後にはマンションといわれるようになった集合住宅が立ち並ぶ。いまではショッピングモールで買い物をするようになり、町のあちこちにはいつでも買い物が可能なコンビニエンスストアが立地する。さらには、インターネットの普及で、オンラインショッピングが定着する。わずか一世代の間に、人びとの消費行動は大きく変化してしまった。このような時代に、かつての中小企業政策の中心であった個人商店や商店街の振興策は全面的に見直さざるを得ない。町工場への支援策もまた同様である。町工場そのものが大きく減少したからである。

わたしの世代の中小企業像は、次世代のそれとは大きく異なっているだろう。中小企業の将来は、次世代が中小企業をどのように認識するかによる。現在まで、世代を超えて継承されてきた中小企業のアイデンティティは、大企業との関係において形成されてきた。大企業への就職志向の強い考え方は、大学受験などの進路決定における序列志向の教育の下で形成されてきた。戦後教育は、戦前の儒教主義的教育とは異なる。それは完全な「個人主義」でもなく、また、「成績主義」や「閨閥優先主義」でもない。むしろ「平等主義」が志向されてきた。平等主義といっても、戦前来の「集団的差別主義（エリート主義）」も根強く残った。平等主義・個人主義は受験など入口で担保されているものの、出口で高学歴と大企業就職信仰が容易に結びついた。将来の中小企業の動態を考えた場合、これが健全な社会原理であるかどうかは問われてよい。わたしの世代では、大企業信仰が強かった。大企業が雇用と収入の安定を提供していたからだ。長期雇用の下での年功序列賃金は、日本的経営を支えた要素であった。年功序列賃金は事業の拡大・成長が大前提である。だが、いまではその前提は危い。終身雇用と年功序列賃金は、本来、両立しえない。大企業での雇用の二重性あるいは三重性はこれを象徴する。雇用の実態は、いまでは正規従業員、派遣などの非正規雇用者、パートやアルバイトなど多層になった。

経済学者の森嶋道夫（一九二三〜二〇〇四）は、『なぜ日本は没落するか』（一九九九年刊）で日本経済の発展パターンを取り上げた。発展には二つの「型」があった。「上からの資本主義」と「下からの資本主義」である。わたしの認識では、前者は大企業中心の資本主義であり、後者は中小企業中心の資本主義である。たとえば、日本的経営は、上からの資本主義を支えた大企業に見られても、下からの資本主義組の中小企業に見られたとは言い難い。森嶋の資本主義観では、「下からの資本主義は、上からのそれに押さえられ、頭打ちして下からの挑戦は消滅」してきた。明治期・大正期・昭和戦前期と遡らなくとも、戦後復興期の日本経済も「上からの資本主義」であり、「下から発生した諸企業を差別する二重構造の経済である。それは中途半端な体制であり、早晩上下を差別しない一種の経済に転換されなければならなかった」と森嶋は指摘する。それが克服されなかったことが、現在までの日本経済の低迷につながるというのが、森嶋の認識である。わたしも大いに共鳴する。さらに森嶋は、バブル期がその重要な転換時期であったにもかかわらず、「バブル期で日本はつまずいた」と指摘する。この時期は、カネ余りが投機経済を呼び起こし、地価高騰と人びとの精神の荒廃をもたらした。だが、他方で、研究開発型中小企業が資金制約から解放されて、「カネ余り」経済の下で資金を調達できた時期であった。しかしながら、バブル経済崩壊後の金融機関の性急な「貸し剝がし」や「貸し渋り」で、かなりの中小企業が研究開発の追加資金に窮した。イノベーションの種は芽を出さないままに枯れ果てた。そうした中小企業の研究開発現場の光景を、わたしは実に多く見た。

森嶋は、下からの資本主義―中小企業経済―を封じ込める限り、日本の無気力な政・財・官の三角形は生き延びても、日本の没落を止めることはできないという。中小企業の自由闊達な活動こそが日本経済活性化のカギをにぎる。バブル崩壊の影響は、中小企業のイノベーションへの取り組みに冷水を浴びせたのだ。これは日本のバブル経済崩壊劇で語られることの少なかった光景の一つである。イノベーションは大企業が主と思われがちである。しかし、大きなイノベーションとて、実際には小さなイノベーションの積み重ねの上に花開いてきた。小さなイノベーションに果たす中小企業の役割は大きい。多数の中小企業の取り組みから新たな技術やビジネスモデルが生まれる。成功は、まずはもってイノベーションに取り組む企業の増加に関係する。その中心には中小企業が必要である。

それでは、中小企業のイノベーションへの取り組みにおける制約とは何か。この問いは重要だが、真摯に問われたことは多くない。それは経営者の問題なのか、それとも、人や組織、地域の関係者たちの問題なのか。取引先、金融機関、あるいは、中小企業政策の関係者の問題なのか。中小企業者の間でも認識は異なる。

生物・環境の多様性がわたしたちの生活の持続性にとって必要不可欠であるように、大きな企業だけでなく、小さな企業が活躍できる経済社会の多様性が重要なのである。組織に埋もれることなく、自営業のように自分たちで決定できる自由の確保が社会的イノベーションを引き起こす可能性がある。それが地域の活性化にとって重要である。

しかし、小さな企業は減少し続けている。これに政策的に歯止めをかけるべきという議論もある。たとえば、農業でも、小農保護の必要性が提起される。背景に、食料自給率の低下や安心・安全を担保できる小農への関心がある。ただし、小農保護論にも賛否両論がある。国民的コンセンサスがあるのかどうか。同様の保護論は伝統産業にもある。無形文化維持のための技術伝承などは一度失われると再生・再現が困難であり、その保護が支持されてきた。その他の分野ではどうか。

少子高齢化の下、地方経済を中心に市場の縮小が進んできた。小さな企業は、将来展望を見いだせないままに、後継者不在から減少一途を続ける。小さな企業は経営者のライフサイクルそのものである。一代で廃業することが不健全とはいえない。経済の新陳代謝からすれば、子供がそれを継承することも、他の被雇用者となることも、新しい分野で小さな企業を創業することも健全な選択肢である。他方、小さな商店や商店街は、観光地では地域の文化装置（施設）として観光資源化している。これには、従来の消費者視点とは異なる価値観が働いている。

小さな企業の是非論は、地域の消費者としての住民、その地域にこだわる生活者としての住民、雇用の場を求める住民の意識に依拠する。

政府は、スタートアップという表現で創業推進策を熱心に掲げる。推進側の公務員は終身雇用の立場にいて、若者たちへスタートアップを盛んに説く。政策官庁も中小企業の重要性を強調し、スタートアップの起業家精神を説く。しかし、政策担当者や評論家たちは、自分の子供たちへ大企業に就社して組織の歯車になるのではなく、中小企業に就社することや、自ら起業家となることを説いてきたのだろうか。中小企業の研究者たちも、自分たちの子供たちに中小企業への就職をつよく勧めてきたのだろうか。そうした話は、寡聞にして知らない。この矛盾は何であろうか。経済官僚や研究者は、若いころに中小企業への就職を選択しようとしたのだろうか。あるいは、自ら小さな事業体を起こそうとした経験を持っているのだろうか。そうであるなら、現在の地位にはいなかったはずだ。もちろん、高級官僚や大企業勤務者から中小企業の経営者となった人たちもいるが、管見では、父親の急逝や病気のため、家業を継いだケースが多い。中小企業研究や経営学分野の研究者では、本人ではなく、兄弟が事業を承継したケースも一定数みられる。

残念ながら、日本では学歴と企業規模別就職は連動してきた。学歴構造的に、かつては中卒と中小企業、高卒・大卒と大企業が結びつき、その後、高校進学率が高まるにつれて高卒と中小企業、大卒と大企業の就職における親和性は高くなった。現在は中卒や高卒の就職者はほんの一部であり、過半が大学へ進学する時代となっている。結果、大卒＝大企業への就職という構図も崩れて来た。入試偏差値と入社偏差値は連動する。大学進学が当たり前になれば、どこの大学へ進学し、卒業したかにより、就職先が決定される。

この序列構造は、官僚主義を生んできた。日本はいまでも官僚主義、官治主義の国である。森嶋は、「日本とはどんな国なのか」と前掲書で問い、「日本は独裁者の国である」と指摘する。そして、ドイツのヒトラーやイタリアのムッソリーニのような個人独裁ではない、「集団的な独裁」という概念を提示する。「いくつかの集団が国内に存在して、互いに暗闘を繰り返し、その内の一つが勝利を占めて独裁を勝ち取った国、いわば競争的独裁制の国なのだが、どの集団のトップも独裁者ではなく集団内競争の勝利者に過ぎない。」

晩年の森嶋は、日本の現状に悲憤し、組織の国際比較に興味を移した。経済学に閉じこもるのではなく、「社会学、教育学、歴史学などを取り混ぜた社会科学領域の一種の学際的総合研究……交響楽的社会科学」にこだわった。森嶋は、「社会科学的には殆ど何も解明されていない分野で、現実の世界では重大事が起っているかもしれないことを再確認」すべきと説いた。つまり、社会科学には「暗黒分野」が存在するというのである。

中小企業研究もまた暗黒分野ではあるまいか。国民経済や世界経済の下、中小企業の存立を究明するには、経済学、経営学、社会学、教育学など多角的なアプローチが必要である。それこそが中小企業研究である。中小企業学と言い換えてもよい。学際領域としての「中小企業学」(*)があってよい。森嶋は暗黒分野の社会科学的アプローチのヒントとして、「歴史的な研究」に加え、国際的な問題における関係諸国の研究成果の活用、そして何よりも「暗黒分野を動かしている行動原則―人間はどういう動機で自分の利益でなく全体の為に行動するのかを説明する原則―」を明らかにする重要性を指摘する。なぜなら、「全体の為ということの多くが、実は自分のためのものであったことが判明……またそれは、真に全体の為にする行動がいかに貧弱であるかを、私たちに解らせるかも知れない」からだとする。

＊詳細は寺岡寛『強者論と弱者論―中小企業学の試み―』信山社（二〇一五年）を参照。

2　森嶋は、日本の改革が進展しないのは、日本社会、日本政治、日本経済が「説明のできない暗黒帯でがんじがらめにされていることにある。日本社会には社会科学者が放置している不良資産が山とある」と主張する。日本の中小企業研究も暗黒帯だらけである。日本中小企業の歴史を私史として描いたこの小史も、多くの暗黒帯を残したままである。わたしの能力の限界だ。次世代にはこの暗黒帯をすこしでも明らかにしてほしい。

わたしはこれまで、内外の経営者にインタビューしてきた。ほとんどは中小企業経営者であり、なかには創業間もない企業経営者もいた。数としては少ないが、大企業の経営陣へのインタビュー経験もある。日本の大企業経営者については、ビジネスマンではなく、組織の官僚という印象を強く持った。彼らは官僚ではないので、民僚といっておこう。官庁でトップへと勝ち進んだ人たちと、大企業という集団内で競争に生き残り地位を上り詰めた人たちとの間に共通性を感じる。

彼らをみてきて、大企業の組織文化が内部的に改革されて、新たな組織文化が容易に形成されるとは思えない。だからこそ、小企業がたくさん生まれ、そこから成長することが必要であろう。競争とは無縁の独自の存立基盤を持つ小企業が多く存在することは、国民経済の活性化につながる。

中小企業問題は、中小企業経営の不安定性と同義に捉えられてきた。それは経営内部の問題と経営外部の問題とに分けて論じられることが多かった。この両面は相互に関連し、峻別することは容易ではない。

経営外部の問題は、過去も現在も変わらない。従来のマルクス経済学の独占論では、「原料高製品安」の問題として繰り返し指摘されてきた。バブル経済から一転して、日本経済は一九九〇年代後半からデフレ経済となった。デフレ経済は、下振れという形での物価安定であり、物の値段も上がらないが、賃金も上がらない状況が現在に至るまで続くことになった。この間、円高基調が維持されたことで輸入物価は安定した。とりわけ、石油などエネルギー価格の安定が日本のデフレ経済を支えたのである。その後、ロシア・ウクライナ紛争によるエネルギー価格の上昇と円安基調の下で物価が高騰するまで、日本の物価の安定は続いた。

新元号「平成」の色紙を掲げて登場した小渕恵三（一九三七〜二〇〇〇）は、橋本龍太郎内閣（一九九六年一月〜一九九八年一〇月）のビッグバン政策とバブル経済の後始末の途中に急逝し、課題はその後、森喜朗内閣（二〇〇〇年四月〜二〇〇一年四月）、小泉純一郎内閣（二〇〇一年四月〜二〇〇六年九月）、安倍晋三第一次内閣（二〇〇六年九月〜二〇〇七年九月）へと引き継がれた。安倍の突然の辞意表明の後、組閣された福田康夫内閣（二〇〇七年九月〜二〇〇八年九月）、麻生太郎内閣（二〇〇八年九月〜二〇〇九年九月）はいずれも短命に終わった。その後、それまでの自由民主党・公明党等の連立政権から民主党へ政権が移り、民主党・社会民主党を中心とした鳩山由紀夫内閣（二〇〇九年九月〜二〇一〇年六月）、菅直人内閣（二〇一〇年六月〜二〇一一年九月）と続いた。菅内閣は平成二三［二〇一一］年三月一一日に起った東日本大震災、とりわけ福島第一原子力発電所の炉心溶融という未曽有の大惨事に忙殺された。後継の野田佳彦内閣（二〇一一年九月〜二〇一二年一二月）もまた原発事故処理問題の中で政権交代となった。その後、登場したのが、第二次安倍内閣であり、安倍内閣は第四次（二〇二〇年九月まで）まで続いた。戦後の歴代内閣の在職日数では、長期安定政権といわれた佐藤栄作（一九〇一〜七五）の二七九八日をはるかに上回り、八年近くにも及んだ長期政権となった。安倍政権の最大課題は、長期化したデフレ経済からの脱却をはかることであった。

米国のレーガン政権下のレーガノミックスをもじって、「アベノミクス」といわれる成長戦略が掲げられた。安倍内閣のこの経済政策は「金融緩和」、「財政拡大」、「成長戦略」の三本の矢と説明されたが、基本的には、デフレで慎重になった消費者に消費拡大を促す低金利政策などの大胆な金融緩和と、供給サイドの企業に投資を促す低コスト資金の提供と企業への減税が柱であった。たとえるならば、日本経済に、燃費（財政赤字）を心配せず、アクセルベタ踏みでスピードを上げる（経済成長）ことを求めたのである。もっとも大胆であったのは、日本銀行が欧米と同等に、のちにそれ以上に量的緩和策を続けたことである。その結果、日本経済はそれまでの円高が是正され、株式市場は活性化し、輸出が拡大するなかで内需も顕著になり、雇用状況も改善され、安倍政権が継続されることになった。しかし、燃費（財政赤字）の心配から公共投資は抑制され、また、第二次安倍内閣の最後に消費税が五％から八％へと一挙に三％も引き上げられた。公共投資の抑制と消費税引き上げにより国民の消費マインドは冷え込むことになった。いまふりかえれば、二％程度の緩やかな物価上昇を見込んだ日本銀行の金融緩和政策が、安倍政権と軌を一にして長期間継続されたが、実際には資源価格や円安という外的要因によって当初の政策目標は達成された。他方、労働賃金が低迷したことで、当初目標とされた国内消費の拡大には結びつかなかった。

この間の状況を中小企業の経営実態からみると、製品価格や販売価格を容易に引き上げることが困難な状況が長く続き、中小企業の多くは生産性の拡大でそれに応じようとした。手段としては製造業の場合では自動機器などの導入、商業・サービス業ではＯＡ機器の導入が考えられるが、非正規雇用者の活用や賃金の抑制が現実的な対応であった。賃金の低迷は中小企業の人材採用を困難にし、それがまた中小企業の経営に悪影響を与えた。

コロナ禍での安倍退陣の後、一年ほどの菅義偉内閣（二〇二〇年九月〜二〇二一年一〇月）を経て、岸田文雄内閣（二〇二一年一〇月〜）が「新しい資本主義」を打ち出した理由は、安倍内閣以来のデフレ状況の脱出にあったことはいうまでもない。岸田首相は令和三［二〇二一］年九月の自民党総裁選挙で「新しい日本型資本主義」のスローガンを掲げ、「成長と分配の好循環を目指す経済政策」の実施を公約とした。岸田内閣は翌年に「経済財政運営と改革の基本方針二〇二二」を閣議決定し、「新しい資本主義のグランドデザイン・実行計画」を具体化するとした。令和五［二〇二三］年には、「デフレ脱却のための総合経済対策へ日本経済の新たなステージに向けて」が閣議決定されている。このねらいについて、閣議後の記者会見でも自身のホームページでもつぎのように説明している。

「バブル崩壊後の三〇年間、わが国はデフレに悩まされてきました。日本企業、特に大企業は、短期的な業績改善を優先して値下げをし、そして利益を確保するためにコストカットを進めてきました。あえて単純化すれば、賃金・投資を抑え、下請企業に負担を寄せてきました。

総理に就任した際、私が『新しい資本主義』を掲げたのは、この縮小均衡のコストカット型経済の悪循環を一掃しなければ、日本経済が再び成長することはできないと考えたからです。

この二年間、経済界に賃上げや設備投資、研究開発投資を強力に働きかけてきました。また、価格転嫁の推進など下請企業の取引改善に全力で取り組んできました。……」

そして、具体的な「成長と賃金上昇の好循環」のための対策はつぎのように示された。

（一）適切な物価上昇→賃金上昇→購買力上昇の拡大好循環をつくること
（二）緊急的な生活困窮世帯への生活支援対策（現金支給）
（三）本格的な所得向上政策―「経済界に対して、今年を上回る水準の賃上げを働きかけ、同時に、労働者の七割を占める中小企業には、年末の税制改正で赤字法人が多い中小企業や医療法人なども活用できるよう、賃上げ税制の拡充、価格転嫁対策の強化など取引適正化をより一層進めるなどにより、

中小企業の賃上げを全力で応援」

「新しい資本主義」とは「適切な価格転嫁を進め、賃上げの流れを地方・中堅・中小企業にも普及させ、賃上げのモメンタムの維持・拡大をはかる」ことである。「古い型の資本主義」では、企業での賃金交渉は労使の力関係に依拠して決定されてきた。政府はゼネストなど特殊なケースを除いて、関与することなどなかった。賃金など労働条件の改善には、これまで労働組合が大きな働きをしてきた。しかし、日本では、一企業一事業所の「単位労働組合」、個人加入のかたちをとる単一労働組合とも、平成以降減少傾向にある。敗戦直後に五〇％近くあった労働組合組織率は現在では二〇％をはるかに切っている。労働組合は賃上げなどの労働条件交渉において、以前のような組織的な力を失ってきている。そうしたなか、政府が労働組合に代わって、賃上げを企業側に対して要求することは、新しい資本主義には違いない。また、下請単価の決定にも、政府が関与し、発注企業に対してその引き上げを要請することは、戦時体制下の統制経済体制にない現状において、「新しい」ことには違いない。従来、政府の役割はあくまでも適正な取引の監視であった。他方で、統制権限をもっていない政府の経済官庁が、個別取引に関与してその是正を強制することはできない。労働者の七割以上が中小企業で働き、働く人たちの賃上げによる所得向上がない限り、歴代内閣が強調してきた国内消費の拡大が困難であることはいうまでもない。

実際のところ、中小企業の賃上げや下請取引単価の引き上げは、個別企業における経営の範囲であり、政府の関与によることは困難である。それゆえに、新しい資本主義の下で掲げられたのは中小企業におけるイ

ノベーションであり、デジタル化を進めることによる生産性の向上などの一般的な政策なのである。そうであるとするならば、中小企業が置かれている状況、つまり経済社会的に不公正であり、制度的に著しく不利な立場にいる状況の是正こそが、今後の資本主義のかたちである。

中小企業には、これまで述べてきた外部的な問題のほかに、内部にも問題がある。それは「不足問題」である。具体的には、資金の不足、人材の不足、市場の不足がその典型的なものであった。このうち、資金や市場の問題はすでに取り上げた。

個別中小企業の「規模の過小性」の克服および、「技術・情報・人材面での不足する経営資源の相互補完」をはかる目的で、「中小企業等協同組合法」が昭和二四［一九四九］年に制定された。以降、人手不足や資金不足にある個別中小企業が、組織＝組合加入によって実質上の経営規模拡大をはかることが目指された。組合の設立時期をみると、昭和三五［一九六〇］年から昭和五四［一九七九］年に当時の組合の半数が結成されている。しかしながら、昭和五〇年代後半には組織率に陰りが出始める。衣服・その他繊維製品、木材・木製品、窯業・土石などの中小企業の減少に加え、商業では商店街組合などの減少が組合活動の低迷を招くことになった。

制度創設から半世紀が経過した。組合に所属する個々の企業の利害が以前とは異なってきたことに加え、事業内容も多様化するなかで、組合理事のガバナンス問題が顕在化し、法律改定も行われてきた。組合の役割として地域貢献などが強調されるようになったが、まずはもって組合存立の経済的合理性が問われている。重要なのは当初掲げられた個別企業における「不足」問題へ、組合がどのように貢献できるのかという点である。たとえば、商工組合中央金庫『組合実態調査報告書』（二〇二〇年版）でみても、多くの組合で組合員が共通して抱える深刻な問題のトップに「人材不足」が来ている。

人材不足への対策としては、これまで個別中小企業で、技能実習生というかたちで外国人雇用を進めてきた。技能実習生に関して、中小企業組合として取り組んでいるところも多いが、実習生が働く企業のほとんどは、従業員数で一〇〇名に満たない中小企業である。実習生の労働条件については、改善を求めるのが困難な事情もある。実習生は日本での仕事のあっせんを仲介する業者に多額の手数料を支払って来日する。こうした業者の問題点も指摘されてきた。また、転職制限などの制度上の問題もある。こうした状況は、日本の人手不足に苦しむ農業や水産業でも同様である。

技能実習制度は、もともとは「外国人研修制度」―企業単独型による合弁企業や取引先企業の職員を外国人研修生として受け入れること―として始まり、平成二［一九九〇］年からは、事業協同組合や商工会など団体の受け入れも開始された。それが、発展途上国への技能・技術の移転により、地域の経済発展を担う人材育成をはかるという「国際貢献」を掲げ、平成五［一九九三］年に制度化され、創始された経緯がある。その後、平成一二［二〇一〇］年の「入国管理法」改正で「技能実習」に在留資格が設けられた。平成一七［二〇一五］年には「技能実習法」が成立した。当初、技能実習生制度は一七業種最長二年の実習期間として始まった。その後、九〇業種にまで拡大され、実習期間も最長五年へと延長された。実習生は、現在では在留外国人の一〇%以上を占める。

雇用契約は、送り出す側の政府と日本政府との二国間取り決めにより、送出し国の認定送出組織と管理団体との契約関係の下で実習生を受け入れるものである。実際には、受入れ企業や個人事業主が直接の雇用契約者となる。実習計画の認定や申請手続きについては、平成三［一九九一］年設立の国際人材協力機構が支援を行い、平成二九［二〇一七］年設立の外国人技能実習機構が法令違反等の通報、調査、実習生の保証・相談などの業務を請け負う。技能実習制度の「在留資格」では、第一号は企業単独型や団体管理型とも、「入国一年目の技能等を習得」が目的とされる。第二号は「入国二・三年目の技能等に習熟」、第三号は「入国四・五年目の技能等に熟達」の目的区分となっている。

しかし、技能実習制度については、これまでも労働時間など労働環境の法令違反が指摘されており、中小企業にとって、技能実習生が家族労働力と同様に、無理の効く労働力として活用されてきた傾向は否めない。日本人人材を確保できないなか、不当な労働条件の下で働かざるを得ない技能実習生を活用することで、中小企業の経営の安定化がはかられているとすれば、本末転倒の取り組みである。

技能実習制度は、中小企業の単なる人手不足対応であれば、制度的には大きな曲がり角を迎えることになる。日本の中小企業にとって、期待すべき展望は、実習経験者が帰国後にともにビジネスチャンスを探し、そのビジョンを共有し協働することで、中小企業の海外展開の可能性が高まることである。こうした展望の下で、中小企業は新たな段階へと歩を進めることができる。中小企業等組合協同組合もそうした将来展望を示す必要がある。

これからの中小企業観

1　すべての企業には創業者がいる。既存企業の子会社や関係会社として設立されるケースでも、創業者はいる。創業者が複数の場合もある。そこから、世界的企業に発展する企業もあれば、数年後には消え去る企業もある。その運命を決定するものはなんであるのか。このテーマは多くの人の興味をひきつけてやまない。大きな成長を遂げ、世界のトップ企業の仲間入りを果たした企業でさえ、何度か倒産の危機を迎える。数多くの失敗の先に成功はあるものだ。多くの経営者から、わたしが聞き取った失敗の原因は、意思決定のタイミングにある。早くても、また、遅くてもうまくいかない。たとえば、研究開発に成功し新製品を生み出したものの、市場への投入が早ければ、消費者が付いていけない。遅ければ激しい価格競争に巻き込まれる。経営上の意思決定には、タイミングの適否が付随する。

大きな業績を残した経営者のはなしには、いつも「運」という要素が語られる。危機の際に、救いの手を差し伸べてくれた人たちに恵まれたことを「運」として語る経営者も多い。そうした経営者には何か共通する資質がある。かれらの前向きで楽観的な性格が「運」を引き寄せてきたように感じた。彼らの経営姿勢には、リスクなしにビジネスチャンスはないという考え方がある。リスクは計算できる不確実性である。不確実性とは計算できないリスクである。計算できるリスクは、時間の経過とともに低減されるものだ。たとえば、登場が早すぎた製品でも、やがて消費者の目にとまり、多くの購買者を得て、名前を知られるようになる。結果、小さな企業は成長軌道に乗る。他方、企業にとっての見えないリスクは、組織の官僚化である。一定規模を超える組織には、メンバーシップ型の組織原理が浸透する。組織外の競争よりも、組織内の序列競争に明け暮れる。技術開発や製品開発の事業目的が打ち捨てられる。それは、急成長を遂げたフィンランドのベンチャー企業の経営者から、わたしが何度も聞いた体験談である。中小企業から中堅企業へと転じた経営者からも、同様の経験を聞くことが多かった。

米国系多国籍企業の日本法人の米国人トップが組織の硬直化に直面して、役員たちに「小企業のように行動せよ」という檄を飛ばしたことを関係者から側聞したことがある。大企業経済の下では、互いに切磋琢磨する競争が展開するとは限らない。市場での競争を担うのは中小企業であるケースは多々ある。その米国人トップは、官僚化して硬直化した大組織ではイノベーションは困難であるとみたのであろう。

強烈な個性と事業ビジョンをもった創業者の情熱は、次世代には承継されない。奇抜な発想や組織のルーティンを否定する人材は組織内で排除されやすい。ルーティンの退屈さに飽き足らない人材は埃をかぶる。大組織の人間は、組織内序列の上向志向はあるが、組織防衛意識が先に立ち、事業を起こす情熱がどこかに打ち捨てられやすい。シリコンバレーでは、「起業家の多くは企業亡命者である」ともいわれる。だからこそ、新鮮なビジョンを掲げる経営者の小さな企業の存在は、既存の秩序や組織にあぐらをかくような企業への大きな刺激となる。そうした小さな企業が生れない社会や経済は閉塞する。大企業は、資金力を利用して、小さな企業を支援もできれば、吸収もできる。往々にして、アイデアがある企業には資金がない。資金がある企業にはアイデアがない。その間隙を埋めるのが、ベンチャーキャピタリストやメンターが活躍する、シリコンバレーのエコシステムでもある(*)。

*エコシステムとしてのシリコンバレーの特徴は、「世界の工場」から金融の中心地となることで経済を維持・拡大させた、英国の「ジェントルマン資本主義」に近似する。世界中からアイデアとそれらを事業化する野心と能力を持つ人材を、事業化研究に熱心なスタンフォード大学や関連企業の集積するシリコンバレー（サンフランシスコ南部のパロアルト、サンノゼなどの都市）に集め、そうしたベンチャー企業に投資することで得られるキャピタルゲインがさらなる投資を生んでいく。英国の場合、ジェントルマンは土地持ち貴族であり、その資産をシティーで運用することで存立した階級であった。そうした投資階級に銀行家や海運業者が加わることになる。彼らは自ら事業を展開するよりも、事業に投資することによって財を成した。米国の場合は、東海岸の既存の金融システムにではなく、西海岸に、リスクが高くても急成長の可能性のあるベンチャー企業の新規事業に投資するエコシステムが確立することになる。シリコンバレーに学べというメッセージが日本でも飛び跳ねて来た。成功のカギは、東京でも大阪でも名古屋でも、世界から優秀な人材が集まり、新しい

事業を日本で起こしたいというインセンティブがあるかどうかである。

シリコンバレーには、ベンチャーキャピタルの出資を受け店頭市場へ上場したことで、創業者や出資者、従業者がキャピタルゲインで報いられるケースもある。既存企業への特許の売却や企業売却で、企業としての「出口」を果たすケースも多い。日本では、創業者の「出口」戦略にオプションが少ない。また、大企業と新規創業企業との関係でも、下請取引関係以外にはオプションが少ない。双方の補完関係が構築されないことは、大企業にとっても成長の隘路となる。企業間の関係が規模の優劣ではなく、アイデア実現の優劣によって公平に評価されて、はじめて新たなビジネス文化が生まれる。

わたしたちはどのような社会に生きたいと願うのか。すべてが官僚化された中央集権的社会に生きたいのか。そうではなく、互いに顔が見える分散的で自由度の高い社会に生きたいはずである。では、そうした社会ではどのような事業体が経済を支えるのか。それは大企業中心ではなく、むしろ小さな企業が互いに補完し合い、官僚的ではなく、より民主的で自律的なシステムの経済であるだろう。より開かれた関係を保持しながら、社会的イノベーションを互いに協働して生み出すような社会の方が健全ではないのか。その役割を担う可能性を、大企業ではなく、小さな企業に見出せないのだろうか。わたしはその可能性を信じる中小企業観をもっている。

中小企業観は国や地域で異なる。手工業の伝統をもつ欧州諸国やアジア諸国と、そのような伝統的紐帯をもたない米国とでは、中小企業への思いやイメージは異なる。経済史家のブラックフォードは、米国経済の変遷を踏まえた上で、スモールビジネスは衰退を続けつつも、常に新しい分野や規模の経済が働きにくい分野で再生し続けたことを指摘した。米国経済の中心が脱製造業へと転換すると、スモールビジネスも非製造業へと移行した。その過程で、自らの才覚と工夫で事業を転換する人たちが新しい事業を起こしてきた。そうして創始された事業はやがて他の企業の参入を促し、優勝劣敗の競争を通じて、米国経済はダイナミズムを維持してきた。米国経済の中心にはスモールビジネスがあった。

日本は、米国の既存産業を洗練させて「新たな」産業を生み出してきた。ファーストペンギン（イノベータ）となった事業や企業の数は、日本では残念ながら必ずしも多くはない。中国では、米国や欧州系企業の労働集約的な産業の進出により、技術移転が進んだ。そこからのスピンオフ人材が起業することで、模倣から独自技術の開発へと進んだ。中国の強みは人口の多さである。巨大な生産単位によって、他国では困難な製造技術上のイノベーションが起こり、それがさらなるイノベーションを誘発してきた。実は、そこにも小さな企業が関わってきた。

日本のイノベーション環境はどうだろうか。縮小する国内市場の下で、世界市場に通用する有益かつ容易な製品やサービスの開発が重要である。企業規模に関わりなく、世界市場の開拓が重要な取り組みになっている。そうしたなかで世界に寄与できるイノベーションが生れる可能性がある。超高齢化で先を行く日本から、高齢化社会のニーズに合致するイノベーションが生まれてもよいはずである。そのイノベーションのソースをどこに求めるのか。

2　アイデアが誰の脳裏に降りてくるかは、必然というよりは偶然である。そのアイデアを尊重し発展を促す組織もあれば、その逆もある。大企業は大規模組織ゆえに、序列尊重の官僚文化を生み出し、イノベーションの種を刈り取りやすい。

序列重視の教育環境もまた同じである。経済学者であり、日本の教育に大きな関心を寄せ続けた森嶋道夫は、わたしの勤務校の創立四〇周年記念シンポジウムで、戦後教育のあり方を批判し、持論の大学峻別論や大衆教育否定論を展開している（中京大学『中京大学創立四〇周年記念講演・シンポジウム記録集』所収）。

森嶋は、「日本は、戦前は教育面では不平等な社会であった。戦後民主主義だということで、全部一色教育をすることになったが、この一色教育こそが、逆に職業生活で個人を人に売りつけることを難しくしたのである。……わたしは、戦後民主主義を人が絶賛するようには、絶賛することはできない」と前置きして、特色ある教育機関の必要性に言及した。たとえば、研究者用の高等教育機関、新技術を開発できなくても利用できる人材の養成機関の必要性である。とりわけ、「フレキシブルに技術を習得しなおせるような、等級は高くないが、一般向きの技術を習得」できる教育機関の必要性を説く。日本では、教育は投資であることが忘れられがちだ。森嶋は、「能力に応じて差のある教育をほどこし、創造的能力のある人は無限に進むことができるようなシステムに改編しないかぎり、失業問題や日本の将来については悲観的にならざるをえない」とため息をつく。ゆえに、「日本没落論」を主張した。森嶋は、今後の日本企業はつぎのような二つの方向に向かうと展望した。

（一）「一部の日本の会社は大企業体制、したがって私的官僚制でとどまることができる。」

（二）他については、「英米式の会社になり、年功序列で終身その会社に勤めることは不可能になる。」後者のような企業では、会社への忠誠心を喪失することで、「職業への忠誠心」が必要になる。

森嶋は、日本経済にとっても日本企業にとっても、イノベーションの必要性を首肯したが、日本はイノベーションが起こりづらい社会だと断定する。日本では、「テクニカル・イノベーション」の前に、まず

「オーガナイゼーショナル・イノベーション」(組織刷新)が困難だとみた。アジア諸国と密接な関係をもちつつ、教育に力を注入しなければ、イノベーションへの取り組みがむずかしく、日本の将来も暗いと主張した。

イノベーションは、技術に狭隘化されて解釈され、製造業が中心であることが想定されやすい。だが、商業やサービス業でもイノベーションは起りうる。たとえば、観光業は日本経済にとって重視され、「観光立国」が喧伝されてきた。もっとも、その前には「技術立国」が掲げられ、さらにその前には「輸出立国」が主張されてきた。その都度、現実の行き詰まりが指摘された。観光業でも、東京や大阪、京都など定番観光ルートはマンネリ化し行き詰まり、いまでは、地方小都市や農村のツアーが人気を呼びつつある。ここに観光産業のパラドクスがある。従来の観光客は、観光慣れした商店やサービス業、宿泊施設に飽き足らなくなり、観光資源化されていない未開地を求める。人は、古びた、時間が止まったような雰囲気の街並みや人びとの日々の営みにふれたくなる。自分たちの日常とは異なる、不便で伝統的な生活を送る人たちに接したくなる。そして、不便な生活をしばらく味わったあとに、快適で便利な生活へと戻っていく。

同じことが、消費行動にもいえる。現在は、スーパーや全国展開チェイン店が入店する、大型駐車場をもったショッピングモールでの買い物が普通の消費行動となった。そのような便利な生活は、ひと昔前は当然でなかった。逆に現在の若い世代には、以前のような街角の小さな商店や商店街は映画の世界であり、だからこそ、非日常的な風景の昔ながらの小さな商店を珍しがる。旅先などでは、日常の生活圏と同種のコンビニエンスストアや大型のショッピングセンターにわざわざ立ち寄りはしない。

現在、流通革新やネット販売から取り残された小さな商店は、数多くの困難を抱えながらも、地域の観光資源としての役割を果たす。そうした商店の存続は、商品の販売が一定水準なければ困難となる。それには地元の住民に加えて、観光客の購買が重要な要素である。家族経営の自営業的な事業体であれば、生業的な存立は可能かもしれない。しかし、代替わりし、歴史をもつ個人住宅などが相続税や維持・管理経費を個人で負担できない場合もある。その場合、自治体に寄贈し、あるいは、財保護のＮＰＯ法人やＮＰＯ法人をつくることで維持されている現状もある。

小さな商店は、街の雰囲気づくりに貢献していても、テーマパークではない。その商店が実際に商売を通じて生計を維持できている「生きた文化財」であり、商店を地域が支持することが重要である。はたして地域住民は、小さな商店の購買者であり続けることができるのか。皮肉ではあるが、小さな商店の店主さえもネット販売で便利さを享受する。もちろん、小さな商店の観光資源としての存在が、まちづくりや観光業振興に寄与する場合もある。その場合、補助金や商業施設の出店規制など、公的支援のコンセンサスが得られる可能性もゼロではない。

他方、伝統産業のように、補助金などの支援や公的部門の買い上げなくしては存続が困難である場合、公的支援の可否は伝統文化の保持への地域社会の認識に拠る。無形文化財としての意義が認められるかどうかであるが、伝統的な神社仏閣の維持管理には、伝統産業、すなわちむかしながらの素材と加工方法の伝承が必要である。そのためには、加工技術だけでなく、原材料や素材を育てる農業技術・技能の維持も必要となる。それゆえに、伝統分野の私企業への支援の意義は、ひろく住民や市民に認められやすい。

伝統産業と地方を中心に減少を続ける個人商店とを同一に考えるのには無理がある。人びとの消費行動は、以前は「動く（出かける）」消費が主であった。モータリーゼーションで、その動く範囲も広がった。買い物以外の機能をもつ大型商業施設の発展は人びとの消費行動を変えた。しかしコロナ禍の下、「動かない（出かけない）」消費が消費生活で大きな位置を占めるようになった。やがてコロナ禍が沈静化したが、ネット販売が定着した現状の下で、消費行動は「動く」消費へと全面的に回帰はしない。消費者は、ネット販売の利便性を手にしたのだ。ネット販売は「動けない（出かけられない）」消費者だけでなく、「動ける（出かけられる）」消費者の行動までも変えた。結果、町の商店は人口縮小による消費低迷に加え、ネット販売との競合を強いられる。いまのところ、商店数の減少は雇用面などの大きな社会的影響を生み出していないものの、のちにその影響が大きかったことが記録されるだろう。

ウェルビーイング経営

中小企業の歴史は、個々の事例に固執すれば、記述がむずかしい。本書のタイトルを、中小企業史ではなく、中小企業小史とした理由の過半もそこにあった。英語でいえば、ショート・ヒストリー、すなわち「短い」はなしである。「短い」とは「簡潔」ということである。簡潔な歴史という意味では、「略史」という言い方もできよう。そこで問われるのは、決められた紙幅でモノを書く場合と一緒で、なにを取り上げるのか、なにを略するのか、最低限なにを略してはいけないのかである。いろいろと頭を悩まして書いた。単に事実を並べても、そこから真実を導くことにならない。事実も、並列的に取り上げるのか、重要と思われる順で取り上げるのか、で記述のしかたが変わる。歴史の記述は、骨の折れる作業である。

中小企業をめぐる出来事を時系列でならべても、中小企業史にはならない。中小企業の歩みについて、略してはいけない重要な「切り口」をまずは決定して、その視点から中小企業の歩みをとらえる方法があろう。

たとえば、「大企業」と「中小企業」の歩みを対比させる切り口が考えられる。その「差異」は、単に経営上の収益性なのだろうか。大企業＝高収益、中小企業＝低収益という分類は可能なのか。中小企業のなかにも、一人当たりの収益額が大きい企業も存在する。従業員数が多くないがゆえに、一人当たりでは高収益でも注目されない。その逆に、一人当たり低収益でも、低収益×多人数の恒等式では、絶対額の大きさゆえに注目される大企業も存在する。企業の成長という評価基準では、高収益中小企業であっても、規模拡大という強い企業目標を持たなければ、あるいは、持つことができなければ、中小企業にとどまる。しかし、この種の企業の多くは特殊な分野の特殊な技術に関するため、市場規模自体に限界がある。特殊な技術を一般化させ、市場規模の大きい分野へとシフトする意欲が経営者にないかぎり、中小企業にとどまることになる。その意識の有無が、大企業と中小企業を分ける要素である。

高い技術力をもつ中小企業者の経営マインドが、すべて成長志向であるとはかぎらない。そのような企業をわたしはいくつもみてきた。彼らは技術者であって、経営者とは言いづらい。でも、人はそのような技術者マインドの強い経営者にほっとする側面もある。実に彼らは楽しそうである。しかし、技術力だけで持続的な経営は困難である。彼らが技術志向であっても、有能な技術者を集めることができず、または、技術開発に必要な資金を調達することができなかったため、行き詰まるケースを多くみてきた。

小さくスタートしたトヨタやホンダ、ソニーや京セラなどは、どのように資本と人材の壁に阻まれる「死の谷」を生き延び、大きく成長できたのか。問われるのは創業者の器量と運なのかもしれない。内外の技術を核に中堅企業へと成長した創業経営者にインタビューを重ねてきたが、最後には「運が良かった」という、研究者にとってまことにやっかいな返答が返ってくることが多かった。

トヨタなど巨大企業の創業者は、それまでとは異なる技術や製品について、誰も思いつかないアイデアを持っていた人たちである。だが、往々にしてアイデアのある人には、資金がない。また、それを可能にする技術者の助けがない。

頭の中にアイデアを持っている人はたくさんいる。だが、それを実行する人はきわめて少ない。資金面にも、自力の部分と他力の部分がある。自力面では、爆発的なヒット商品によって、次なる技術開発や販売網の拡張に必要な資金を確保できたとしても、そのような企業が成長軌道に乗るには、さらなる資金と人材の確保が必要である。多くのベンチャーがロケットスタートを切りつつも、その後に失速する理由の過半はこらあたりにある。

他力の部分は金融支援者である。担保力を欠いても、事業の発展性に着目する人材が支援側にいたことで倒産の危機を乗り越えた経営者を知っている。あるいは、創業者に将来性を見いだし、資金だけではなく、その人脈を通じて資金以外の支援者を紹介したケースもある。経営者が「運」を成功要因としてあげるのは、そうした場合であろう。

資金よりも経営面で適切なアドバイスが得られることの意味は大きい。内部人材に制約の多い中小企業にとって、発展のための外部人材へのアクセスの有無はその後の発展に大きく関係する。これは、わたし自身が急成長した中小企業の経営者への調査を通じて得た結論である。時代を味方にできたかどうか、この点も重要であった。ソニーやホンダにも、敗戦後の混乱期に、既存組織の解体で排出された高度専門人材を獲得できた幸運があった。平時であれば、生れたばかりで、海の者とも山の者ともわからない小さな企業は見向きもされなかったろう。しかし、やがて、安定の時代になるにつれ、有能人材のシャトル機能は低下する。

前述のシリコンバレーモデルは、生まれたばかりの小さなベンチャー企業にもストックオプションなどによって高度専門人材が集まるモデルであるが、日本の昭和二〇年代には、シリコンバレーのような光景があった。その後、ベンチャー企業振興策が種々とられたものの、そのような状況は生まれていない。政策的に整備することは困難なのである。実態があってこそ、それをさらに推し進めるような政策を呼び寄せることができる。政策が実態を呼び寄せることはない。

人材を引き付けることのできない中小企業のイメージとはなんであろうか。ブラック企業として、中小企業が描かれることも多々ある。一般にブラック企業に関しては、労働条件の問題が指摘されることが多い。非正規従業員は、大企業での絶対数が多いものの、大企業は正規雇用者を含む分母にあたる総従業員数が多いことから、非正規従業員の割合は、総従業員数の少ない中小企業の方が高い。総従業員数五〇〇〇人のなかの、五〇〇人のパートやアルバイトの存在―この場合は一〇％―と、総従業員二〇人のなかの五人という非正規雇用者の存在―二五％―の意味合いは同じではない。家族的雰囲気のある小さな組織では労働条件の改善を求める声を上げるのが難しいことも多い。中小企業のイメージとブラック企業のイメージが重なりやすい理由の一端はこの点にある。

中小企業のイメージの一つに、経営者のワンマン経営がある。(*) 大企業であれば、「ガバナンス」問題や「ステークホルダー論」が語られる。つまり、「チェック・アンド・バランス論」である。ガバナンス論は誰が所有者で誰が経営者であるのかを問う。ステークホルダー論では、誰が利害関係者かが問われる。株式会社の所有者は株主であるが、その筆頭株主が経営に当たることは少ない。株主代表の取締役会から経営を委ねられるのは専門的経営者である。とはいえ、そこで実際に働くのは従業員であり、企業が立地する地域の住民なども関係者である。住民などとの関係を無視して、その地域で企業が独立的に存立することは容易ではない。中小企業の場合、所有者と経営者が一致する場合がほとんどだ。経営の是非に意見を言えるはずの株主は形式的にはいても、家族であったり、その係累であったりする。中小企業はオーナー企業であり、大企業のように株主総会があり、異なる意見が飛び交うこともない。経営をめぐる「お家騒動」が起こることもしばしばである。

＊中小企業経営の特徴については、寺岡寛『スモールビジネスの経営学―もうひとつのマネジメント論―』を参照。

ブラック企業に象徴される職場環境の改善の難しさ、また、ワンマン経営に象徴される経営の不透明性は、中小企業における「経営の苦しさ論」に収束する。経営の苦しさは、事業における収益の低さに起因し、そのため職場環境の改善に十分な資金を投じることができず、人材をうまく確保できない悪循環に陥りやすい。悪循環をどのように断ち切ればよいのか。まずは、必要不可欠な人材を引き付ける労働条件の確保のために収益性の向上が必要である。

人材の確保は、いまにいたるまで中小企業経営の課題である。そのためには、給与水準が高いだけでよいのか。あるいは、快適なオフィスや工場の整備が必要なのか。事業に従事する人たちがそこで働くことに社会的な意義を感じ、みずからも心身ともに健康で幸福を感じることが大事なのではないか。現在では、そうした心身ともに健康な状況を「ウェルビーイング（Well-being）」と表現する。

「ウェルビーイング」は、日本語では「健康」、「幸せ」、「福祉」に置き換えられてきた。元々は、世界保健機関が、第二次大戦後に設立された際の標語であった。世界保健憲章では、健康の定義を「健康とは、単に疾病がない状態ということではなく、肉体的、精神的、そして社会的に、完全に満たされた状態」であるとして、これを「ウェルビーイング」と名づけた。つまり、狭義の「健康」だけでなく、より広義の「幸福感」であり、個々人のレベルだけでなく社会的環境－家族、友人、職場、地域－において、幸せを感じられる状況を指す。

ところで、一九五八年に成立した「米国中小企業法」第二条に、「ウェルビーイング」の表現はすでに登場する（二二八頁参照）。米国中小企業政策の目的は、中小企業のウェルビーイングの増進であり、それは自由競争の保障によって達成されると公言した。ウェルビーイングに類似の表現には、「健康（健全）」－「ヘルス（health）」－、「幸せ」－「ハピネス（happiness）」－、福祉（福利）－「ウェルフェア（welfare）」－の言葉があった。実際には、これらの意味をすべて含んだ言葉として、ウェルビーイングが使われた。当時の制定過程の論議では、(*) ウェルビーイングは「健全性（soundness）」と同義であった。中小企業の「健全性」を通じて国民経済の「健全性」が保証されると考えられていた。

＊詳細は寺岡寛『アメリカの中小企業政策』信山社（一九九一年）。

最近は、社会のさまざまな問題を、ビジネスの場で解決する経営理念を掲げる社会起業家が登場してきた。そうした企業で働くことに、ウェルビーイングを感じる高度専門人材も存在する。ただし、そのような経営理念を掲げる中小企業の数は多くはない。他方、大企業のなかにも、メセナ（芸術・文化活動の支援）やフィランソロピー（社会貢献活動）を掲げ、地域の課題に取り組む企業もでてきている。しかし、国内や海外に多くの事業所を構え事業を展開する大企業では、従業員は個別の小さな事業単位で働くのが通常である。大企業であるからウェルビーイングで優れているという保証はない。

世界は広い。求める人材は世界のどこかにいる。自らアプローチしなければ、そこに行き着くことはない。

これまで中小企業は国内ばかりに取引相手を求め、世界に広く取引先を求めてこなかった。人材の確保でも広範囲に目を向けて真摯に取り組んだことがない。世界に広く人材を求めるには、給与面だけではなく、それ以上に事業の「将来性」へのビジョンが必要である。なぜ、自分たちの事業を進めているのか、という企業の存立理由と将来展望が重要である。人が長く働く時代となり、一つの企業で退職まで働くという慣習も変わってきた。人材の在処も変わってきている。人はウェルビーイングを享受できる企業で働きたい。そうした経営のあり方が重視される。

働き方改革や健康経営を重視するウェルビーイング視点の背景には、コロナ禍による価値観の変化があった。この間、リモートワークが現実に可能であるかどうかの壮大な社会実験も行われた。

地球環境の問題や経済格差が大きな社会的課題となり、成長ばかりを追い求める経営には限界がある。より良き社会をつくる経営の意思が問われる。働き方改革はその一環である。日本でも、政府は「一億総活躍社会」の実現を掲げ、働き方改革関連法が制定された。この法律の目的は、ひとりひとりが多様な働き方を選択でき、より良い将来の展望を持てるようになることだ。

働き方の面では、どこの組織にも属さない「フリーランサー」が増えきた。個人としての仕事の請負（受託）業である。雇用されないという意味での、フリーである。「特定受託事業者に係る取引の適正化等に関する法律」（「フリーランス・事業者間取引適正化等法」）の成立の背景には、日本でもフリーランサーが一定比率を占めている状況がある。従来の小規模な事業体は、家族中心の自営業、いわゆる士業、一人親方のような請負業であった。いままでは、そこに、スポット的な仕事を引き受けるフリーランサーも加わった。フリーランサーは「副業」とも重なり確実に増えているが、その存立は必ずしも安定していない。フリーランサーを政府が支援すべきかどうか。そこには小企業対策と同様に弱者論が登場する。
「小さいからつぶれやすい」という中小企業弱者論に対し、大企業強者論は「大きくてつぶせない」ことで延命してきた。この視点の下では、弱者論と強者論を隔てている壁は意外と薄い。中小企業は弱者だから、ただ単に「振興」や「支援」と並べ立てても社会的な認知は得られない。大企業の救済は、つぶれた際の社会的影響の多寡によって判断される。強者の大企業が政府の支援なくして存立しえない弱者になれば、取引関係にある多数の中小企業にもその影響が及ぶ。弱者や強者は、双方の関係で、その位置づけが決まる。弱々連合は不安定である。強弱は相対的で、状況で変わる。

地方財政の悪化とともに「地域の雇用を支える」という政策目的が掲げられてきた。家族経営主体の小さな事業体—自営業者—は、経営者のライフサイクルとほぼ同じ軌跡で廃業を繰り返してきた。そうした小さな事業体の地域雇用への影響は、大企業や中小企業の事業所の縮小再編成による雇用整理の影響とは異なる。自営業者に雇用面での貢献のために廃業を先延ばしさせるといった支援策は、地域のコンセンサスを得にくい。だが、中山間地の過疎の地域では、商店の廃業により「買い物難民問題」が起こっている。この場合、商店の廃業を先延ばししても、承継者を欠く現状では、根本的な解決にはならない。ネット販売の自宅配送はあるものの、ドローン配送の社会実験が現実味を帯びるのは、物流コスト問題の解決が必要であるからだ。人口減少社会に向けて壮大な実験が展開している日本の現状が垣間見える。少子高齢化が進めば、消費市場の縮小、労働人口の減少がより顕著になる。消費市場が縮小すれば、消費の中身の変化に応じた製品やサービスへと国内的にはシフトさせつつ、海外市場の開拓と販路拡大なしには企業成長は成り立たない。労働人口の減少は、機械・機器の導入とＡＩなどいろいろなソフトウェアの活用を不可避にさせる。しかし、すべてを機械やコンピュータに置き換えることなど困難である。

これからの日本社会で、国民のウェルビーイング増進のためには、福祉予算の優先度は高い。日本の核家族化のスピードは速く、以前のような二世帯、三世帯が同居する家庭は減った。かつての互いに助け合える家族関係も変容した。かといって、施設の建設や維持は容易ではない。今後は、福祉先進国といわれた北欧諸国のように在宅ベースの福祉サービスが主流になるだろう。こうしたサービスへの支援は多くの人の支持をえやすい。他方、小さな企業への支援はどうであろうか。いままでは、小規模企業支援の認識は、なんとなく小さいから支援するという社会的暗黙知があった。しかし、国民のウェルビーイング増進のために、小規模企業振興論を唱える人は多くはない。

改めて、小規模企業の存立意義とはなにか。さらには中小企業支援の意義とはなにか。この議論は働くことの意義や個々人のウェルビーイングとの関係で論じられる時代となってきている。かつての人口過多時代の日本には、地方から東京や大阪へ出たが、就業機会が限られたために、やむなく小さな商売を始めた例も多かった。人口過少時代の日本は、「やむなく」意識の転換を必要とする。地域の顔の見える小さな企業は積極的に最新技術を駆使して、世界に取引関係を広げることに意欲的になるべきである。それが、日本の中小企業を担う若い世代だけではなく、長く働くことになったシニア層の役割でもある。日本経済の活性化には、そうした小さな企業の連合体形成の場をつくりあげることが肝要となる。形成の場は情報通信機器の普及によって、いままでとは違った方法でつくり上げることも可能になっている。重要なのは小規模の事業運営のメリットを生かし切った「スモールビジネスウェイ」の考え方の深化である。

いうまでもなく、中小企業は、消え去るのではなく今後も存続していく。大企業独占論にみられるように大企業だけが生き残り、中小企業が一方的に衰退するわけではない。他方で、中小企業の新陳代謝は進む。中小企業の将来展望についての議論はかつてもあった。たとえば、「中小企業」という用語ではないものの、「小工業」の概念で小さな企業群の将来について社会政策学会という学会の場で論じられたのは、大正七［一九一七］年一二月に専修大学で開催された全国大会であった。参加者二七名の集合写真が残っている。顔ぶれをみると第一列正面には金井延（一八六五～一九三三）、上田貞次郎（一八七九～一九四〇）、河上肇（一八七九～一九四六）、高野岩三郎（一八七一～一九四九）、中列右端には小泉信三（一八八八～一九六六）、後列には桑田熊蔵（一八六八～一九三二）、河合栄治郎（一八九一～一九四四）、森戸辰男（一八八八～一九八四）が出席している。日本でも大工業が成立するなかで、低賃金・長時間労働をはじめ労働条件などをめぐって労使対立も厳しくなり、予防的措置としての社会政策が当時の研究者によって論じられた。彼らが政府に対して提言を行う場が社会政策学会であり、討論の場が全国大会であった。そうしたなかで、小農とともに小工業の将来展望が取り上げられた。ちなみに、同学会の全国大会第一回（一九〇七年）のテーマは「工場法」であり、その後、「移民問題」、「労働争議」、「小農保護問題」などが取り上げられた。

「小工業」について、社会政策学会の設立メンバーの一人であった金井延は、開会にあたって、「小工業は大工業に圧倒し去る運命を有せず……特定種類の工業にあっては、世界市場の競争の上より小工業は充分なる存在理由を有す……此等の諸点に就き本問題の報告討議が吾人を裨益すること多大なるを疑はず」と挨拶している。当日は予定報告者の河田嗣郎（一八八三～一九四二）に代わって臨時報告者となった添田寿一（一八六四～一九二九）、上田貞次郎などが報告を行った。全体討議には桑田熊蔵や高野岩三郎などが参加している。彼らはいずれも小工業や家内工業には存続が困難なところもあるが、小工業は決して消滅するものでなく将来も存続すると指摘した。小工業対策に関しては、「中産階級」や「家庭生活」の確保という名目から保護することは「時代錯誤」であるとし、「存続の理由」をもつ小工業に対しては金融支援や共同化を促進する経済政策が提案された。これらの指摘は一世紀の時をこえて現在も有効なのではないだろうか。

あとがき

若いころ、名誉教授となられた著名な研究者とお会いすることがあった。そのとき、怖いもの知らずのわたしは、名誉教授の最終的な仕事は、専門分野の通史を残すことではないかと不遜なことを言った。その言葉が、一昨年、三〇年近く勤めた大学を退いたわたし自身へ返ってきた。わかいころは、人はあと先のことを考えないものだ。それが若さなのであろう。

退職後に、米国の社会学者チャールズ・ライト・ミルズ（一九一六～六二）について、すこしまとまったものを執筆しようと、まずは、彼に影響を与えたソースティン・ヴェブレン（一八五七～一九二九）の著作を原文で読み通し、さらに、それまで拾い読みの多かったミルズの著作も原文で読み通した。(*) その時に、旧知の編集者から「日本の中小企業の歴史を書き、日本の中小企業の進むべき方向性を示す本をまとめないか」という声がかかった。受けるべきかどうか、迷った。

*その成果をつぎの論文にまとめた。寺岡寛『ラディカルとは何か―ヴェブレンからミルズへ―』中京大学企業研究所『中京企業研究』第四四号（二〇二二年一二月）。

躊躇した理由は資料・史料上の制約である。若いころからこつこつと集めた資料は、退職前に、散逸させない約束で若手の研究者にすべて譲っていた。資料が手元にないのは、実に不便である。わたしが所長を務めた中京大学企業研究所（旧中小企業研究所）にも、わたしの集めた資料などを置いてきた。一々借りるのも面倒だ。先輩研究者から譲り受けた統計資料や、自分で集めた長期統計類も後任者に託した。やはり手元にないのは不便である。しかし、ものは考えようである。大学の研究室で山積みの資料類に取り囲まれて執筆した場合、資料・史料を読みふけっただけに終わったであろう。通史に取り掛からなかったにちがいない。手元に資料がないことで、かえって大枠が見えてくる。物理的に、頼れるのは自身に蓄積された知識や自分が手掛けた調査の知見だけである。わたしのみてきた中小企業をたぐり寄せれば、日本の中小企業の歩みが見えるのではないか、と思うようになった。

通史とは厄介だ。個別の細々とした実態や出来事を集めても、それは事実の断片である。そのような事実を羅列しても、歴史の記述とはならない。個人が見聞きしたこと、読み知ったこと、それらの範囲はたかが知れている。

ミルズは、社会学的方法論について、自分の主観的観察事象の中に客観的なものを見出す重要性を説く。つまり、主観的把握のなかに客観性を見いだすことが重要なのである。だが、人の認識の範囲は物理的にも、時間的にも限られている。自分の知（識）ることのできた範囲―主観性―で、いかに全体像―客観性―を把握できるか。ミルズの墓碑には、「わたしは客観的であろうと努めてきた。だが、そうであったとはいっていない」とある。自分の主観性の延長上になんとか客観性を見いだす覚悟がなければ、通史などは書けるものではない。

本書では、宮本常一によく言及した。わたし自身が宮本のような実態調査に憧れ、実践してきた。本書の隠し味があるとすれば、資料中心の民俗誌研究のような中小企業文献研究ではなく、宮本が実践したような、生活誌（史）的な中小企業調査にこだわったことだ。宮本流にいえば、「あるいた、みた、きいた」の調査記録である。

わたしの役所時代の調査では、チームとしての取り組みもあり、ルーティン化された調査項目を中心に中小企業経営者などへ聞取りを実施した。相手もまた機械的な受け答えになることがしばしばであった。相手が楽しそうではないのである。大学へ移ってよかったことは、その種の義務的な調査から解放されたことである。宮本常一は、その地の農家に泊り、一晩でも話を交わすうちに、相手には進んで語りたいことがあると気づいたという。宮本は、『民俗学の旅』で「本当の心は夜ふけてイロリの火を見ていて話しのとぎれたあとに田畑の作柄のこと、世の中の景気のこと、歩いてきた過去のことなど、聞かれて答えるのではなくて、進んで語りたい多くを持っていることであった。人はそれぞれ自分の歴史を持っているのである。まずそういうものから掘り起こしていくこと、そして生きるということはどういうことかを考える機会をできるだけ多く持つようにしなければならないと思った」と述べている。わたしも宮本の指摘に強く共感を覚える。

わたしの大学へ移ってからの中小企業への調査は、「作柄（経営）のこと、世の中の景気（経済情勢）のこと、（経営者として）歩いてきた過去のことなど、聞かれて答えるのではなくて、進んで語りたい多くを持っていることを」聞くことを心掛けた。親しくなった経営者の人たちに過剰な思い入れをしないことも課題だった。これは出来るだけ守ったと自分では思っている。ミルズのように「わたしは客観的であろうと努めた。だが、そうであったとは言い切れない」と、わたしもまたそう思う。

小史とは、史料や資料を駆使して歴史の一齣を書くのではなく、自分の見聞きしたことを中心に書く私史的な通史である。書き終えてみて、通史とは縦糸＝時系列的記述と、横糸＝テーマごとの記述の織りなす物語であることがよくわかった。この物語を生き生きとしたものにするには、どのようなテーマを選択するかである。本書では、経営、産業、地域、社会というテーマを横糸に織り込んだ。このほかにも、技術、金融、労働、その時々の政治や政策なども織り込むことが可能であろう。残念だが、わたしの能力の限界があった。むろん、これらは必要に応じて、それぞれの章でふれようとはした。いずれにせよ、個人として日本の中小企業の残してきた軌跡を描くことには限界もあった。ミルズは講義中に学生たちに、「(ものごとは) 大きくとらえよ (Take it big !)」とよく語ったという。研究者にとっても、狭い専門分野でなく、より大きな視点からものごとをとらえることが必要なのである。その意味で、通史を書くことの重要性は指摘するまでもない。

出版にあたっては、信山社の渡辺左近氏にお世話になった。月並みだが、感謝という以上の言葉が見当たらない。必要に応じてインタビューに応じてもらった中小企業の関係者の方々にも、心から感謝申し上げる。中小企業研究の仲間たちにも、行き詰まったときなど、対話相手になってもらった。感謝申し上げる。

二〇二四年五月

寺岡　寛

参考文献

【あ行】

浅沼万里『日本の企業組織・革新的適応のメカニズム―長期取引関係の構造と機能―』東洋経済新報社、一九九七年

安藤良雄・山本弘文編・解説『興業意見他前田正名関係資料』（生活古典叢書第一巻）光生館、一九七一年

安藤良雄編『近代日本経済史要覧（第二版）』東京大学出版会、一九七五年

五十嵐暁郎・グラック、キャロル編『思想史としての現代日本』岩波書店、二〇一六年

池田潔『地域・社会と共生する中小企業』ミネルヴァ書房、二〇二二年

石井寛治『日本の産業革命―日清・日露戦争から考える―』朝日新聞社、一九九七年

石倉三男『地場産業と地域経済』ミネルヴァ書房、一九八九年

同『地場産業と地域振興』ミネルヴァ書房、一九九九年

石田雄『日本の社会科学』東京大学出版会、一九八四年

同『社会科学再考―敗戦から半世紀の同時代史―』東京大学出版会、一九九五年

伊東維年『テクノポリス政策の研究』日本評論社、一九九八年

伊東光晴他『日本の経済風土』日本評論社、一九七八年

同『日本経済の変容―倫理の喪失を超えて―』岩波書店、二〇〇〇年

犬丸義一校訂『職工事情』(上・下)岩波書店、一九九八年
今村仁司・三島憲一・川崎修編『岩波社会思想事典』岩波書店、二〇〇八年
ウィリアムソン、オリヴァー・イートン(浅沼万里・岩崎晃訳)『市場と企業組織』日本評論社、一九八〇年
上田達三『産業構造の転換と中小企業—大阪における先駆的展開—』関西大学出版会、一九九二年
植田浩史編著『「縮小」時代の産業集積』創風社、二〇〇四年
ウォード、キングスレイ(城山三郎訳)『ビジネスマンの父より息子への三〇通の手紙』新潮社、一九九四年
同『ビジネスマンの父より娘への二五通の手紙』新潮社、一九九五年
宇沢弘文『ゆたかな国をつくる—官僚専権を超えて—』岩波書店、一九九九年
大門正勝『近代日本と農村社会—農民世界の変容と国家—』日本経済評論社、一九九四年
大川一司他編『長期経済統計』第一巻~第一四巻、東洋経済新報社、一九六五~八八年
大阪経済大学中小企業・経営研究所『中小企業季報』二〇〇号記念論文集企画委員会編『進化する中小企業研究—中小企業研究を本質論、経営的、政策的側面から捉える—』同友舘、二〇〇二年
大阪府立商工経済研究所『機械工業における外注・下請の実態—農業用発動機製造業とその下請構造について—』一九五四年
同『中小工業労働者の生活—実態調査の印象—』一九五五年
同『中小工業における事業協同組合の実態—総合観察の部—』一九五六年
同『日本の中小企業—その実態と当面する諸問題—』一九六〇年
同『創立一〇周年記念刊行・中小企業の実証的研究』一九六〇年

同『小零細企業ルポルタージュ』一九六四年
同『中小工業の発展形態―枚岡の「釘、針金」と貝塚の「ワイヤーロープ」による実証―』一九六七年
太田進一『ネットワークと中小企業』晃洋書房、二〇一二年
大西勝明・二瓶敏編『日本の産業構造―ポスト冷戦期の展開―』青木書店、一九九四年
大西康之『会社が消えた日―三洋電機一〇万人のそれから―』日経ＢＰ社、二〇一四年
同『東芝解体・電機メーカーが消える日』講談社、二〇一七年
大山耕輔『行政指導の政治経済学―産業政策の形成と実施―』有斐閣、一九九六年
岡室博之『技術連携の経済分析―中小企業の企業間共同研究開発と産学官連携―』同友館、二〇一二年
小川英次『現代経営論―中小企業経営の視点を探る―』中央経済社、二〇〇九年
小熊英二『日本社会のしくみ―雇用・教育・福祉の歴史社会学―』講談社、二〇一九年
小熊英二編『平成史（増補新版）』河出書房新社、二〇一四年
小倉昌男『経営学』日経ＢＰ社、一九九九年
小野瞭『文明〈後〉の世界』新泉社、二〇一三年

【か行】
金森久雄『わたしの戦後経済史』東洋経済新報社、一九九五年
軽部謙介・西野智彦『検証・経済失政―誰が、何を、なぜ間違えたか―』岩波書店、一九九九年
河合隼雄『中空構造日本の深層』中央公論、一九九九年
川口浩編『日本の経済思想世界―「一九世紀」の企業者・政策者・知識人―』日本経済評論社、二〇〇四年

川島哲郎編著『経済地理学』（『総観地理学講座』第一三巻）朝倉書店、一九八六年
姜尚中・竹内啓他編『社会科学の現場』（『岩波講座・社会科学の方法』第Ⅳ巻）岩波書店、一九九三年
北村嘉行・矢田俊文編著『日本工業の地域構造』（『日本の地域構造』第二巻）一九七七年
ギデンス、アンソニー（市川統洋訳）『先進社会の階級構造』みすず書房、一九七七年
木村荘八（尾崎秀樹編）『新編・東京繁盛記』岩波書店、一九九三年
キンドルバーガー、チャールズ（吉野俊彦・八木甫訳）『熱狂、恐慌、崩壊―金融恐慌の歴史―』日本経済新聞社、二〇〇四年
クルユ、ミカ（末延弘子訳）『オウルの軌跡―フィンランドのＩＴクラスター地域の立役者たち―』新評論、二〇〇八年
黒瀬直宏『（改訂版）複眼的中小企業論―中小企業は発展性と問題性の統一物―』同友館、二〇一八年
見城悌治『渋沢栄一―「道徳」と経済のあいだ―』日本経済評論社、二〇〇八年
五井平和財団編『これから資本主義はどう変わるのか―一七人の賢人が語る新たな文明のビジョン―』英治出版、二〇一〇年
香西泰・寺西重郎編『戦後日本の経済改革―市場と政府―』東京大学出版会、一九九三年
神戸から顔の見える経済をつくる会編『ローカルエコノミーのつくり方―ミッドサイズの都市から変わる仕事と経済のしくみ―』学芸出版社、二〇一九年
神戸新聞社編『（復刻版［新装］）火輪の海―松方幸次郎とその時代―』神戸新聞社、二〇〇七年
小関智弘『町工場―巡礼の旅―』現代書館、二〇〇一年

児玉隆也『一銭五厘の横丁』岩波書店、二〇〇二年
後藤康雄『中小企業のマクロ・パフォーマンス―日本経済への寄与度を解明する―』日本経済新聞出版、二〇一四年
小松史朗『日本的生産システムにおける労働と管理―変容過程とその含意―』ミネルヴァ書房、二〇二三年
小宮隆太郎・奥野正寛・鈴村興太郎編『日本の産業政策』東京大学出版会、一九八四年
ゴーラー、ジェフリー（福井七子訳）『日本人の性格とプロパガンダ』ミネルヴァ書房、二〇〇一年

【さ行】
坂本慎一『渋沢栄一の経世済民思想』日本経済評論社、二〇〇二年
佐竹隆幸『中小企業存立論―経営の課題と政策の行方―』ミネルヴァ書房、二〇〇八年
佐藤芳雄『寡占体制と中小企業―寡占と中小企業競争の理論構造―』有斐閣、一九七六年
ジェイコブズ、ジェイン（香西泰訳）『市場の倫理、統治の倫理』筑摩書房、二〇一六年
同（宮崎洋司訳）『ジェイン・ジェイコブズ都市論集―都市の計画・経済論とその思想―』鹿島出版会、二〇一八年
下平尾勲『地場産業』新評論、一九九六年
同『構造改革下の地場産業』藤原書店、二〇〇一年
社会経済史学会編『社会経済史学の課題と展望』有斐閣、一九九二年
ジャンセン、マリウス編（細谷千博訳）『日本における近代化の問題』岩波書店、一九六八年
週刊朝日編『戦後値段史年表』朝日新聞社、一九九五年

菅山真次『「就社」社会の誕生―ホワイト・カラーからブルーカラーへ―』名古屋大学出版会、二〇一一年
杉原四郎・逆井孝仁・藤原昭夫・藤井隆至編著『日本の経済思想四百年』日本経済評論社、一九九〇年
砂川幸雄『大倉喜八郎の豪快なる生涯』草思社、二〇〇二年
スポンヴィル、アンドレ・コント（小須田健・カンタン、C訳）『資本主義に徳はあるか』紀伊國屋書店、二〇〇六年
関智宏編『中小企業研究の新地平―中小企業の理論・経営・政策―』同友館、二〇二三年
関満博『日本の中小企業―少子高齢化時代の起業・経営・承継―』中央公論、二〇一七年
祖田修『前田正名』吉川弘文館、一九七三年
同『地方産業の思想と運動―前田正名を中心として―』ミネルヴァ書房、一九八〇年

【た行】

高田亮爾『現代中小企業の動態分析―理論・実証・政策―』ミネルヴァ書房、二〇一二年
高橋亀吉『日本近代経済形成史』（第一巻・第二巻・第三巻）東洋経済新報社、一九六八年
瀧澤菊太郎・小川英次編『先端技術と中小企業』有斐閣、一九八八年
田口親『田口卯吉』吉川弘文館、二〇〇〇年
竹内淳彦『工業地域構造論』大明堂、一九七八年
竹内常善・阿部武司・沢井実編著『近代日本における企業家の諸系譜』大阪大学出版会、一九九六年
巽信晴『独占段階における中小企業の研究』三一書房、一九六〇年
玉井金五『防貧の創造―近代社会政策論研究―』啓文社、一九九二年

多摩川精機株式会社・社史編纂委員会編『多摩川精機六〇年史―技術とともに―』一九九八年
同『生誕一〇〇年記念・多摩川精機株式会社創業者・萩本博市』二〇〇六年
チャンドラー、アルフレッド（安部悦生・川辺信雄・工藤章・西牟田祐二・日高千景・山口一臣訳）『スケールアンドスコープ』有斐閣、一九九三年
中小企業庁編『中小企業施策三〇年の歩み』一九七八年
鄭賢淑『日本の自営業層―階層的独自性の形成と変容―』東京大学出版会、二〇〇二年
東京経済大学資料委員会編『改訂版・大倉喜八郎かく語りき―進一層、責任と信用の大切さを―』日本経済評論社、二〇一四年
東京大学社会科学研究所編『現代日本社会―5構造―』東京大学出版会、一九九一年
豊田俊雄編著『わが国産業化と実業教育』東京大学出版会、一九八五年

【な行】

中岡哲郎編著『戦後日本の技術形成―模倣か創造か―』日本経済評論社、二〇〇二年
中北浩爾『経済復興と戦後政治―日本社会党一九四五―一九五一年―』東京大学出版会、一九九八年
仲修平『岐路に立つ自営業―専門職の拡大と行方―』勁草書房、二〇一八年
中根千枝『タテ社会の人間関係―単一社会の理論―』講談社、一九六七年
中村隆英『日本経済―その成長と構造―』東京大学出版会、一九七八年
同『明治大正期の経済』東京大学出版会、一九八五年
同『昭和史Ⅰ―一九二六―四五―』東洋経済新報社、一九九三年

同『昭和史Ⅱ―一九四五-八九―』東洋経済新報社、一九九三年
同『日本の経済統制―戦時・戦後の経験と教訓―』筑摩書房、二〇一七年
中村達也・間宮陽介他編『分岐する経済学』（『岩波講座・社会科学の方法』第V巻）岩波書店、一九九三年
中村秀一郎・秋谷重男・清成忠男・山崎充・坂東輝夫『現代中小企業史』日本経済新聞社、一九八一年
永山武夫編著『労働経済―「日本的経営」と労働問題―』ミネルヴァ書房、一九九二年
波形昭一・堀越芳昭編著『近代日本の経済官僚』日本経済評論社、二〇〇〇年
日本特殊陶業株式会社編『日本特殊陶業株式会社三十年史』一九六七年

【は行】

畑中章宏『今を生きる思想　宮本常一―歴史は庶民がつくる―』講談社、二〇二三年
浜田康行『日本のベンチャーキャピタル―未来の戦略投資―』日本経済新聞出版、一九九八年
原朗編『日本の戦時経済―計画と市場―』東京大学出版会、一九九五年
原純輔・盛山和夫『社会階層―豊かさの中の不平等―』東京大学出版会、一九九九年
播久夫『実録中小企業運動史―戦前の小売商問題と戦後の中小企業問題―』同文舘、一九九四年
ヒース、ジョセフ・ポーター、アンドルー（栗原百代訳）『反逆の神話―「反体制」はカネになる―』（新版）早川書房、二〇二一年
ヒース、ジョセフ（栗原百代訳）『啓蒙思想二・〇―政治・経済・生活を正気に戻すために―』（新版）早川書房、二〇二二年
弘中史子『中小企業の技術マネジメント―競争力を生み出すモノづくり―』

中央経済グループパブリッシング、二〇〇七年
福井康貴『歴史のなかの大卒労働市場―就職・採用の経済社会学―』勁草書房、二〇一六年
富士精版印刷五〇年史編集委員会編『富士精版印刷株式会社「五〇年のあゆみ」』二〇〇一年
藤原昭夫『福沢諭吉の日本経済論』日本経済評論社、一九九八年
ブラックフォード、マンセル（川辺信雄訳）『アメリカ中小企業経営史』文真堂、一九九六年
ベフ、ハルミ『イデオロギーとしての日本文化論』（増補新版）思想の科学社、一九八七年
法政大学産業情報センター・橋本寿朗・武田晴人編『日本経済の発展と企業集団』東京大学出版会、一九九二年
ポランニー、カール（栗本慎一郎・溝信行訳）『経済と文明―ダホメの経済人類学的分析―』筑摩書房、二〇〇四年
本多哲夫『大都市自治体と中小企業政策―大阪市にみる政策の実態と構造―』同友館、二〇一三年

【ま行】
毎日新聞社『中小企業白書総特集―二一世紀に挑戦するスモールビジネス―』毎日新聞社、一九九二年
町田光弘『受注環境変化と中小企業の規模間格差』同友館、二〇二三年
松石泰彦『企業城下町の形成と日本的経営』同成社、二〇一〇年
松原隆一郎『頼介伝』苦楽堂、二〇一八年
三谷直紀『企業内賃金構造と労働市場』勁草書房、一九九七年
三井逸友『中小企業政策と「中小企業憲章」―日欧比較の二一世紀―』花伝社、二〇一一年

三井逸友編『日本の中小企業研究二〇〇〇-二〇〇九』第一巻・第二巻、同友館、二〇一三年
港徹雄『日本のものづくり競争力基盤の変遷』日本経済新聞社、二〇一一年
三宅順一郎『中小企業政策史論―問題の展開と政策の対応―』時潮社、二〇〇〇年
宮田由紀夫・安田聡子編『アメリカ産業イノベーション論』晃洋書房、二〇〇二年
宮本常一『日本の中央と地方』(宮本常一著作集第二巻)未来社、一九六七年
同『産業史三篇』(宮本常一著作集第二二巻)未来社、一九七六年
同『民衆の知恵を訪ねて』(宮本常一著作集第二六巻)未来社、一九七六年
同『民衆文化と造形』(宮本常一著作集第四四巻)未来社、二〇〇三年
宮本又次『大阪商人』講談社、二〇一〇年
三輪芳朗『政府の能力』有斐閣、一九九八年
三和良一『日本占領の経済政策史的研究』日本経済評論社、二〇〇二年
同『戦間期日本の経済政策史的研究』東京大学出版会、二〇〇三年
森嶋通夫『なぜ日本は没落するのか』岩波書店、一九九九年

【や行】

安田武彦編著『中小企業論―組織のライフサイクルとエコシステム―』同友館、二〇二一年
柳瀬徹也『我国中小炭鉱業の従属形態』(日本学術論叢)伊藤書店、一九四六年
山崎充『日本の地場産業』ダイヤモンド社、一九九七年
山田基成『モノづくり企業の技術経営―事業システムのイノベーション能力―』中央経済社、二〇一〇年

山中篤太郎『中小工業の本質と展開―国民経済構造矛盾の一研究―』有斐閣、一九四八年
矢部洋三・古賀義弘・渡辺広明・飯島正義編『現代日本経済史年表』日本経済評論社、一九九六年
由井常彦『中小企業政策の史的研究』東洋経済新報社、一九六四年
米原謙『日本的「近代」への問い―思想史としての戦後政治―』新評論、一九九五年

【ら行】

笠信太郎『成長経済のゆくえ』(笠信太郎全集第三巻)朝日新聞社、一九六八年

【わ行】

渡辺幸男『大都市圏工業集積の実態―日本機械工業の社会的分業構造〈実態分析編〉―』慶應義塾大学出版会、一九九八年
同『現代日本の産業集積研究―実態調査研究と論理的含意―』慶應義塾大学出版会、二〇一一年
渡辺幸男・小川正博・黒瀬直宏・向山雅夫『二一世紀中小企業論―多様性と可能性を探る―』(第四版)有斐閣、二〇二二年

人名索引

［あ行］
会田陽啓　85, 86
浅野総一郎　76
麻生太郎（内閣）　284
安倍晋三(内閣，第一次・第二次以降)
254, 284, 285
有沢広巳　226
アンデルセン，エスピン　189
池田（勇人）蔵相　55, 227
石井源治　82
石原莞爾　104
伊藤琢郎　82
井上準之助（蔵相）　111, 119, 264
上田貞次郎　306
ヴェブレン，ソースタイン　86, 309
大川一司　115
大熊栄一　66
大倉喜八郎　75
小熊英二　188, 189, 190
小崎春記　82
小野瞭　22, 67, 68
小渕恵三　284
［か行］
梯郁太郎　66
河井栄治郎　307
河上肇　307
金井延　376
川崎正蔵　76
河田嗣郎　307
菅直人（内閣）　284
岸信介　29
岸田文雄（内閣）　255, 285, 286
清成忠男　17, 153, 174
倉本憲一　82
桑田熊蔵　307
小泉純一郎（内閣）　266, 284
小泉信三　307
近衛文麿（内閣）　103
小林愛三　66
小宮山琢二　9, 97, 98, 99, 100, 174
［さ行］
坂本柳太　82
サミュエルソン，ポール　71
シェアード，ポール　267, 268
島村一郎　227
清水荘平　25
シュンペーター，ヨーゼフ　242
菅義偉（内閣）　232, 285
杉岡碩夫　154
攝津斉彦　115, 116
添田寿一　71
ソロー，レスター　71
［た行］
高野岩三郎　306
高橋亀吉　92, 93
竹内常善　76, 81
竹内正巳　13
竹林巧　82
田杉競　99, 100
立石一真　66
巽信晴　95, 240, 241, 244, 245, 246, 247,
248
田中角栄（蔵相）　49
鄭賢淑　52

トインビー，アーノルド　87
鳥居泰彦　237, 238, 239
［な行］
中内功　30
中野春吉　82
長岡半太郎　25
仲修平　202, 204
中根千枝　174, 175, 176, 177
中村隆英　93
中村秀一郎　17, 20, 174
夏目漱石　277
西村吉正　267
野田佳彦（内閣）　284
［は行］
萩本博市　24, 25, 27, 28, 31
橋本龍太郎（内閣）　264, 265, 266, 284
畑中章宏　222, 223
秦千代吉　82
鳩山由紀夫（内閣）　283
浜口雄幸（内閣）　24, 111, 120, 224, 264
早川徳次　66
樋口一葉（なつ）　116, 118
ヒトラー　282
平沢照雄　166, 168
ヒルファーディング，ルドルフ　242
福田康夫（内閣）　284
藤田敬三　8, 97, 99, 100, 174, 240
ブラックフォード，マンセル　123, 124, 125, 126, 130
古川市兵衛　76
［ま行］
前田正名　23, 88, 89, 90, 91, 93, 136, 137, 138, 139, 141, 145
松下幸之助　169
松原頼介　29, 30, 31, 105
松原隆一郎　22, 29, 30
マルクス，カール　242
三木武夫　228
三戸公　176
宮本常一　135, 139, 141, 142, 143, 144, 146, 148, 149, 165, 183, 184, 185, 195, 199, 200, 223
三好松吉　82
ミルズ，ライト　1, 83, 135, 309
ムッソリーニ　282
森嶋道夫　277, 278, 295
森戸辰男　307
森喜朗（内閣）　284
［や行］
柳瀬徹也　5, 8, 10, 11, 13, 16
山崎充　150, 153, 154
山中篤太郎　9, 11, 12, 13, 16, 20, 93, 97, 98
［ら行］
レーニン，ウラジミール　242
蝋山昌一　266, 269

事項索引

［あ行］
アイダエンジニアリング　86
会田鉄工所　86
IMF 8 条国移行　226
「青森県中小商工業者救済に就き陳情書」　113
赤字国債発行（戦後初）　226
朝霞市　163
アジア諸国　288
新しい（日本型）資本主義　286, 287
アッセンブリー型産業　171
アップル社　131, 231
アベノミクス　254, 284
『アメリカ中小企業経営史』　123
アルファベット（グーグル）　131
アワーカンパニー　275
安価な輸入品　157
アンケート調査　10
暗黒分野　282
アントレプレナー（論）　23, 67
飯田市　27, 159
家　176, 197
家の論理　176
池田市（大阪府）　163
イノベーション　119, 125, 129, 131, 133, 178, 179, 249, 254, 255, 257, 261, 279, 280, 287, 296
一次下請　173
異分野の中小企業の連携　253
医療・福祉（サービス業）　205, 206
インキュベータ　72, 166
インターネット　19, 122, 181, 233, 277
インテレクチュアル・クラフトマンシップ　83
インフォーマルな人間関係　77
インフラ整備　89
インフレーション　225, 227, 248
上からの資本主義　278
ウェルビーイング　128, 256, 302, 303, 304, 306
「動かない」消費　233, 298
ウーバー　252
運　291, 299
駅前再開発　192
エクイティ・ファイナンス　270
エコシステム　292
M&A の促進　255, 257, 266
EC（Electric Commerce）　180
縁故採用　41, 43
円高不況　48, 68
OECD 加盟国　201
大泉町（群馬県）　163
大型専門店　121
大型量販店　126
大田区（東京都）　165
太田市（群馬県）　195
横断的就業　177
欧州小企業憲章　272
オークマ　66
大蔵省主導船団形式　264
大阪青年会議所　78
大阪府立商工経済研究所　13, 17, 33, 57, 62
大阪変圧器（ダイヘン）　66

オープンイノベーション　73
オーガニゼーショナル・イノベーション　296
沖電気　82
オーディション型（取引）　176
オーナー企業　302
親事業者の違反行為による不利益　259
親の職業観　63
オンデマンド・エコノミー　251
オンライン・ギグプラットフォーム・エコノミー　251
［か行］
外業部的支配　99
海軍工廠　59, 82
家計補助的収入　96
外国人技能実習機構　290
外国人労働者　195, 232, 252
階層分化　241, 246
外　注　170
買い物難民問題　305
家　業　188
学際的アプローチ　183, 282
学術研究・専門・技術サービス業　205, 206
学　歴　281
貸し渋り　264, 270, 279
貸し剥し　242, 270, 279
過小過少　235
過小過多　234
過剰人口（論）　95, 96
柏崎市　163
家族経営　52, 272
家族従業員（者）　39, 48, 52
ガット加盟（11条国移行）　225, 226
過当競争　56, 234
過度経済力集中排除法　225
門真市　163
家内工業　50, 51, 109
釜石市　163
刈谷市　163
川崎製鉄　33
川崎造船所　29
ガバナンス　301
カルテル　111, 112
ガレージ創業　131
観光資源（観光客）　199
観光立国（技術立国・輸出立国）　296
韓　国　202
完全かつ自由な競争　128, 129
関東大震災　111, 115
官僚主義・官治主義　281
生糸輸出　114
機会費用　178
起　業　23, 26, 27, 67, 68, 272
起業の苗床　19
起業（企業）家　67, 68, 70, 71, 76
起業家経済論　74, 84
企業間の階層分化　14
起業家教育　57
企業経営意識　52, 53
企業城下町（カンパニー・タウン）　156, 162, 163, 166, 195, 196
企業家精神　61
企業整備資金措置法　107
企業整備令　224
企業整備要綱　105
企業の社会的責任論（CSR）　261, 262
企業倫理論　262
ギグ・エコノミー　250, 252

ギグ・ワーカー　250, 252
技術革新　133, 239
技術志向の事業家　30
技術障壁　29, 30, 54
基層文化　196
技能実習制度　288, 289
機能的アプローチ　124
CAD・CAM　158
キャピタルゲイン　292
キャリアパス　66, 83
QCD（品質・価格・納期）　176
教育・学習支援業　205, 206
共生論　20
京セラ　299
郷土史　136
協力工場　107
巨大都市型地場産業　153
金解禁に関する大蔵省令　112
金解禁政策　111, 112, 224
緊急物価対策要綱　224
近代工業育成政策（上からの近代化）　88
近代（移植）産業　92, 94
近代化　14, 15, 88, 216
近代化＝中央集権化　142
近代的≒進歩的　177
近代的大規模炭鉱　7
金の卵　46
金融監督庁　265
金融緩和政策（日本銀行）　285
金融恐慌　223, 234
金融緊急措置令（新円発行）　225
金融検査マニュアル　271
金融三法　265
金融システム改革　265, 266
『金融資本論』（ヒルファーディング）　242
金融ビッグバン　262, 263, 264, 265, 266, 267, 268
金禄公債　91
空洞化　201
熊本高等工業学校　66
クラウド・ソーシング　251
クラウド・ファンディング　270
クラフトマンシップ（職人精神）　77
グリーン・デジタル分野　256
グローバル化　179, 250, 265
グローバル型　256
グローバル競争　167
軍工廠　60, 102, 105, 107, 178
軍需会社法　105
軍需局　104
軍需工業動員法　104
軍需省　105
軍需生産体制　103, 104, 107
経営的研究　20
経営的構造の矛盾　11
経営革新　168, 220, 221, 253, 254, 263
経済開発機構（OECD）加盟　202, 226
経済更生計画　25
経済的社会的制約による不利是正　218, 220, 239
経済新体制確立要綱　10, 103, 104, 105, 107
経済のサービス化　248
『経済発展論』（シュンペーター）　242
傾斜生産方式　225, 226
系列（化）　15
研究開発力　155
原料高製品安　229, 283

兼業農家　96
原子力基本法　214
高学歴化　65
高学歴経営者　78
高学歴社会　78
『興業意見』　23, 88, 90, 91, 136, 138
工業組合法　224
工業集積度　161
航空機製造事業法　25
後継者難　62
工作機械に関する応急措置　107
工作機製造事業法　25
工場事業管理令　26, 224
工場就業時間制限令廃止　225
工場制下請　97
工場疎開（分工場の設置）　107
工場法　307
工場誘致合戦　146, 147, 152
公正取引委員会　259
公正な取引関係（公正取引）　258
高度経済成長（期）　33, 39, 44, 54, 62, 73, 74, 133, 136, 146, 154, 188, 190, 204, 225
高度専門人材　73, 257
神戸市　29
小売商運動　191
『国勢調査』　88, 112
国家総動員法　25, 104, 224
国土形成計画　146
国土総合開発計画（全総）　146
国土総合開発法　146
国土総合開発政策　143
国内体制強化方策　107
国内植民地　146
国防国家体制　103
国防諮問委員会（米国）中小企業局　102
国民金融公庫　49, 55
国民経済の健全な発展　127
国民の責務　221
個人独立創業型起業　27
国家総動員法　104, 105
個別経営論　20
コーポレート・ガバナンス　261
雇用から契約へ　252
コラボレーティブ・エコノミー　251
コロナ（新型）禍　122, 281, 298, 304
コンパクト・シティー　198, 199
コンビニエンス店（ストア）　122, 123, 180, 191, 196, 198, 208, 209, 210, 277, 296
コンプライアンス問題　253, 260
［さ行］
サイエンスパーク　159
災害対策基本法　214
再下請　40, 51, 187
財テクブーム　230
財閥解体　225, 226
財閥系大企業　6, 95
在来化した在来型地場産業　153
在来産業（工業）　77, 88, 92, 93, 94, 145
堺刃物　156
佐世保市　196
雑業型業種　116, 118
サービス業　205, 206, 207
サプライチェイン　107, 256
サプライヤー水平分業　133
座間市　163
サラリーマン　3, 207
狭山市　163

産官学（産学官）連携　168, 273
産業活力の再生及び産業活動の革新に関する特別措置法（産活法）　254
産業競争力強化法（産競法）　254
産業組合（購買組合）　119
産業合理化審議会　112
産業合理化に関する答申　112
産業構造上の変化（脱製造業）　231, 232
産業集積（産業クラスター）　156, 159, 162
産業組織論　172
産業統制　25
産業の空洞化　266
3K（厳しい，危険，汚い）　64
産地（地域企業集団）　19, 158
産地診断調査　157, 158
産地中小企業対策臨時措置法　154, 155
産地内完結型地場産業　154
参入障壁　29
三洋電機　163
シェアリング・エコノミー　251
自営業　33, 54, 178, 188, 190, 201, 202, 203, 204, 228, 305
自営業比率　202
ジェントルマン資本主義　292
資格　175, 176, 177, 179
事業承継　32, 65, 187, 275
事業性評価　269, 272
士業（中小企業診断士等）　206
事業継承（問題）　32, 37, 64, 235
事業転換　18, 32
資金繰り悪化　49, 50, 259, 264
資金不足　47, 241
自己資本（比率）　270, 271
自作農創設特別法　225
市場経済体制　212, 247
市場の確保　152
市場志向の事業家　30
市場支配力（マーケティング力）　194
実業教育　78, 80
実業補習学校教員養成令　80
実業補習学校（工業，農業）　66, 79, 80
下請型創業　57
下からの資本主義（中小企業経済）　278, 279
下からの地域文化形成力　164
下請け（企業）　9, 17, 170, 245, 246
下請斡旋事業所　105
下請・外注関係　40, 108
下請型中小企業　48, 221, 258
下請代金支払遅延等防止法　101, 258
下請中小企業振興法　258
下請取引関係　9, 178, 179
下請法違反・優越的地位の濫用（公正取引委員会への相談）　260
指定工場制度　106
自動化　56
士農工商　89
支配・従属関係　9, 96
地場産業　19, 68, 149, 150, 152, 156, 157, 162, 186
地場産業振興センター　156
資本制国民経済構造矛盾　11
支払代金遅延　101
資本主義体制の危機　15
資本主義の全般的危機　241, 242, 247
資本制国民経済構造矛盾　11
資本自由化　228, 229

資本障壁　29, 54
資本類型　77
『資本論』（マルクス）　242
自民党中小企業・小規模事業者政策委員会　255
シャウプ勧告（シャウプ税制使節団）　225
『社会学的想像力』　83
社会的緊張　15
社会構造（ソーシャル・ストラクチャー）　174, 175
社会的分業　99, 100, 150
社会史　183, 184
社会政策　306
社会政策学会　93, 307
社会的イノベーション　280, 293
社会的分業のあり方　15
社会主義体制　241, 242, 247
社　史　85, 236
社会的緊張　15
シャッター通り（空き店舗）　198
住工混在地区　33, 186
重要産業指定　108
重要産業統制法　112, 224
重要物資生産　104
宿泊業・飲食サービス業　205, 206
酒税法　122
自由企業　128
自由競争　128, 129
自由参入　129
自由市場　129
自由主義的レジーム　189, 190
住商工混在　186, 188
従属関係　12
城下町　143, 165
小規模工場公社（米国，SWPC）　103
消費者近接立地型産業　114
消費者余剰　233
乗用車対米輸出自主規制　229
女性企業　124, 130
序列（身分制的）　83, 84, 278, 281, 295
「商家型」業種　116, 118
城下町　142
商店街　180, 188, 191, 193, 208, 277
小規模企業　248
食料・農業・農村基本法　216, 218, 219
女性経営者　257
商家型業種　116, 118
小工（企）業　35, 94, 109, 307
小工業残存論　93
商工業相談所　105
商工組合中央金庫法　224
少子高齢化　65, 165, 191, 235
消費税（法案）　230, 285
『小零細企業ルポルタージュ』　33, 34, 53, 54, 77
昭和金融恐慌　111
昭和恐慌　2, 114
食料管理法　122
食糧法　122
職人精神（クラフトマンシップ）　77
職業紹介所官制　224
ショッピングセンター（ショッピングモール）　126, 191, 193, 195, 196, 198, 208, 296
職　工　81
職工学校　66, 79
『職工事情』　85
シリアル・アントレプレナー　30

シリコンバレー　72, 291, 292
進学ブーム　46, 188
新型コロナ禍　122, 298
新規開業数　65, 78
『新規開業白書』　78
新規学卒一括採用　204
新規中小企業　254
新興型地場産業　153
人口減少社会　192, 193, 196, 249, 255, 256, 305
震災手形前後処理法　223
震災手形損失補償公債法　223
人材流出　143
新事業分野開発　253
真珠湾攻撃　103
新陳代謝　126, 273
新問屋制工業　98
信用金庫　48, 55
信用保証協会　49
衰退論　234
垂直型ピラミッド　133
すきまワーカー　250
須坂市　163
鈴鹿市　163
スタートアップ　23, 57, 67, 281
ステークホルダー論　261, 301
ストックオプション　301
スーパー　121
スピンアウト（創業）　19, 72, 162
スピンオフ人材　293
スマートフォーン　181, 208, 231, 251
スミソニアンレート（円ドルレート308円）　229
スモールビジネス　190, 236, 237, 293, 294
スモールビジネスウェイ　132, 305, 306
３Ｄプリンター　180
生活関連サービス業・娯楽業　205, 206
請願書　113
正規雇用　203
政策優先順序観　138
生産力拡充計画案　104
生産力拡充計画要綱　104
製造業　205
青年訓練所令　80
石炭増産　7
石炭配給統制法　5
関刃物　156
石油危機　188, 190, 229
ゼブラ企業　25, 257
セーフティネット
セブンイレブン　208
専業農家　96
前近代的（≒守旧的）　96, 100, 177
「全国地場産業調査」　153
戦後復興期　16, 74, 133, 136
全国画一の光景　198, 201
全国チェイン展開　122, 147
全国総合開発計画（全総）　146
戦後ベビーブーム　44, 65, 188
戦時生産本部（米国）　103
戦時（経済）体制　99, 104, 178, 224
専属的（型）下請企業　190
全日本炭鉱労働組合　6
船　場　186, 187
戦力増強企業整備要綱　107
創業（独立）　23, 44, 58, 61, 67, 75, 220
創業支援　67

創業者　23, 40, 67, 236
総合保養地整備法　196
造船不況　164, 196
相対的貧困化論　256
疎開工場　161
粗製乱造　90, 91, 92
ソニー　167, 238, 299, 300
ソフトランディング　130
ソ連の計画経済（社会主義体制）　247
［た行］
第一段階（資本主義の全般的危機）　242
大学進学率　32, 47, 78
大学生（就職）　185, 194, 281
大企業　2, 12, 24, 32, 60, 73, 83, 84, 85, 96, 102, 123, 127, 133, 134, 136, 162, 177, 193, 204, 207, 226, 234, 248, 277
大企業強者論　305
大企業の組織文化　283
大企業性業種　4
退職＝独立のメカニズム　51
大都市型地場産業　153
第二次大戦　224
第二創業　168
第二段階（資本主義の全般的危機）　241, 243
対面販売　208
大店舗法（大規模小売店舗における小売業の事業活動の調整に関する法律）　126, 129, 191, 230
対日占領政策転換　226
太平洋戦争　224
大規模炭鉱　7, 8
台　湾　132
高橋財政　224
「たけくらべ」　116
多種多様性論　10
立石電機（オムロン）　66
タテ社会　174, 177, 178
『タテ社会の人間関係－単一社会の理論－』　174
多摩川精機　24, 25, 26, 27, 28, 160
単一為替レート（1ドル＝360円）　215
単価決定交渉　50
炭鉱災害　8
担保主義　268, 269
地域企業（集団）　16, 67
地域経済　16
地域経済開発　16
地域コミュニティ型　256
地域史　136
地域資源　148, 149, 256
地域社会　182, 197
地域主義　152
地域政策史（英国）　144
地域中小企業論　153
地域的封鎖性　244, 245
小さくても光る企業　134
小さな企業　84, 199, 280, 306
小さな企業保護論　280
小さな商店　2, 186, 208, 277, 296
チェイン展開　122
チェーン（チェイン）・ストア　18, 126, 142
地　方　140
地方財地方史　136
地方財政　304
地方振興論（宮本常一）　142
地方大都市型地場産業　153
地方中都市型地場産業　153

地方都市　192, 199
地方都市・農村型地場産業　153
地方の時代　154
地方文化　148, 186
中央失業対策委員会(失業政策委員会)　105
中央集権化　141
中央集権化の弊害　140
中核企業　162
中間技術論　88
中堅企業　17, 19, 27, 32, 73, 123, 127, 134, 192, 204
中小企業　1, 10, 11, 12, 14, 15, 24, 27, 31, 32, 83, 84, 96, 103, 105, 112, 123, 134, 136, 162, 169, 180, 185, 190, 193, 194, 204, 207, 213, 217, 234, 243, 248, 253, 269, 272, 305
中小企業イメージ（像）　4, 181, 211, 213, 300
中小企業学（学際分野）　282
中小企業強者論　234
中小企業経営等強化法　254, 255
中小企業研究　83, 93, 94, 240, 244, 248, 281, 282
中小企業研究者　20
中小企業憲章　271, 272
中小企業基本法　213, 214, 217, 218, 219, 220, 226, 239, 253
中小企業金融公庫　269
中小企業史　21, 77, 83, 122, 130, 134, 169, 184, 223
中小企業史観　130
中小企業振興条例　21
中小企業弱者論　234
中小企業性業種　4
中小企業政策（支援）　21, 55, 213, 235, 240, 253, 262, 263, 271
中小企業存立論　17, 20
中小企業多様論　234
中小企業庁（日本）　127, 152, 211, 270
中小企業庁設置法　127
中小企業庁『中小企業金融実態調査』　228
中小企業等協同組合法　287
「中小企業の新たな事業活動の促進に関する法律」　253
中小企業の危機　15, 227
中小企業の近代化　13, 17
中小企業は生き残れるか　234, 240
『中小企業白書』（平成4年版）　237
中小企業の転廃業　103
中小企業問題　8, 15, 21, 95, 240, 241, 283
中小企業論　21, 92, 94, 95, 234
中小工業　12, 109
中小商工業　223, 224, 234
中小商工業者金融問題　113
中小商工業転換資金　105
中小商工業者転業促進　224
中小商工業者問題　113
中小零細企業　184, 226
中小・零細炭鉱　7, 8, 11
長期（終身）雇用・年功序列賃金　72, 73
長期取引関係　171, 178
徴発令　30
『直接貿易意見一斑』　137
朝鮮特需　228
朝鮮戦争　3, 33, 95, 121, 225
賃金格差　239

ティア（線引き）　173
ティアワン・ティアツー　173
『帝国主義論』（レーニン）　242
停滞史観（中小企業）　184
逓信省電気試験所　25
低賃金（基盤）　96
デイトレーダー　233
手形サイト　47, 48, 50, 101
適正規模（論）　20, 92
テクニカル・イノベーション　295
デジタル化　232, 233, 254, 288
デジタル社会　232, 233
デジタル庁　232
デジタル庁設置法　232
デジタルプラットフォーム・エコノミー　251
テスラ　131
鉄鋼配給規則　108
デトロイト市（GM）　194
デフレ（経済）　110, 263, 283, 284, 286
地方型地場産業　153
テーマパーク　196
テーラーシステム　6
電気自動車（EV）　133
転業対策部（商工省）　105
転業対策要綱　105
転　職　84
伝統型地場産業　153
伝統文化　197
伝統工芸品　193
伝統産業　212
伝統的在来型地場産業　153
店頭特則市場　269
転廃業（中小企業）　104, 108
ドイツ　102, 104, 110
東京一極集中　143, 152
東京オリンピック　226
東京高等工業学校　24
東京電機（東芝）　25
東京功成りて地方枯れる　143
東京物理学校　25
陶磁器工業整備要綱　106
統制会社令　104
同族経営　31
東洋陶器　106
独占禁止法（独禁法）　225, 230, 258, 259
独占資本　95, 242, 243, 244, 245, 246
独占資本主義　243
『独占段階における中小企業の研究』　95, 240, 242
独占論　234
独立型（系）中小企業　133, 167, 220
都市型地場産業　153
都市再開発ビル　198
都市雑業層　96
都市文化　197, 198, 201
徒弟学校（実業学校）　80, 83
徒弟時代　29
ドーナッツ化現象　198
豊田市　162
トヨタ自動車　149, 247
トリノ市（フィアット）　194
問屋制家内工業　12, 97, 152
問屋制下請　97
問屋制工業　9, 98
問屋制マニュファクチャ

［な行］

内需型地場産業　154
内発論　142

内部労働市場　73, 84
二眼レフ論　191
二次下請　173
西野田職工学校(西野田工業高校)　61, 66
二重構造（論）　17, 95, 278
二世経営者　78
二段階産業振興論（前田正名）　145
日銀震災手形割引損失補償令　111
日銀特別融通及び損失補償法　224
日米構造協議　126, 230
日米繊維協定　229
日米繊維貿易交渉　229
日米繊維貿易摩擦　229
日米農産物交渉　229
日米貿易摩擦　229
日光市　163
ニッチ　124
日中戦争　224
日本再興戦略　254
日本資本主義論争　95, 120
日本社会　189
日本石炭株式会社　5
日本的経営　72
日本陶磁器工業組合連合会　106
日本特殊鋼　25
日本的特殊性　98
日本農業　96
ニューヨーク株式市場大暴落　24, 224
ネットショッピング（オンライン販売）　19, 121, 122, 208, 277, 298
ネットワーク　20, 39, 159, 160, 187
ネットワーク論　20
年功序列賃金制度　204, 278
ノーアポ調査　35, 187
農　家　186, 224
農家負債整理組合法　224
農機具用鉄鋼配給統制要　108
農　業　186, 214, 215
農業基本法　214, 215, 216, 218, 219
農業恐慌　96
農　村　120, 137, 197
農村救済　112
農村窮乏化　25
農村（民）文化　197, 201
農村産業→在来産業→地場産業の型　153
農村（農民）文化　197, 200
農地改革　215
農地調整法（改正・再改正）　225
ノキア　73
暖簾分け　69
［は行］
場　176, 177, 179
廃　業　32, 38
ハイテク中小企業　73
ハイパーインフレーション　226
派遣社員　190
働き方　250
働く文化　200
発展的契機　14
パート（タイマー）従業員　158, 180, 190, 204
ハードランディング　130
パナソニック（松下電器産業）　162, 169
バブル経済　72, 110, 190, 230, 232, 237, 263, 265
早川電機（シャープ）　66
反産業組合運動（反産運動）　119

『万人起業家社会論』　67, 69, 70, 71, 72, 73, 74
反百貨店運動　119
半封建的　95
東大阪市　165, 186
東出町（神戸市）　29
非近代性（的）　17
非産地完結型地場産業　154
非正規雇用者　190, 204, 232
常陸太田市　166
日立市　162, 166
日立製作所　162, 168
B to C 型中小企業　166
B to B 型中小企業　166
ビッグ・ビジネス　124, 125
人手不足　40, 41, 42, 43, 44, 55
日野市　163
広島県職工学校　81, 82, 83
広島県徒弟学校　80
百貨店　119, 120
百貨店法　129, 191
百貨店法案　120
ファーストペンギン（イノベータ）　294
フィンランド　53, 73, 143, 159, 291
不確実性　74
武器貸与法　103
福井市絹織物組合　110
複合サービス業　205, 206
富国強兵政策　139, 145
藤田・小宮山論争　9, 97, 99, 100, 174
婦人パート採用　41
物価統制令　224
富民強兵政策　138
復興金融公庫法　225
物資動員計画　104
物資動員制度（ドイツ）　104
物資統制　107
府中市（広島県）　163
浮動（型）的下請企業　190
プラザ合意　155, 162, 229, 230
ブラック経営（職場）　301
ブラック企業　301
プラットフォーム・エコノミー　251
プラットフォーム・ワーカー　251
フランス　136, 137
フランチャイズ(システム)　2, 69, 124, 209
フリーランサー（フリーランス）　304
フリーランス　250, 260
フリーランス・事業者間取引適正法　304
不良債権処理問題　265, 266, 267
古い資本主義　245
ブローカー　44
フロンティア　130
分野調整法（中小企業の事業活動の確保のための大企業者の事業活動の調整に関する法律）　126, 129
米国中小企業庁　103, 130
米国中小企業法　128, 194, 209
米国的政策理念　127
米ソ冷戦対立　243
併存業種（大企業と中小企業）　40, 93
僻地性を生じやすい国柄　141
ベビーブーム　65
変化した在来型地場産業　153
ベンチャー企業（ビジネス）　5, 20, 28, 53, 71, 72, 73, 125, 167, 211, 255, 292
ベンチャーキャピタル　131, 291, 292

貿易自由化　228, 229, 239
貿易不均衡　229
防府（山口県）　163
北欧諸国　305
北辰電機　25, 26
保護政策　193, 212, 216
保守主義的レジーム　189
保証協会（信用保証協会）　47
ポスト工業化社会　188
ポストコロナ　256
ホモエコノミクス　70
本社機能（中枢機能）の東京移転　192
ホンダ　238, 299, 300
［ま行］
マイカンパニー　275
マイクロソフト　131
マイノリティ　124
『前川レポート』　230
マーケティング力　18, 193
町おこし・村おこし　152
町工場　2, 3, 35, 57, 62, 69, 85, 86, 210
松方デフレ　88, 137
マックジョブ化　189
松下電器（パナソニック）　162
マネジメント能力　23, 31
マルクス経済学　20, 93, 94, 96, 246, 283
マルクス主義者　15, 241
満州移民　25
満州国　103, 120
満州事変　224
三木刃物　156
ミシン産業　160
三井・三池炭鉱　247
ミッドウェー海戦　104, 106
身分制的序列　84
民　僚　282
武蔵村山市　163
Make（内製）or Buy（購入）　170
名望家層　77
メタ（フェイスブック）　131
綿スフ紡績業整備要綱　107
メンバーシップ型社会（組織）　165, 171, 174, 176, 178, 291
モータリゼーション　195
持株会社整理委員会令　225
モノカルチャー的　163, 195
モラトリアム（「金銭債務の支払延期・手形の保存行為の期間延長に関する」緊急勅令）　111, 223
守口市　163
［や行］
八尾市　186
雇われない働き方　203
山県市　160, 161
ヤミ金融　48
有機的な取引関係　99, 100
優勝劣敗競争　212
優越的地位の濫用　258
輸出型地場産業　154
輸出採算レート（採算為替レート）　230
輸出振興　137
輸出中小工業　224
輸出入品等管臨時措置法　105
輸入代替
養蚕業　28
養蚕農家　114
洋　紙　151
横川電機　25

ヨコ関係　179
ヨコ社会　177
横浜蚕糸貿易同業組合　110
ユーチューバー　233
ユニコーン企業　255, 257
ユネスコ無形文化遺産　151
[ら行]
ライフサイクル　65, 159, 188, 236, 275, 280, 305
ライフスタイル　19, 131
リスク　44, 69, 74, 131, 203, 292
リゾート開発　147
立身出世主義（社会的上昇）　83
離島問題　146
リフト　252
リーマンショック　231, 254
リーマンブラザース　231, 267
流通革命　19
流通（商業）・サービス業　18, 19, 196, 198, 205, 206, 207, 250
量的緩和政策（日本銀行）　284
リレーションシップ・バンキング（地域密着型金融）　269
臨機応変の才覚　29
臨時産業審議会　112
臨時産業合理化局　224
臨時物資供給令　111
臨時物資調整局　224
零細（小零細）企業　44, 53, 77
冷戦体制　226, 241, 247
レント　129, 212
レントシーキング　213
労働運動　6, 24, 242
労働組合　177, 247, 248, 287
労働災害　6
労働力不足　218, 235
ローカルな労働市場　244
ロードサイド　147
[わ行]
和　紙　150, 151, 152
和光市　163
和田計器研究所（東京計器）　82
渡り職人　58, 85
割引金利（手形）　48, 50
ワンストップサービス化　209
ワンマン経営者　85, 301

【著者紹介】

寺岡　寛（てらおか・ひろし）

1951年神戸市生まれ

中京大学名誉教授，経済学博士（京都大学）。比較中小企業政策論，比較経済社会学

〈主著〉

『アメリカの中小企業政策』信山社（1990年），『アメリカ中小企業論』信山社（1994年，増補版，1997年），『中小企業論』（共著）八千代出版（1996年），『日本の中小企業政策』有斐閣（1997年），『日本型中小企業』信山社（1998年），『日本経済の歩みとかたち』信山社（1999年），『中小企業政策の日本的構図』有斐閣（2000年），『中小企業と政策構想』信山社（2001年），『日本の政策構想』信山社（2002年），『中小企業の社会学』信山社（2002年），『スモールビジネスの経営学』信山社（2003年），『中小企業政策論』信山社（2003年），『企業と政策』（共著）ミネルヴァ書房（2003年），『アメリカ経済論』（共著）ミネルヴァ書房（2004年），『通史日本経済学』信山社（2004年），『中小企業の政策学』信山社（2005年），『比較経済社会学』信山社（2006年），『起業教育論』信山社（2007年），『スモールビジネスの技術学』信山社（2007年），『逆説の経営学』税務経理協会（2007年），『資本と時間』信山社（2007年），『経営学の逆説』税務経理協会（2008年），『近代日本の自画像』信山社（2009年），『学歴の経済社会学』信山社（2009年），『指導者論』税務経理協会（2010年），『アレンタウン物語』税務経理協会（2010年），『市場経済の多様化と経営学』（共著）ミネルヴァ書房（2010年），『アジアと日本』信山社（2010年），『イノベーションの経済社会学』税務経理協会（2011年），『巨大組織の寿命』信山社（2011年），『タワーの時代』信山社（2011年），『経営学講義』税務経理協会（2012年），『瀬戸内造船業の攻防史』信山社（2012年），『恐慌型経済の時代』信山社（2013年），『田中角栄の政策構想』信山社（2013年），『地域文化経済論』同文舘（2014年），『福島後の日本経済論』同文舘（2015年），『強者論と弱者論』信山社（2015年），『地域経済社会学』同文舘（2016年），『社歌の研究』同文舘（2017年），『ストック文化経済論』信山社（2017年），『中小企業の経営社会学』信山社（2018年），『ソディの貨幣制度改革論』信山社（2018年），『小さな企業の大きな物語』信山社（2019年），『エイジングの経済社会学』信山社（2019年），『財政危機の経済社会学』信山社（2020年），『神戸発展異論』信山社（2021年），『ドイツと日本の比較経済社会学』信山社（2022年）

日本中小企業小史－中小企業の歩みと日本社会－

2024年（令和６年）10月11日　　第１版第１刷発行

著　者　寺　岡　　寛

発行者　今　井　　貴
　　　　渡　辺　左　近

発行所　信山社出版株式会社

〒113-0033　東京都文京区本郷 6-2-9-102
電　話　03（3818）1019
ＦＡＸ　03（3818）0344

Printed in Japan

印刷・製本／亜細亜印刷・日進堂製本

ISBN978-4-7972-2857-1　C3333